위대한
기업으로의
첫걸음 BPM

프로세스
경 영

위대한 기업으로의 첫걸음

프로세스 경영

2008년 7월 18일 1판 1쇄 발행
2011년 11월 21일 1판 3쇄 발행

지은이 | 강경훈, 임홍순
펴낸이 | 이종춘
펴낸곳 | BM 성안당
주 소 | 경기도 파주시 교하읍 문발리 출판문화정보산업단지 536-3
전 화 | 031-955-0511
팩 스 | 031-955-0510
등 록 | 1973. 2. 1. 제13-12호
홈페이지 | www.cyber.co.kr

ISBN 978-89-315-4997-3
정 가 | 15,000원

이 책을 만든 사람들
기획진행 | 이 구
책임편집 | 유니온
표지 · 편집 디자인 | 유니온
교정 · 교열 | 박희자
홍 보 | 박재언
제 작 | 구본철

위대한 기업으로의 첫걸음 BPM

프로세스 경영

강경훈, 임홍순 지음

BM 성안당

'투자의 귀재'로 유명한 워런 버핏이 운영하는 버크셔 해서웨이의 주식은 주당 가격이 1억 원을 상회하여 세계에서 가장 비싼 주식으로 통하고 있다. 즉 버크셔 해서웨이는 눈에 보이는 순자산(장부가치)보다 무형의 자산, 즉 우량기업을 선별하고 투자할 수 있는 지식 및 능력이 경쟁우위 요소로서 매우 높이 평가받고 있는 것이다.

국내외 초우량 기업들을 살펴보더라도, 타 기업에 비하여 월등한 무형자산을 보유하고 있으며, '효율적이고 창조적인 업무처리'를 통해 경쟁사에 비해 효과적인 결과를 창출하고 있다.

이와 같이 성공한 기업들은 기업문화, 조직역량, 고객과의 관계, 업무 프로세스 등 무형자산의 중요성을 인식하고 이에 대한 투자를 지속적으로 확대하고 있다. 이제는 기업들의 일상적 활동이 되어버린 '경영혁신'의 내용을 살펴보면 이러한 추세를 쉽게 찾아볼 수 있으며, 그 핵심에는 비즈니스 프로세스로 불리는 업무 자체에 대한 체계적인 접근이 존재한다. 현재 국내를 비롯하여 세계 선진 기업들이 추구하고 있는 PI, BPR, 6시그마 등의 과제가 프로세스 기반으로 이루어지는 혁신 활동의 대표적인 사례들이다. 내용면에 있어서도 추상적인 문서 생산에 치중하는 것에서 벗어나, 실행력을 강조하고 혁신 활동의 체질화를 통해 지속적인 프로세스 개선 체계를 갖추고자 하는 질적인 향상이 이루어지고 있다. 이러한 결과로 나타난 것이 소위 '프로세스 경영'으로 일컬어지는 BPM이다.

　BPM은 고객의 주문에서부터 제품 및 서비스 전달까지 업무가 이루어지는 전체 과정에 대한 시스템 역량을 강화시켜 차별화된 가치를 창출하는 것이 핵심 요지이며, 이를 달성하기 위한 근대 경영이론 및 최신 IT 기술을 제시하고 있다. 세계적인 시장조사기관인 가트너, 포레스터 등은 BPM을 미래 핵심 경영기술의 하나로 꼽고 있을 정도로 향후 전망이 기대되는 분야이기도 하다.

　그러나 아직 국내에서는 BPM에 대한 올바른 인식과 활용이 부족한 것이 현실이다. 단순한 IT 제품으로 활용하거나 벤치마킹에 의한 도입, 투자에 대한 인색, 성급한 ROI에 대한 기대, 국내 기술 및 서비스 능력에 대한 저평가 등으로 기대했던 만큼 충분한 효과를 거두지 못하고 있는 것이다.

　이 책은 BPM에 대한 이해와 실천을 위한 전반적인 내용을 제시하고 있다. BPM에 대한 이론적인 배경, 추진 방법, IT 기술, 사례 등을 포괄적으로 담고 있어 BPM을 처음 접하거나 관심이 있는 모든 이에게 유용한 길잡이가 될 것으로 보인다. BPM이 국내의 소프트웨어를 비롯한 IT 산업과 IT 서비스 시장이 발전할 수 있는 계기를 마련할 수 있기를 기대한다.

BPM Korea Forum 회장　안 유 환

　많은 이들이 '파랑새'라는 동화를 기억하고 있을 것이다. 치르치르와 미치르 남매가 행복을 가져다 주는 파랑새를 찾아 힘든 여행을 떠나는데, 그토록 찾고자 했던 파랑새는 자기 집에서 기르던 비둘기였다는 내용을 담고 있다. 프로세스 경영은 마치 동화 속의 파랑새와 같다. 우리는 항상 현재 경영의 화두가 무엇인지 알려고 하고, 그 속에서 기업성공의 방정식을 찾으려 하지만, 실제로는 많은 성공의 해답들을 경영현장에서 기본적인 개념 중의 하나인 프로세스, 즉 기업이 일을 수행하는 방식에서 발견하곤 한다. 다양한 경영이론들이 명멸해 갔지만, 우리 주변에서 프로세스라는 이름의 동화 속 파랑새는 여전히 살아 꿈틀거리며 기업성장의 해답을 던져 주고 있다.

　우리가 기업성장의 해답을 프로세스 경영에서 찾는 이유는 기업경영의 관점에서 프로세스란 모든 조직이 그들의 고객에게 제품과 서비스를 제공하는 방법이며, 기업은 업무 프로세스의 집합체라고 부를 수 있기 때문이다. 결과적으로 기업의 성과와 경쟁력이란 프로세스 실행의 결과와 실행력을 의미한다.

　여기서 우리는 프로세스에 대하여 정확히 이해할 필요가 있다. 프로세스란 고객을 중심으로 관련된 일련의 기업활동들을 가리키는 용어로서, 직원 중심에서 고객 중심으로, 개별 기능 중심에서 전사 최적화 중심으로, 계획 중심에서 실행 중심으로의 변화를 의미한다.

이러한 점들 때문에 보다 엄격해진 고객취향, 글로벌화된 경쟁범위의 확대, 기술발전에 따른 경쟁강도의 심화, 역동적인 세계경제의 변화들로 대표되는 현재의 경영환경을 타개해 나갈 수 있는 대안으로서 프로세스 경영이 더욱 부각되고 있는 것이다. GE가 그들의 보고서(Key Growth Initiatives)에서 "프로세스 디지털화는 우리 회사가 목격했던 가장 거대한 성장기회이다"라고 공언한 이유가 바로 여기에 있다.

그러나 우리나라는 아직 프로세스 경영에 대한 이해가 척박한 실정이다. 많은 선진기업과 공공기관에서 앞다퉈 BPM과 같은 프로세스 경영지원 솔루션을 도입하고 있으나, 지엽적인 성공에 안주했을 뿐 프로세스 경영을 성공적으로 완수한 경우는 몇몇 사례에 국한되어 있다.

프로세스 경영의 정착은 단순한 IT 솔루션의 도입만으로 해결할 수 없는 과제이다. 본 저자가 여러 산업현장에서 프로세스 경영 구축을 위한 다양한 프로젝트에 관여하면서 느꼈던 점은, IT 솔루션 중심의 사고가 팽배해 있음과 IT 솔루션 중심으로 문제의 해결을 시도하고자 했던 프로젝트는 예외 없이 실패했다는 점이다. 정보 인프라에 의한 혁신이 전사적인 프로세스 경영 도입의 효과성을 증폭시킨다는 점은 분명한 사실이지만, 정보 인프라의 도입에 앞서 그러한 정보 인프라를 제대로 활용할 수 있는, 자사의 비즈니스에 대한 이해와 일하는 방법으로서의 프로세스 경영 체계의 정립이 우선되어야 하기 때문이다.

이 책은 프로세스 경영을 이해하려 하고, 기업혁신의 한 방편으로 프로세스 혁신을 수행하고자 하는 기업의 임직원들과 컨설턴트들을 위한 책이다. 자신이 수행하는 업무의 품질을 높이고 개선시키고자 하는 일반인들이 접해도 좋을 것이다.

이 책의 효과적인 이해를 돕기 위해, 본서의 내용을 접하는 하나의 가이드를 제공하고자 한다.

C-Level의 경영진들은 프로세스 경영의 개요와 필요성을 설명한 1장과 프로세스 경영의 역사와 교훈을 살펴본 2장을 중점적으로 읽어보기를 권한다.

중간 관리진 및 실무진들은 1, 2장과 더불어 프로세스 경영 구축의 성공 전략을 설명한 3장과 프로세스 경영 구축 방법론을 서술한 4장을, IT 지원부서의 인력들은 1, 2장과 더불어 프로세스 경영 지원도구를 설명한 5장과 프로세스 관리와 SOA와의 통합 방안을 설명한 6장, 프로세스 경영과 BPM의 새로운 동향을 설명한 7장을 집중적으로 읽으면 효과적일 것이다.

그리고 8장은 모두가 읽어보기를 권한다. 8장에서 설명한 Case Study 는 국내외 대표적인 프로세스 혁신 사례들로서, 프로젝트의 시작에서부터 끝까지 구체적이고 실용적인 내용으로 풍부하게 담아내려고 노력했다. 1장에서 7장까지의 내용에 대한 이해를 바탕으로 참조하면 프로세스 경영체계 구축 방안을 구체적으로 가늠해 볼 수 있는 기회가 될 것이다.

　　이 책을 쓰는 와중에 포기하고 싶었던 경우가 많았다. 그 때마다 나를 지탱해 준 힘은 나의 가족이었다. 가족들에게 항상 가슴 벅차게 담아둔 고마움을 전하고 싶다.

　　마지막으로 이 책이 프로세스 경영을 통해 조직의 성과를 드높이고, 나아가 세계 일류기업으로 도약하고자 하는 대한민국의 모든 기업과 컨설팅 종사자분들에게 밀알과 같은 도움이 되고 소금과 같은 귀중한 정보로 활용되기를 희망한다.

2008년 7월
강경훈, 임홍순

위대한 기업으로의 첫걸음 **BPM**

프로세스 경영

4장 프로세스 경영 구축 방법론

5장 프로세스 경영을 위한 지원 도구

위대한 기업으로의 첫걸음 **BPM**
프로세스 경영

8장 프로세스 혁신 사례

1

프로세스 경영

세계적인 베스트셀러로 알려진 《초우량 기업의 조건(In Search of Excellence)》과 《성공하는 기업의 8가지 습관(Build to Last)》에서는 비전과 성공을 구가한 기업들을 선별해 분석한 결과 성공한 기업들의 공통적인 패턴을 제시했다. 그러나 이들 책에서 거론된 기업의 상당수가 책이 출판된 지 2년도 채 되지 않아 대폭적인 수익감소로 시장에서 외면을 받았다. 즉 경영환경이 끊임없이 변화하고 계속되는 신기술과 새로운 서비스의 출현으로 기존 산업이 계속 위협받고 있고, 한때 시장의 스포트라이트를 받던 성공기업들도 계속해서 기업을 유지하기가 쉽지 않게 된 것이다.

기업의 일시적인 성공은 쉽게 목격할 수 있으나, 생존과 더불어 꾸준한 성장을 보이는 기업을 찾기는 힘들다. "어떻게 하면 기업의 생존과 성장을 지속할 수 있을까?"라는 질문은 기업경영에 있어서 가장 기본적인 화두 중 하나였으며, 그 동안 수많은 경영이론이 제시되었지만, 시대를 뛰어넘어 보편 타당하게 적용할 수 있는 이론을 발견하기는 어려운 것 같다.

기업들의 수명이 갈수록 줄어들고 있는 경영환경 속에서, 많은 전문가와 학자들은 기업을 영속시킬 수 있는 대안들로 제품전략, SCM, 고객만족, 지식경영, 권한 위양, DNA, 혁신, IT 활용, 벤치마킹 등을 거론하고 있다. 그리고 이러한 대안들이 공통적으로 수렴하고 있는 중심에 '프로세스'가 위치하고 있다.

최근의 4반세기 동안 다양한 경영이론들이 명멸해 갔지만, 이 이론들의 기저에는 항상 프로세스 경영이 자리잡고 있다. TQM, BPR, SCM 등이 그 좋은 예이다. 임직원들이 일하는 방법과 조직적으로 활동하는 규율로서의 프로세스는 창조적인 제품의 출시를 지속적으로 가능하게 하고, 기업의 가치사슬을 합리화시키며, 고객 중심으로 기업활동을 변화시킨다. 또한 체계적인 프로세스 관리와 개선은 급변하는 환경변화에 대응하는 데도 효과적이다. GE, BOA, 삼성전자 등의 초우량 기업들이 뛰어난 프로세스 관리체계를 가지고 있고, 지금도 프로세스 개선에 매진하고 있는 이유가 바로 여기에 있다.

본서에서는 프로세스의 관점에서 경영활동을 전개하는 '프로세스 경영'에 대한 이해를 돕고, 단지 이론이 아닌 구체적이고 실행할 수 있는 프로세스 경영에 대한 전반적인 내용을 기술하고자 한다. 이 장은 그 첫번째 주제로서 프로세스 경영의 개요와 필요성을 제시하고자 한다.

1 경영환경의 변화와 무한경쟁

　"어느 종교에서 인생을 고해라고 한 것처럼, 기업경영도 마찬가지다"라는 말이 있다. 서글픈 현실이지만 최고의 기업만이 살아남는 무한경쟁의 시대가 도래했고, 최고가 되기 위해서는 끊임없이 변해야 하며, 변화에 실패한 기업들은 살아남을 수 없게 되었다.

　기업은 다양한 환경변화 속에서 단순히 시장에서의 존속은 물론이고, 지속적인 성장을 구가하기 위해서 적극적인 경쟁을 시도하고 있다. 이러한 경쟁의 정점에는 탁월한 고객가치의 창조와 확산이라는 주제가 위치하고 있다. 시장, 고객, 파트너를 아우르는 경영환경의 변화에 맞추어 그 시점에 가장 적합한 가치를 발굴하고, 고객에게 가장 적절하게 전달하는 자가 경쟁에서의 우위를 점하며 생존하게 되는 것이다.

　일반적으로 기업의 본원적인 기능은 인력, 자본 등의 경영자원을 시장에 적시에 투입하고, 그 결로서의 성과를 자산화하여 축적하는 것이다. 따라서 기업은 자사를 둘러싼 외부환경을 분석한 후, 분석 결과를 바탕으로 경영자원의 투입계획을 실행하는데, 이때 환경분석에서 자원투입으로 이루어지는 실행속도가 외부환경의 변화속도를 앞서야 한다.

여기서 현대의 기업이 직면하는 문제는 경영환경의 변화속도가 점점 가속화되고 있으며, 심지어 변화의 방향조차 짐작하기 어려워졌다는 점이다.

문헌에 의하면, 기원 원년에서 기원 1800년까지 이룩한 지식의 발전은 1800~1900년까지 100년 동안 이룩한 기술의 발전과 그 양이 거의 같고, 1901~1950까지 발전된 지식과 기원 원년에서 1900년까지 발전된 지식의 양이 같으며, 1950년 이후부터는 매 10년간 이룩한 지식의 발전이 기원 원년에서 그 이전까지의 지식의 발전 양과 같아진다고 한다. 와튼 스쿨의 블루스 매리필드 교수에 의하면, 전 세계적으로 코드화된 정보의 90%가 1960년 이후에 출현했다고 한다([그림 1-1]).

자동차 산업의 신제품 개발주기에서 현대 기업의 변화와 경쟁의 강도가 어느 정도인지를 짐작할 수 있다. 1970년대 7~8년이던 자동차의 신제품 개발주기가 80년대 들어 일본업체를 중심으로 4년으로 줄었으며, 2000년 이후에는 2년으로 줄어들었다. 참고로 자동차 부품의 수는 2만여 가지로 추정한다.

결론적으로 지금까지 인류 전체의 역사보다 앞으로 다가올 10년 또는 20년 동안의 변화가 훨씬 더 클 것이다. 피터 드러커가 《단절의 시대(Age of Discontinuity)》에서 예언한 불연속적이며 격심한 경영환경 변화의 시대가 온 것이다. 오늘의 강점이 내일의 약점이 될 수 있으며, 오늘의 상황에 기초하여 내일을 자신할 수 없는 상황이 된 것이다.

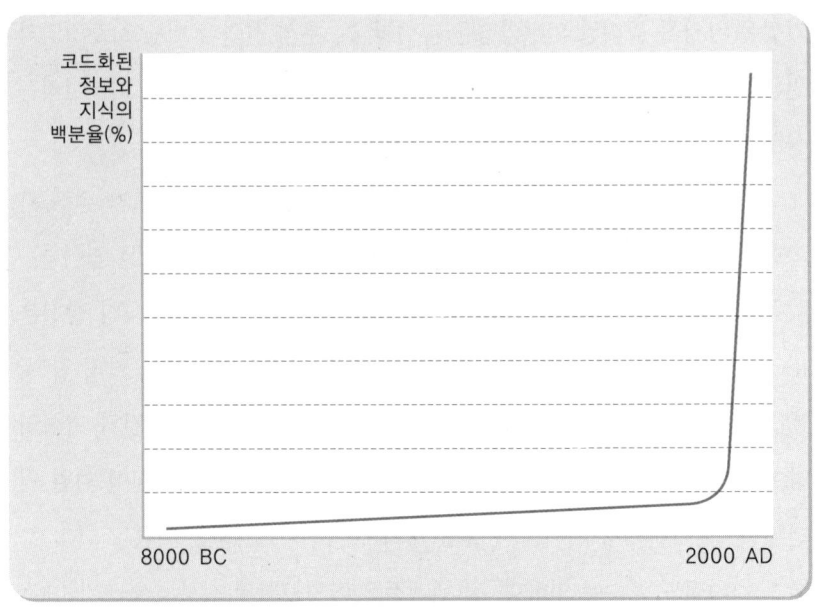

[그림 1-1] 매리필드의 지식 증가 곡선

민츠버그와 일단의 학자들은 이러한 극심한 경쟁환경의 변화를 빗대어 전략적 계획의 무용성을 주장하기도 한다. 정확한 경쟁환경 분석과 미래 예측을 통해 기업의 경쟁전략을 수립한다 해도 전략계획을 수립하는 동안 경쟁환경은 끊임없이 바뀌기 때문에, 이미 수립한 경쟁전략이 무효하다는 것이다. 전략수립의 지나친 절차와 과정을 경계한 주장이나, 환경변화의 속도를 거론한 점에는 공감하는 바가 크다.

오늘날 시장에서 건재하며 성장의 과실을 향유하고 있는 기업들은 이러한 변화에 적응한 기업들이다. 환경변화에 적응하여 성장하기가 얼마나 어려운 문제인가는 기업수명에 대한 분석자료를 통해 실감할 수 있다.

몇 년 전 미국의 대기업 2,000개사를 샘플로 한 조사에서는 기업의 평균

수명이 10년이었다. 지식과 기술의 변화속도는 더욱 빨라져 기업들의 영아 사망률은 높아지고 있으며, 현재 기업의 수명이 3~4년이라는 주장도 나오고 있다. 여기에는 초우량 기업들도 예외는 아니다. 1896년 다우존스지수를 산정할 때 포함시켰던 12개 종목 중 지금까지 남아있는 것은 제너럴 일렉트릭(GE) 하나뿐이다.

지난 1955년 포천지가 선정한 500대 기업 중 상위 100개 기업 중에서 40년이 지난 1994년 시장에서 생존한 기업은 39개사에 불과하며, 더욱이 1994년 기준으로는 10년 이후인 2003년 생존해 있는 기업이 33개사에 불과하여, 기술발전과 경쟁의 격화로 기업의 평균수명은 지속적으로 단축되어 가고 있는 실정이다([그림 1-2]).

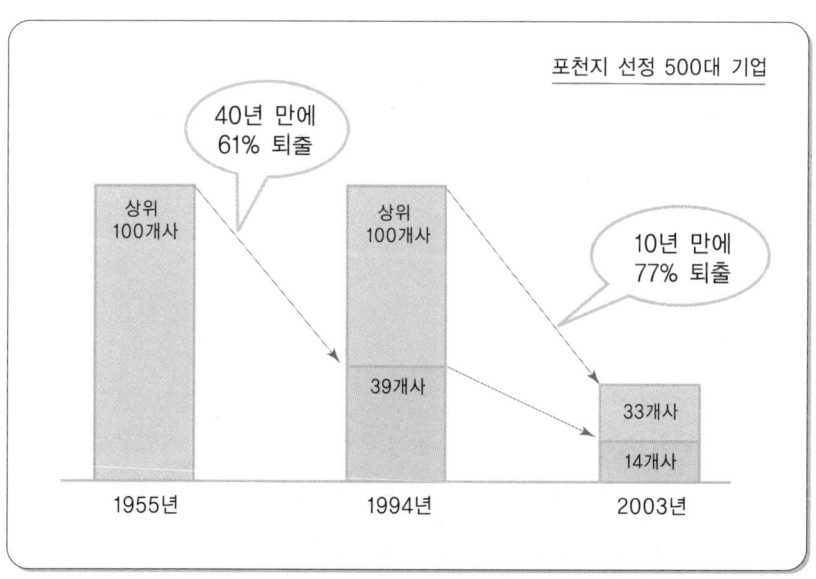

[그림 1-2] 연대별 포천 500대 기업의 변화

성장이란 기업생존에 있어 산소와 같은 것으로, 성장의 정체는 내부갈등을 야기시키고 임직원들의 동기부여에 치명적인 결과를 가져온다. 현재 포천 500대 기업의 다수가 미약한 성장률을 보이고 있다. 예를 들면, 1997년 이래 인텔의 성장률은 인플레이션율보다 낮으며, 무기력화된 공룡기업인 IBM을 서비스 지향적 혁신기업으로 탈바꿈시킨 루 거스너 회장도 그의 재임기간 중 이룩한 성장률은 단지 2.9%에 지나지 않는다.

이러한 생존환경 하에서 현대의 기업들이 시장에서 생존을 보장받고 성장하기 위해서 우선적으로 고려해야 할 경영환경의 주요 요소는 어떤 것들이 있을까?주요한 것들만 나열하면 다음과 같다.

- 제품 수명주기의 단축
- 제품과 서비스의 대량고객화(Mass-Customization)
- 비용 압력
- 지식기반의 서비스
- e-비즈니스
- 세계화(Globalization)
- 기업의 인수합병
- 가치사슬(Value Chain)의 확대
- 고객을 포함한 외부 이해관계자들의 힘의 증가

이러한 변화요소들은 1990년대 들어와 부각된 것들로, 기업으로 하여금 전통적인 경영방식과는 다른 행동양상을 연출할 수밖에 없게끔 유도하고 있다. 여기에서 성공의 공식은 경쟁사보다 우위의 서비스를 보다 빠르게 제공해야 한다는 것이다. 제품 수명주기의 감소를 예로 들면, 제품 수명주기의 감소는 기존보다 빠른 시간 내에 손익분기점(Break-Even Point)에 도달하여 투자를 초과하는 수익을 창출할 수 있어야 함을 의미한다. 기존보다 손익분기점에 더 빨리 도달하기 위해서는 시장에 제품과 서비스를 제공하는 데 걸리는 시간인 시장적시성(Time-to-Market)을 단축시켜야 한다. 즉 기업은 과거보다 더 빨리 제품을 시장에 공급할 수 있어야 하고, 제공하는 제품 및 서비스의 원가를 더욱 낮추어야 하며, 시장의 최전선에 고객의 니즈에 부합되는 정확한 산출물을 적시에 공급할 수 있어야 함과 동시에, 시장의 변화 방향을 예측하여 선제적으로 시장을 주도할 수 있어야 한다.

이렇게 다변화된 경쟁환경과 복잡 다난한 당면과제 속에서 기업이 변화에 적응하면서 타 기업보다 뛰어난 성과를 창출하는 효과적인 방법은 무엇인가? 이후부터는 프로세스 경영이라는 새로운 경영학적 패러다임에서 그 해답을 찾아보고자 한다.

2

프로세스 경영

급변하는 경영환경에 대응하여 과거와는 다른, 경쟁 기업과 차별화되고 경쟁우위를 지속할 수 있는 경영방법은 기업의 최대 과제 중의 하나일 것이다. 기업에 내재된 활동 자체에 대한 효율적인 관리와 이러한 활동이 기업 전략과 연계되어 기업 가치 제고를 추구하는 프로세스 경영은 현재 우리 기업이 처해 있는 무한경쟁 상황에서 효과적인 대안이 되고 있다.

따라서 이하에서는 이러한 프로세스 경영에 대한 개념 및 의미와 가치를 알아보기로 한다.

2.1 프로세스 경영의 개념과 필요성

피터 드러커는 현대 기업이 겪고 있는 환경의 변화를 '단절의 시대' 라는 말로 압축했다. IT 혁명, 세계화, 다원주의, 지식사회의 도래, 규제 완화 및 금융시스템의 붕괴가 잇따르고 있는 가운데, 기업들은 과거와는 다른 패러다임을 요구받고 있다. 환경문제, 기업윤리, 신성장동력 발굴, 경쟁사보다 빠른 시장접근 등 오늘날 기업환경의 외연이 확대되고 있다는 사실은, 우리가 경영에 대해 새로운 시각으로 접근할 필요가 있음을 시사하고 있다.

이러한 새로운 접근방안 중 두드러진 관심을 받고 있는 것이 프로세스 경영이다. 프로세스 경영이란 고객가치 창출을 위하여 내·외부의 업무 프로세스들을 최적화하는 경영체계를 가리킨다. 여기서 프로세스란 특정 고객 또는 시장을 대상으로 필요한 산출물을 생성하기 위해 정의된 구조화되고 측정 가능한 활동의 집합(Davenport, from Process Innovation)이라고 정의할 수 있다.

여기서 중요한 점은 프로세스는 고객 중심적이라는 점과, 개별 기능이 아닌 관련 기능들의 통합이며, 조직화되어 실행이 강조되었다는 점이다. 결국 프로세스 경영은 기존의 경영방식과 비교하여, ① 직원 중심에서 고객 중심으로, ② 단위기능 중심에서 프로세스 중심으로, ③ 개별 관점에서 통합 관점으로, ④ 계획 중심에서 실행 중심으로의 변화를 의미한다.

기업이 제공하는 서비스나 제품의 품질은 그것을 생산하는 프로세스에 의해 결정된다. 이 점은 이후 6시그마 등에서 제품 서비스의 품질을 향상시키기 위해 프로세스에 집중하게 된 이유이기도 하다. 따라서 프로세스에 대한 혁신은 기업이 제공하는 제품 및 서비스의 품질을 향상시키며, 고객 가치를 증대시키고, 결과적으로 경쟁기업 대비 경쟁우위를 확보할 수 있는 효과적인 대안이 되는 것이다.

신제품을 개발하는 것은 디자인부서만 참여하는 것으로 해결될 수 없다. 마케팅·기획, 제조와 영업부서도 참여하여 서로 정보를 공유해야 한다. 주문처리 프로세스도 물류 · 회계부서 등의 참여가 필요하며, 개선작업도 개별적으로 진행하는 것이 아니라 통합하여 함께 진행되어야 더욱 효과적이다. 디자인, 마케팅, 제조, 영업, 물류, 회계부서가 저마다의 입장이 아닌, 회사 공동의 전략 하에 서로의 목표와 작업을 조정하고, 정보를 공유해야 한다([그림 1-3]). 이와 같이 내부의 고객과 외부의 고객에게 가치를 전달하는 시작점에서 종료점까지의 전 과정을 통합적으로 관리함으로써 기업의 성공을 기하고자 하는 것이 프로세스 경영이다.

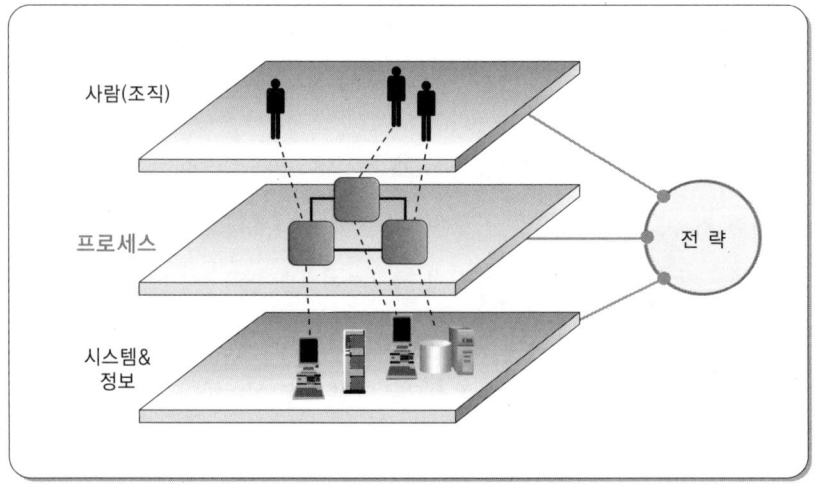

[그림 1-3] 프로세스 경영의 개념도

현재 시장에서는 기업전략과 일하는 방식 및 IT의 전략적 활용이라는 관점에서 프로세스 경영에 대한 뜨거운 관심이 보여지고 있다. 지난 반세기 동안 IT를 통한 비즈니스 업무 처리를 수행하는 방식에 커다란 변화가 일어나고 있는 것이다. 그리고 기업의 비즈니스 전략 및 목적에 맞추어 해당 기업에 최적화된 맞춤형 서비스가 프로세스 경영을 통해 가능해지고 있다.

1) 프로세스 혁신의 필요성

글로벌 기업의 CEO를 포함한 주요 임원들을 대상으로 한 맥킨지 글로벌 서베이(2007)에 의하면, 기업의 성장을 견인하는 가장 중요한 요소로 '혁신'을 꼽고 있다. 그리고 혁신을 수행하는 방안으로 '제품 및 서비스 개발 활동', '고객 피드백 활동', '프로세스 관련 활동' 등 프로세스 혁신을 주장하고 있다([그림 1-4]).

이 서베이 결과를 통해 글로벌 기업들은 일회성 아이디어 위주의 제품개발이 아닌 지속적인 R&D를, 개별 인재의 영입보다는 조직 차원의 역량개발을, 제품 우선이 아닌 고객 중심을, 단위기능 부서 중심이 아닌 프로세스 중심의 운영을 도모하고 있다는 것을 파악할 수 있다.

(단위 : %, 복수응답)

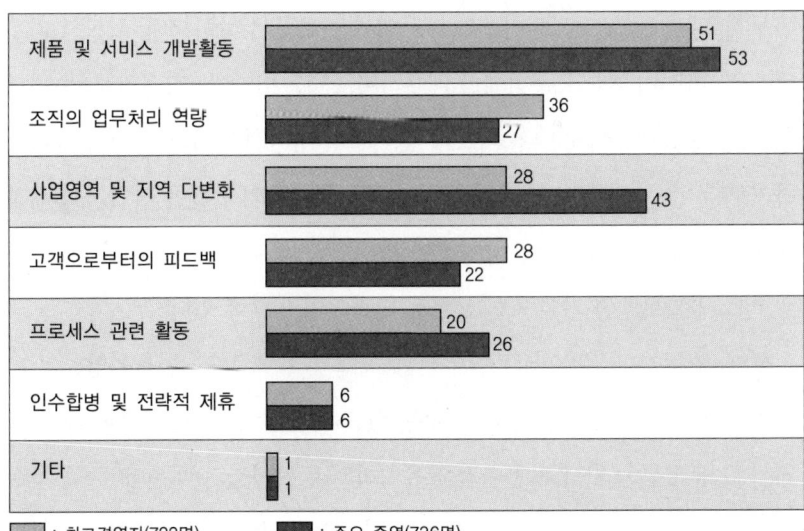

[그림 1-4] 맥킨지의 기업혁신 활동 조사 결과

그렇다면 프로세스를 통한 혁신 외에도 기본적인 혁신의 방법으로 제품, 전략, 비즈니스 모델의 혁신을 들 수 있는데, 왜 프로세스 혁신을 유독 강조하는가?

첫째, 제품혁신을 통해서는 신기술의 손쉬운 모방, 매스 미디어의 발달, 세계화, 고객의 구매력 증대 등으로 대표될 수 있는 현대의 기업환경에서 성장을 지속하기가 점점 더 어려워지고 있기 때문이다. 이러한 이유로 1990년대 들어서면서 제품 외에 혁신의 또 다른 방법으로 제시된 것이 프로세스 혁신이다. 즉 열악한 기술수준이라도 비용, 생산성, 고객만족도 등에서 경쟁 기업에 비해 우위를 점할 수 있다. 그리고 더욱 까다로워져 가는 시장의 취향에 부합하거나 리드하기 위해서는 제품혁신도 일회성으로 끝나지 않고 지속적으로 유지·관리되어야 하기 때문에, 이를 내재화하기 위해서는 반드시 사업 프로세스의 구축이 필요하다.

둘째, 전략혁신은 대개 비즈니스 모델의 변화를 수반하는데, 특화된 비즈니스 모델은 시장파급 측면에서 매우 유용할 수 있지만, 경쟁업체 및 새로운 시장 진입자들에게 매우 빠르게 분석되어 시장선점 효과가 급속히 감소하기 때문이다. 결국 해당 기업은 새로운 경쟁자들의 출현을 감안하여 시장개척과 동시에 새로운 비즈니스 모델의 수립을 계속해서 반복해야 하며, 이런 비즈니스 모델의 기획 또한 프로세스 관리의 영역에 있다.

셋째, 기존보다 우수한 IT 솔루션 및 인프라의 도입을 통해 운영상의 비용절감 및 생산성 향상을 기대할 수는 있으나, 단순 IT 도입만으론 해당 기업이 IT 운영상의 차별화된 이점을 유지하기 힘들어졌기 때문이다. 즉 무수히 많은 기업들이 새로운 IT 솔루션 및 인프라를 구입계획 중이거나 운영하고 있어 더 이상 차별적인 이점을 유지할 수 없게 되었다.

개인 컴퓨터 시장에서 '델컴퓨터(Dell Computer Corporation)', 커피 시장에서의 '스타벅스(Starbucks)', 유통 시장에서 '월마트(Walmart)', 항공 시장에서의 '사우스웨스트 에어라인(South West Airline)'의 성공은 기술이나 제품에서의 경쟁우위만이 아닌 기업 자체에서 이루어지는 활동에 대한 혁신을 통해 거두어들인 수확이다.

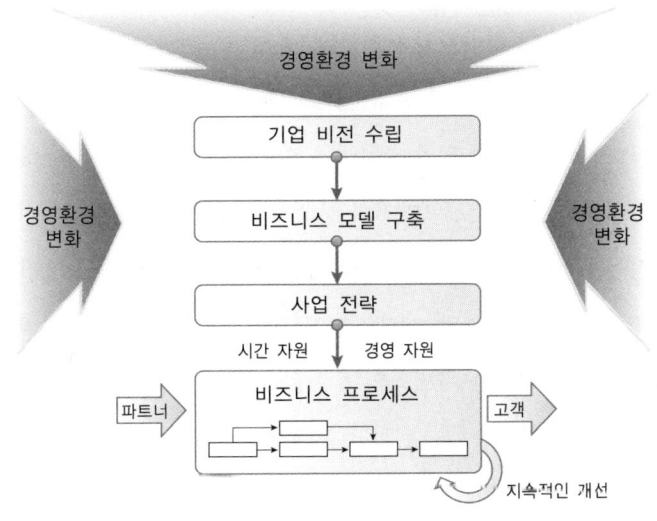

[그림 1-5] 기업 비전/전략과 프로세스의 연계

이러한 성공 기업들에서 공통적으로 발견되는 것은 [그림 1-5]와 같이 기업 비전에서 비즈니스 모델, 사업 전략과 비즈니스 프로세스가 유기적으로 연계되어 운영된다는 점이다. 즉 성공기업들은 명확한 기업 비전과 경쟁기업 대비 우수한 비즈니스 모델을 보유했고, 이러한 비즈니스 모델은 기업가치 제고를 위한 전략적 활동과 운영 수준의 실행 활동들이 체계적으로 연계되어 효과적으로 구축·운영되고 있다. 이들의 사업전략은 현장의 용어로 변환되었고, 전략목표는 모든 종업원들의 일일과업이 되었으며, 가치를 생산하고 낭비를 제거하는 활동이 상시적으로 전개되었다. 결과적으로 환경변화에도 항상 최적의 상태를 유지하면서도 기업의 가치 창출에 있어 경쟁사와 대비되는 우월한 성과를 기록하였다. 이것이 비즈니스 프로세스를 경영에 도입하고자 하는 이유이다.

2) 핵심 경쟁우위 수단으로서의 프로세스

일반적으로 기업은 소비자가 지불하는 상품 재화의 가격과 해당 상품 재화를 제공하는 데 들어간 원가의 차이를 수익으로 축적한다. 그러나 이러한 단순한 수익의 창출만으로는 기업의 지속적인 성장을 담보할 수 없다. 지속적인 성장을 구현하기 위해서는 특정 시점의 수익 창출이 필요조건이긴 하나 충분조건이 될 수는 없다. 현대기업이 지속적인 부를 창출하기 위해서는 시장 내에서 경쟁기업과 차별화되는 지속적인 경쟁우위의 확보가 필요하다. 이와 같은 경쟁우위는 ① 뛰어난 고객가치를 제공하며, ② 희소성이 있어야 하고, ③ 모방불가의 것이어야 한다.

1960년대 이후부터 기업들은 다양한 경쟁우위 요소를 추구하여 왔다. 성공기업들은 시대별로 대표되는 경쟁우위 요소들을 핵심 역량화하여 시장에서의 성공을 향유했다. 1960년대에는 비용 중심의 핵심역량에 집중하였고, 70년대엔 TQC로 대표되는 품질에, 80년대엔 고객 중심의 유연성을, 90년대엔 민첩한 시장대응이라는 속도에 집중하여 왔다. 그리고 2000년대 이후에는 속도와 다양한 서비스 제공을 최우선 가치로 삼고 있다.

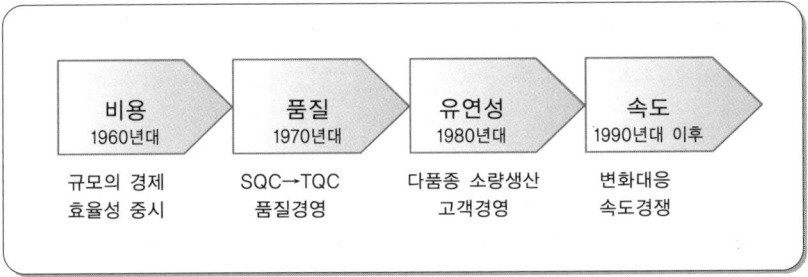

[그림 1-6] 시대별 기업경영의 핵심역량 변화

1990년대 들어 속도와 다양한 제품, 서비스 제공이 핵심 경쟁력으로 대두된 이유는 무엇일까?

그 해답을 1980년대부터 2000년대까지 계속되고 있는 고객만족 경영, 다품종 소량생산 경제, 제품 생산주기의 단축 등에서 찾아볼 수 있다. 고객만족, 다품종 소량생산, 제품주기의 단축은 기업으로 하여금 가중된 경쟁환경에 직면하게 하는 동시에, 기존의 제품혁신을 통한 기업전략이 한계점에 다다랐음을 인식시켜 주는 계기가 되었다. 이에 따라 제품을 제공하거나 제품을 개발하는 프로세스의 혁신도 고객가치 창출이라는 목적을 달성하는 데 제품 본연의 혁신과 동가의 가치를 가지는 것으로 인식하는 시각이 보편화되었다.

이 외에 인터넷 기반의 e-비즈니스의 확산이 새로운 프로세스 정립을 통한 비즈니스 모델 창출이라는 관점에서 프로세스 혁신이 새로운 경쟁력 함양의 주요한 모티브가 된 점도 간과할 수 없다.

근래에 시장에서의 성공제품을 살펴보면, 혁신적인 기술만으론 성공이 보장되지 않는다는 냉혹한 현실에 직면하게 된다. 복사기로 유명한 제록스가 그 좋은 예가 될 것이다. 제록스는 '기술을 위한 기술'에 매몰돼 PC의 기초기술을 개발하였으나 정작 PC를 만들어 판 것은 애플컴퓨터였다. 인터넷의 네트워크 구조를 개발한 것은 제록스였지만, 제록스는 인터넷 혁명의 최대 피해자가 된 것이다.

한때 선풍적인 관심을 모았지만 파산한 모토롤라(Motorola)의 위성 휴대전화 사업인 이리듐 프로젝트도 역시 기술력만의 접근이 가져온 중요한 실패 사례이다. 시장에서의 성공을 위해선 고객만족을 위해 전사가 협력하는 프로세스 체계의 구축이 우선되어야 한다.

iPOD, 보르도 TV 같은 히트 제품은 그 제품을 기획하고 만들어낸 프로세스에서 나온 것이다. 신속하고 정확한 시장조사와 이를 효과적으로 반영한 제품기획, 적절한 원가비용과 빠른 출시를 가능케 하는 생산제조의 프로세스가 가능했기 때문에 그와 같은 히트 상품이 나온 것이고, 이후 지속적인 히트 상품 출시가 가능했다.

최근의 제품 제조에 있어 두드러진 특징 중의 하나는 기술모방일 것이다. 아무리 혁신적인 제품이라도 몇 개월이 지나지 않아 유사한 제품이 시장에 출시되는 경우가 빈번하다. 특허를 통한 원천기술의 보호에도 한계가 있다. 그러나 프로세스는 단위기술과는 달리 모방하기가 쉽지 않다. 우선 외부기업들이 확인하기엔 보이지가 않고, 현장시찰을 통해서 외형만으론 그 프로세스를 제대로 파악할 수 없기 때문이다.

근래의 연구 결과는 후발기업이 선진기업의 프로세스를 쫓아가는 데 있어 선진기업이 행한 시행착오를 대부분 겪고 있다는 흥미로운 사실을 보여주고 있다. 해당 프로세스는 단순히 일하는 방법과 순서만을 포함한 것이 아니라, 시스템, 조직, 성과측정, 평가 등의 기업문화를 포괄적으로 수용하고 있기 때문이다. 최근 도요타(Toyota)의 생산 프로세스를 배우기 위해 많은 기업들에서 도요타 공장을 방문하지만, 자사의 생산현장에 이를 성공적으로 적용한 기업이 드문 점도 이러한 이유 때문이다. 더군다나 전사적인 차원에서 자사의 경영환경에 최적화된 프로세스는 경쟁기업에 의해 쉽게 모방할 수 없다는 사실은 더욱 자명하다. 우리가 알고 있는 수많은 성공기업들이 대체와 모방이 용이한 기술 또는 사람 외에 지속적이고 차별화가 가능한 프로세스에 집중하고 있는 이유가 여기에 있다.

2.2 프로세스적 사고

세계적인 물리학자 프란초프 카프라는 사물을 구조보다는 프로세스로서 볼 것을 주장하였다. 예를 들어, 나무는 물체가 아니라 태양과 대지를 연결하는 하나의 광합성 프로세스로 인식되었을 때 보다 효과적으로 이해할 수 있다는 것이다.

기업을 포함한 조직도 외부와의 상호작용, 내부의 작업흐름, 즉 프로세스로 조망할 필요가 있다. 결국 기업이란 비즈니스 프로세스의 집합인 것이다. 기업 전체의 성과도 개별 프로세스들의 결과의 집합으로 볼 수 있다.

마이클 포터가 제시한 기업의 가치사슬(Value Chain)은 고객과 시장의 시각에서 고객이 요구하는 가치를 생산하고 최적화하기 위한 기업활동의 전체를 가리키는 최상위 수준의 프로세스라고 할 수 있다. 그의 가치사슬은 기업성과를 최대화시키기 위한 프로세스적 시각을 제공하고 있다. [그림1-7]은 마이클 포터의 가치사슬을 나타낸 것이다.

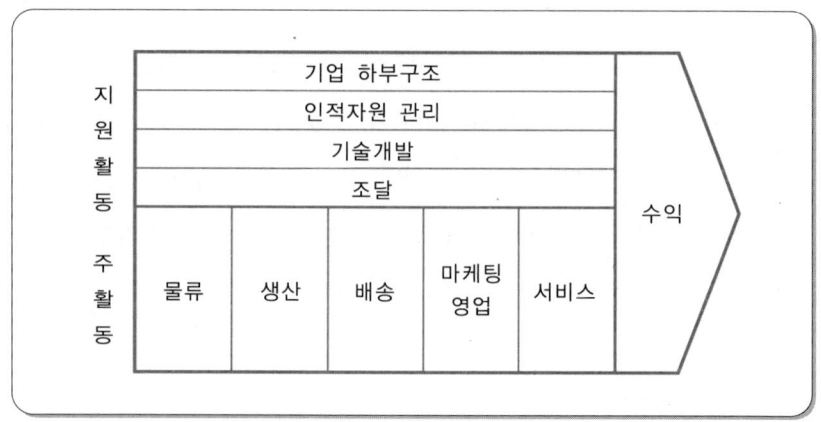

[그림 1-7] 마이클 포터의 가치사슬 : 최상위 수준의 프로세스

비즈니스 프로세스 개념을 경영에 직접적으로 활용하기 시작한 것은 1990년대 소위 'BPR(Business Process Re-engineering)'로 대표되는 경영혁신 기법으로 볼 수 있다. 당시 BPR은 성공보다는 실패 사례가 더 많았던 것으로 보고되었지만, 현재까지 비즈니스 프로세스는 정보전략 수립 및 경영분석에서 핵심적인 요소로 자리잡고 있다.

비즈니스 프로세스 이전에 프로세스란 용어는 여러 분야에서 다양하게 사용되고 있었다. 산업혁명 이후 대량생산 체계가 가능해졌던 시절부터 제품을 생산하는 과정을 의미하는 용어로서 효율적인 제품생산을 위한 절차의 최적화 관점에서 프로세스에 대한 연구가 지속되었으며, 다양한 최적화 기법이 제시되어 왔다. 예를 들면, 반도체, 자동차, 선박 등 국내 대표적인 산업에서는 이미 공정절차의 최적화가 기술이나 제품만큼 중요한 위치를 차지하고 있다. 그만큼 프로세스는 기업가치 창출에 중요한 역할을 수행하고 있다는 것이다.

비즈니스 프로세스는 조직이 고객에게 제품과 서비스를 제공하는 방법을 의미하며, 고객의 요청에서부터 고객에게 제품이나 서비스를 전달하기까지의 전체 과정을 다룬다. 결국 비즈니스 프로세스에 대한 관리 목적은 구매, 제조, 생산, 재무 등과 같은 기능적 관점과는 달리, 고객 관점에서 기업의 연관된 기능을 통합적인 시각으로 바라보고자 한다. 예를 들면, 온라인 쇼핑몰에서 고객이 특정 상품을 주문하는 것에서부터, 상품의 결재, 재고파악, 고객에 대한 상품배송, 상품전달 등과 같은 전체 업무과정을 관리하고자 하는 것이다.

[표 1-1]은 기존의 기능적 사고와 프로세스적 사고를 비교한 것이다.

[표 1-1] 기능적 사고와 프로세스적 사고의 비교

기능적 사고	프로세스적 사고
'나'의 관점	'고객'의 관점
개인적인 작업에 중점	모든 작업과 서로 연결에 중점
분리	연계
부문별 절차	프로세스 업무흐름
순차적	농시 발생
누구의 잘못인가?	어떻게 개선할 것인가?
나의 작업, 원가, 시간 등의 최소화	전체 작업, 원가, 시간 등의 최소화
지엽적	전체적
내부 불화	경쟁사와 경쟁
나의 것	프로세스 오너
나 위주	고객만족
부분 최적화	전사 최저화

전사 관점에서 수행되는 비즈니스 프로세스의 결과는 그 기업의 성과라고 할 수 있다. 월마트의 성공 사례는 이러한 사실을 잘 나타내고 있다. 월마

트가 자랑하는 가격 경쟁력은 특정 기술이나 제품에서 나오지 않았다. 전체 유통 프로세스에서 비용을 발생시키는 여러 가지 요인들을 조금씩 제거함으로써 경쟁사 대비 매우 우월한 가격 경쟁력을 갖게 된 것이다.

테리 번햄(Terry Burnham)과 제이 펠란(Jay Phelan)은 그들의 저서《비열한 유전자(Mean Genes)》에서 "놀랍게도 자동차에서 100kg을 줄이는 가장 좋은 방법은 100g을 줄일 수 있는 1,000곳을 발견하는 것일지 모른다"라고 했다. 이것이 프로세스적 사고이며, 비즈니스 프로세스에 대한 효과적인 관리가 그 기업의 핵심 경쟁력이 될 수 있다는 생각의 요체이다. 즉 비즈니스 프로세스에서 기업의 가치를 파괴하거나 비용을 유발하는 요소를 제거하고 가치창조 요소를 지속적으로 만들어내는 것은 해당 기업이 핵심 경쟁력을 갖추기 위한 훌륭한 대안이다.

사실상 프로세스 중심의 경영이론이 어제 오늘 시작된 새로운 유행은 아니다. 1980년대부터 수많은 경영학자들에 의해 각자의 경영이론 속에서 주요한 개념으로 소개되어 왔다.

[그림 1-8]과 같이, 포터의 1980년 역저인《경쟁우위(Competitive Advantage)》에서 '가치사슬(Value-Chain)'이라는 개념으로 프로세스가 소개되었으며, 그 외에도 BPR의 창시자인 마이클 해머 등 한 시대를 풍미한 경영학자들에 의해서 프로세스가 소개되었다.

이러한 학자들의 공통적인 접근방법은 문제해결의 단서를 기업의 특정 사안에만 집중하지 않고, 그 문제를 감싸고 있는 모든 생태계적 요소를 통찰함으로써 관련 기능들 간의 통합에 관심을 집중하였다는 것이다.

Time

공급망관리
Chonberger, R. (1996) World Class Manufacturing

지식경영
Drucker, P. (1993) Post Capitalist Society

고객중심/고객지향
Whiteley, R (1991) The Customer-Driven Company

비즈니스 프로세스
Venkatraman, N. (1991) Information Technology-Induced Business Reconfiguration

리엔지니어링
Hammer, M.(1990) Don't automate, Obliterate

엑설런스(Excellence)
Peters, T et al.(1982) In Search of Excellence

가치사슬
Perter, M.(1980) Competitive Advantage

[그림 1-8] 경영사조 상에 나타난 비즈니스 프로세스

오늘날 ERP, SCM, CRM 등의 다양한 IT 시스템의 도입으로 해당 기능
의 수행도 측면에서는 높은 성과를 보여주고 있으나, 실제 기업선략을 수행
하는 측면에서는 통합 및 협조가 부족하여 계획했던 전략목표를 달성하기
에 한계를 보여주고 있다. 비근한 예로, 영업재고 시스템과 생산시스템이
통합되지 못하면 재고가 넘치는데도 생산이 계속되는 등의 불필요 비용이
증가한다. 프로세스는 특정 비즈니스 기능에만 집중하지 않고, 고객가치 등
의 전체적 가치 하에 관련된 비즈니스 기능들의 통합적인 통찰을 주문한다.
이러한 접근방법은 국부적 최적을 다투는 기존 방식에 비해 전체 목표를 달
성하는 데 보다 현실적이고 구체적인 저비용의 해결책을 제시해 준다.

그러나 아직까지 우리나라 대부분의 기업에서는 국부적인 최적만을 향해

각 부서의 기능업무를 개선하고자 할 뿐, 프로세스는 관리되지 않고 주먹구구식으로 단위업무의 수행절차로만 관리되거나, 기업 내 애플리케이션, 조직구조 또는 업무방식에 묻혀져 왔다. 또한 비즈니스 환경의 변화에 따른 프로세스의 복잡도 증가, 프로세스의 잦은 변경 요구, 내부 프로세스를 감사하는 제도 및 규약의 증가 등의 이유로 인하여 많은 기업들이 프로세스 관리의 어려움을 호소하고 있다. 결과적으로 타 기업과의 경쟁에서 차별화된 성과를 거두는 기업을 발견하기가 쉽지 않은 것이 현실이다.

⁑ 2.3 기능별 경영의 문제점과 그 해결방법

기존의 기능별 조직에서는 각 부서의 책임만이 명시되고 해당 업무만 충실히 수행하면 되었다. 실제로 고객에게 가치가 전달되는 전체 프로세스 과정에서의 책임과 역할이 명시되지 않았고, 경우에 따라서는 관련된 부서간 작업결과가 충돌하여 갈등이 표출되고 문제점을 양산하였다. 더군다나 이러한 갈등을 중재하고 문제를 해결할 역할도 불분명한 것이 현실이었다.

기능별 경영에서 드러난 주요 문제점을 나열하면 다음과 같다.

> ● 문서흐름의 비합리성으로 고객 서비스 시간 증가 : 고객이 작성한 주문서가 이후 신용조사, 할인율 및 판매조건 심사, 회계반영 등으로 각 부서를 경유하면서 고객이 주문품을 받는 시간은 계속 늦춰졌다. 결과적으로 주문서가 담당자에 의해 실제 처리되는 시간은 고객이 주문서 작성 후 주문품을 접수하는 데 기다린 총 시간과 상당한 차이가 발생하게 된다.
> ● 추가 매출기회 및 위험요소 파악의 어려움 : 아기 신발을 구매한 고객은 아기 옷을 구매할 확률이 높다. 아기 신발을 판매하고 나서 후속작업으로 아기 옷 판매를 시도하지 않으면 추가 판매의 기회를 놓치는 것이다. 또한 특

정 고객의 신용주문을 처리할 때, 회계부서에서 해당 고객의 지급체납 사실
을 통보해 주면 판매 위험을 미연에 방지할 수 있다.

- 고객 대응체계의 불합리성으로 고객불만 양산 : 분업화된 조직으로 담당자
들은 총체적인 권한이 없기 때문에 고객 문의에 적절한 대응을 하지 못한
다. 자신의 관할이 아니라고 생각하면 고객의 전화를 다른 부서로 돌려주게
된다. 그 다음 부서에서도 같은 현상이 발생하기 마련이며, 이러한 현상이
반복되면 그 고객은 해당 기업과 거래를 하지 않으려 할 것이다.
- 공유되지 않는 주요 정보와 관련 정책의 미비로 고객불만 양산 : 기업 관점
에서는 고객 중요도와 우선순위를 따져 차별화된 서비스를 제공할 수 있다.
예를 들어, 마케팅부서가 대형 고객과 약속한 긴급 주문처리 정보를 생산부
서와 공유하지 못하면, 대형 고객과 적시에 약속한 주문처리를 배송부서에
서는 인지하지 못하고 다른 일반 주문과 동등하게 처리함으로써 대형 고객
과의 약속을 지키지 못할 수 있다.

이러한 문제점들이 발생한 이유는 고객에게 가치를 전달하는 전체 과정
에 대한 시각이 부족했다는 점과, 전체 과정에 참여하는 개별 부서 기능들
을 조정하고 통제할 수 있는 평가시스템이 부재하다는 점, 그리고 업무의
목표가 불분명하다는 점 때문이다.

프로세스 경영은 다음과 같은 이유로 기존의 기능별 경영의 문제점들을
해결할 수 있다.

1) 프로세스 관리를 통한 전체 최적화

프로세스의 전체적인 시각은 고객에게 가치를 전달하는 과정 전체를 최

적화시키는 데 유리하다. 개별 기능의 50% 이상의 혁신이 기업 전체 성과 측면에서는 아무런 효과가 없는 경우가 많다. 애로공정(Bottle-Neck)의 개선 없이는 선·후행 작업의 개선이 전체 프로세스의 개선에 영향을 미치지 못하기 때문이다. 마이클 해머가 언급했던 부서와 부서 사이의 업무연계와 대기시간이 실제 단위 작업시간에 비해 9배 이상이라는 연구결과도 같은 맥락인 것이다. 따라서 개별 부서, 단위 업무만을 대상으로 하지 않고 부서와 부서, 개인과 개인간의 협업과 전체 프로세스 측면에서의 관리가 필요한 것이다.

2) 합리적인 평가수단의 제공

합리적인 평가는 동기부여의 주요 수단이며, 기업성과를 증가시키는 주요 요소로 간주된다. 프로세스 경영에서는 평가시스템을 구축하기가 용이하다. PPI(Process Performance Index)로 대표되는 프로세스 성과지표들을 획득하기가 쉬워진다. 또한 각 부서간 충돌되는 관점을 조정하여 균형 있는 지표를 산출할 수 있다.

3) 명확한 고객중시

고객이 확실히 정의되므로 업무의 목표가 명확해진다. 고객에게 가치를 제공하는 데 기여하면서도, 직접적인 고객 접촉이 없다는 이유만으로 이러한 일은 내 업무가 아니라는 소극적인 행동은 사라지게 된다. 명확한 고객 지정으로 고객에 보다 최적화된 서비스를 할 수 있으며, 고객의 피드백을 통하여 해당 프로세스를 개선시킬 수도 있게 된다.

2.4 프로세스 경영의 주요한 개념들

1) 고객지향적인 비즈니스 프로세스

프로세스 경영을 통한 프로세스 혁신은 업무의 재설계, 권한이양, 부서 간 협업뿐만 아니라 조직문화와 성과관리, 정보기술 등을 포괄한다. 이러한 다양하고 복합적인 요인들에 대한 총체적 관리를 시도하는 데 가장 기본적인 판단기준은 고객의 입장에서 과거의 경험과 관행에 도전하여 새로운 업무처리 방식을 도입한다는 점이다. 기업 내 각 단위부서의 업무수행은 모두 전사적 차원에서 고객만족에 의해 조정되어야 하며, 각 단위업무의 결과도 고객만족에 기준하여 평가되고 보상되어야 하는 등, 고객에 대한 서비스를 향상시킴으로써 이익을 증대시키고 장기적인 성장동력을 마련해야 한다. 고객을 향하지 않고 단순히 과정에만 집중하는 프로세스 변화는 기존의 기능별 업무수행의 문제점을 양산할 뿐이다. 각 기능별 조직의 업무수행을 전사목표에 맞게끔 조정하는 기능이 부족하여 기능부서간 업무수행의 결과가 상충하기도 하며, 고객접점 부서의 단순 예절교육에만 치중하기도 한다.

프로세스 경영을 통한 혁신은 정보유통의 원활화와 효율성 제고를 통해 비용은 최소화하면서 시장 정보관리 및 투자 아이디어 등 이익을 확대할 수 있는 모든 정보를 가능한 한 빠르게 전사적 범위에서 관계자들과 공유하는 것을 목표로 해야 한다. 그렇게 함으로써 기획 및 마케팅, 연구개발, 생산, 판매, 유통 등 기능별로 나눠진 업무를 '고객을 만족시키는 구조'로 재설계해야 한다. 이렇게 프로세스를 혁신하기 위해서 먼저 혁신의 방향과 전략을 결정해 주는 개념을 정립해야 하는데, 그 중심개념이 '고객만족'이어야 한다. 시장의 주인은 소비자 즉 고객이며, 기업이 생산하는 제품과 서비스의 소비는 고객이 결정하기 때문이다.

IBM은 왜 고객만족이 프로세스 혁신의 중심개념으로 자리잡아야 하는지를 설명하는 좋은 예가 된다. 1990년대 초반에 이르러 한 해 81억 달러의 적자를 내는 공룡기업 IBM을 다시 초우량 글로벌 기업으로 변모시킨 루 거스너 회장의 경영에는 고객지향적 프로세스 혁신이 자리잡고 있다. 1980년대 중반부터 밀어닥친 다운사이징과 그에 따른 고객의 요구변화는 메인 프레임에 집중하던 IBM을 벼랑으로 몰고갔다. 93년에 취임한 루 거스너 회장은 취임사에서 "고객으로서의 입장, 고객의 관점을 가지고 IBM에 왔다"라고 밝히면서 IBM의 위기를 고객의 관점에서 풀어나갔다. 취임 후 6개월 동안 2만 명에 달하는 고객을 만나 고객의 고충을 듣고 그들의 요구사항을 파악하여 IBM의 제품과 서비스에 반영하여 나갔다. 당시의 IBM은 방대한 기업규모와 복잡한 조직으로 고객의 요구가 제대로 의사결정에 반영되지 못하는 구조로서, 중복 프로세스, 문제에 대한 대응 프로세스의 부재, 고비용 및 관료주의에 물든 업무진행, 탁월한 인재들이 능력을 발휘하지 못하는 기업환경 등의 문제점을 가지고 있었다. 루 거스너는 오랜 시간 과거의 영광에 젖어 있던 IBM 중심의 사고에서 벗어나, 전사에 걸친 프로세스를 관리하고 표준화하는 작업을 철저히 추진함으로써 고객 중심의 조직으로 거듭나도록 하였고, 다시 IBM을 초우량 기업으로 재기시켰다. 이후 IBM은 제품개발과 주문이행 시간이 짧아졌으며, 조달비가 몇 백만 달러까지 절감되는 등 가시적인 성과를 얻을 수 있었다.

IBM의 프로세스 혁신 예와 같이, 프로세스의 실행은 파트너 기업을 통한 공급, 생산, 물류, 영업, 고객의 순으로 진행되지만, 프로세스의 기획 및 설계는 고객으로부터 출발하여 실행과 반대 방향으로 진행되어야 한다. 혁

신을 희망하는 조직이 고객의 시각에서 자사의 프로세스를 재조명하는 일
에서부터 시작하는 이유도 이와 같다.

2) 자산으로서의 비즈니스 프로세스

BPM의 핵심적인 개념 중의 하나로, 프로세스는 고객 가치를 제공하는
자산이라는 점을 들 수 있다. 프로세스마다 대상으로 하는 고객이 있다. 개
인이나 개별 기능은 고객 가치를 생산하지 못한다. 다양한 참여자들이 개입
하여 저마다의 작업을 순서에 맞게 진행하여 비로소 고객에게 전달되었을
때 비로소 가치는 실현된다.

일례가 영업부문이다. 영업부서원들은 자신들이 수익을 창출한다고 생각
한다. 그리고 조직 내에서의 자신들의 위상에 다소 과장된 시각을 가질 수
도 있다. 그러나 고객서비스, 회계, 생산, 주문충족(Order Fulfillment) 기
능이 없었다면, 고객은 단순히 영업기능만으로는 가치를 인식하지 못할 것
이다.

이러한 일련의 업무흐름이 없었다면 그 기업이 수익을 창출할 수 있었을
까? 대답은 '아니오' 이다. 비즈니스 프로세스는 기업의 수익을 창출하는 다
른 형태의 자산이라고 칭하는 이유가 여기에 있다.

조직은 여타의 자산에 투자하듯이 고객에게 가치를 제공하는 핵심고리
인 프로세스에 투자해야 한다. 그리고 우선은 조직의 핵심 프로세스에 투자
를 집중할 필요가 있다. 모든 프로세스가 해당 조직의 핵심 프로세스는 아
니다. 조직별로 조직의 목표가 다르며, 그들의 핵심 프로세스도 다르다. 예
를 들면, 델컴퓨터의 핵심역량은 CTO(Configure-to-Order)에 기반한 온
라인 영업 프로세스에 있다. 델은 상대적으로 적은 비용으로 고객별 맞춤화

된 제품을 제공함으로써 경쟁업체 대비 경쟁우위를 확보했다. 이러한 경쟁 우위는 경쟁업체들은 구축하지 못한 전 세계 차원의 주문충족 프로세스가 있기 때문에 가능한 것이었다. 델의 경우엔 주문충족 프로세스가 핵심 프로세스가 된다. 또한 델을 여타의 경쟁업체와 차별화시킨 요소로는 고객서비스 프로세스가 있다. 고객은 자신이 구매한 제품에 대해 즉시 서비스(Prompt Service)를 받을 수 있다. 이것은 고객으로 하여금 델에 비해 낮은 비용구조를 가지고 있는 소규모 경쟁업체보다 기꺼이 높은 비용을 지불하도록 만든다. 따라서 고객서비스 프로세스도 델의 핵심 프로세스이다.

제약업체의 경우에는 신약개발 프로세스가 핵심 프로세스가 될 수 있다. 대형 제약업체는 수억 달러를 신약개발에 투자하지만, 수천 종의 화합물 중에서 오직 한두 개만이 신약으로 출시된다. 어떤 프로젝트를 지속해 나갈지, 언제 실패작을 종료해 버릴지를 결정하는 신약개발 프로세스를 가진 제약업체가 경쟁우위를 가질 것이다.

투자된 자산은 지속적으로 관리되고 개선의 대상이 되듯이, 프로세스도 관리되고 지속적으로 개선되어야 한다. 관리되기 위해서는 측정되고 모니터링되어야 하며, 통제·분석되어야 한다. 프로세스에 대한 측정 및 모니터링은 통계적 분석에 의존하게 되는데, 이때 측정값의 이상을 감지한다. 높은 분산편차를 보이는 이유는 고객에게 일관적이지 못한 결과를 제공하기 때문이다. 높은 분산편차는 프로세스에 대한 관리와 통제가 부적절함을 의미하며, 추가자원(사람, 기계 등)의 투입을 필요로 한다. 이러한 관리절차는 프로세스의 개선점을 찾는 데 필수적이며, 어떤 개선을 통하여 고객에게 최고의 가치를 제공할 수 있는지 식별하는 데도 필수적이다.

프로세스에 대한 지속적 개선은 프로세스 관리의 자연스러운 결과이다.

프로세스 개선은 일회성 작업이 아니다. BPR에 대한 대다수의 불만은 BPR의 결과가 일회성에 그쳐 이후의 변화를 수용할 수 없었기 때문이었던 점을 상기해 볼 필요가 있다. 생존하기 위해선 변화가 필요하며, 비즈니스 프로세스는 이런 변화의 결과물이므로 프로세스는 끊임없이 개선 될 수밖에 없다.

3) 기업전략에 있어 효과적인 프로세스 경영

공룡이 왜 멸종했는지에 대한 가설에는 여러 가지가 있다. 일부 학자들은 공룡이 쥐에 의해 멸종했다고 이야기한다. 생쥐가 공룡의 항문을 공격했는데, 공룡의 항문에서 발생한 감각신호가 머리까지 전달되어 다시 운동기관으로 반응하는 데 수십 초가 걸렸고, 그러다 보니 생쥐가 수없이 공격을 해도 적절하게 대응하여 몸을 지키지 못했다. 덩치로 따지면 볼 것 없는 생쥐가 항문을 통해 내장을 손상시켜 그 거대한 공룡을 멸종시켰다는 가설이다. 이 가설은 오늘날 기업경영에 있어 환경변화에 대한 대응이 얼마나 중요한지를 언급할 때 자주 거론된다.

다변화되고 역동적인 환경에서는 기업의 사업전략을 성공적으로 수행하기 위해 조직의 성과에 기여도가 높은 핵심 프로세스를 찾아 역량을 집중하는 것이 필요하다. 그리고 기업의 사업전략은 신속하게 전개되어야 한다. 프로세스의 결과를 신속하게 피드백 받고, 이를 바탕으로 지속적으로 새로운 경영전략을 수립하고 계획-실행-측정-체크로 이어지는 전체 비즈니스 라이프 사이클이 효율적으로 운영되어야 한다. 최상위 기업전략과 현장부서의 단위 업무활동이 연계됨으로써 전략수행이 모든 종업원의 일일과업이 되고, 단위 업무활동의 전략 기여도가 실시간으로 체크되어야 한다. 프로세스 진행에 맞추어 각 태스크별 배분 인원 및 장비, 자금 등도 효율적으로 관리할 수 있어야 한다. 이러한 과제들을 효과적으로 수행할 수 있는 방안이 프로세스 경영이다.

기존의 기능별 경영에서 환경변화에 신속하게 대처하기 위해서는 기업 내부의 관리체계가 잘 갖추어져 있어야 하는데, 세계적인 IT 조사기관인 가트너는 이러한 시대적 요구를 RTE(Real-Time Enterprise)라는 개념으로 소개하고 있다. 가트너는 "RTE는 기업 전반에 관련된 최신의 정보를 사용하여 핵심적인 비즈니스 프로세스에서의 지연요소를 지속적으로 제거함으로써 경쟁력을 갖추는 기업"이라고 정의하고 있다. RTE는 기술적 개념이 아닌, 실시간 정보를 바탕으로 비즈니스 프로세스를 가속화시키는 데 중점을 둔 경영전략으로, 현재와 같은 급변하는 경쟁환경에서는 생존전략이라고 할 수 있다. 경영전략은 개별 기업마다 다르겠지만, 기업을 관리하는 측면에서는 RTE가 모든 기업의 최종적인 전략방향이 되어야 하며, RTE의 현실적인 토대로서 프로세스 경영이 부상하고 있다.

4) 혁신으로 통하는 지속적인 프로세스 개선

우리는 보통 '개선'을 기존의 것을 조금씩 고쳐가는 점진적인 활동으로, '혁신'을 새로운 시장을 창출하는 극단적인 방안으로 구별하곤 한다. 단어가 가져다 주는 느낌은 개인마다 다르겠지만, 프로세스 경영에서 바라보는 개선과 혁신의 관계는 상호 보완적이라는 것이다. 기존의 지속적 개선과 혁신을 구분하고자 했던 경계가 모호해지고 있다.

피터 드러커가 "혁신은 기존의 자원이 부를 창출하도록 새로운 능력을 부여하는 활동이다"라고 말한 것처럼, 혁신은 새로운 것을 발명하기보다는 기존의 제품과 서비스의 연장선상에 있다고 할 수 있다. 혁명적인 발견과 발명을 통한 혁신도 있지만 그 경우는 드물며, 우리가 주변에서 목격하는 대부분의 혁신은 기존의 제품과 기술 등을 재조합하는 것이었다. 맥도날드를 예로 들어 보자. 피터 드러커는 그의 저서 《미래 사회를 이끌어 가는 기업가 정신(Innovation and Entrepreneurship)》에서 맥도날드는 새로운 혁명적인 제품으로서 햄버거를 발명한 것이 아니라, 고객의 관점에서 고객가치를 창출하기 위해 햄버거란 제품의 생산 및 배달 프로세스를 변화시키고, 표준화된 절차와 도구를 규정하고 개발한 것으로 정의내렸다.

현대와 같은 급격한 변화의 시대에서는 변화에 대한 대응이 점점 빨라져야 한다. 따라서 변화에 대한 대응으로서 혁신은 가끔씩 하는 것이 아니라, 일상적인 업무활동에서 지속적으로 수행해야 하는 것으로 바뀌고 있다. 매스컴에서 접하는 다양한 경영혁신의 사례들이 혁명적인 이론과 기술로써 가능했다고 생각되지만, 이러한 것들은 상당히 예외적인 경우이다. 도요타의 세계 초일류 자동차 생산 운영시스템노 일상적인 입무활동에서 작은 것도 개선하고자 하는 기업문화에서 비롯했으며, GE의 제프리 이멜트 회장의 "지속적인 혁신은 GE의 핵심요소이다", 피터 드러커의 "혁신은 작게 시작하고 구체적인 것을 시도하는 것이다"라는 발언도 이와 맥을 같이한다.

결국 혁신은 전사 차원에서의 공감대 속에서 일상적이고 지속적으로 전개되어야 하며, 새로운 기술과 발명에 의존하기보다는 전사 임직원들의 참여 하에 주변의 작고 구체적인 것에서부터 시작하는 것이 효과적이다. 이것이 지속적인 개선은 혁신으로 통한다라고 주장하는 이유이다.

5) 프로세스 관리의 인에이블러(Enabler) IT

일반적인 BPM IT 솔루션의 도움 없이도 프로세스 경영 실현이 가능하며, 문서위주의 프로세스 정의 및 공유, 지표관리 등을 통하여 기존 대비 높은 사업적 성과를 달성한 기업도 많다. 그러나 전문적인 솔루션의 도입을 통하여 프로세스 경영 실현에 필연적으로 수반되는 간접비용을 절감할 수 있고, 진행과정을 더욱 효율화시킬 수 있으며, 프로젝트 수행기간을 획기적으로 단축시킬 수 있다는 이점을 부정할 수 없다.

IT 기반으로 구현되지 못한 프로세스는 실제 현장에서 지속적으로 관리, 적용하기가 매우 어렵다. 부서마다 수작업으로 관리되는 프로세스는 전사 공통의 언어로 통일되게 작성하기 어렵고, 저마다의 경험과 지식으로 작성되어 상호간의 이해와 참조가 힘들다. 더군다나 복잡다난한 기업 업무에 대해 관리자 및 경영진들에게 신속한 현황 정보를 제공하기 위해서는 IT는 필수불가결한 요소가 되어가고 있다. 이제 IT는 왜 도입해야 하는가가 아닌, 누가 먼저 활용함으로써 경쟁에서 승리할 것인가로 초점이 모아지고 있다. 앞으로의 정보기술의 적용은 단순히 설계된 프로세스의 효과적 수행만이 아닌, 이전까지는 상상하지 못한 프로세스 혁신의 가능성과 기회를 제공할 수 있게 된다. 예를 들면, 최근의 IT 기술은 현장 부서에 흩어져 있는 다양한 작업기록 문서들을 데이터마이닝과 같은 기법으로 분석하여 가장 최적의 프로세스를 제시할 수도 있다.

또한 IT 기술은 이제까지 기업 내에서의 비즈니스 계층의 인력과 IT 계층의 인력이 협업이 어려웠던 문제를 해결할 수 있다. IT 기술을 통해 사용자 관점에서 보다 쉬워지고 비즈니스적인 언어로 시스템 설계가 가능하기 때문에, 비즈니스 현업에서 직접 작성하고 실행이 가능하다. 굳이 IT 현업을 통해 시스템 설계와 개발을 위임하지 않아도 된다. 이를 통해 보다 빠른 시장 대응이 가능해지고, IT 현업을 통합으로써 발생하는 커뮤니케이션 오류에 기인한 잘못된 프로그램 작성이 줄어들게 된다.

그런데 수많은 전문 프로세스 경영지원 솔루션 도입 프로젝트에서 공통적으로 목격되는 맹점이 있다. 프로세스에 대한 혁신 없이 단순히 현재의 일하는 방식을 그대로 자동화한다는 점이다. 프로세스 경영지원 솔루션을 통한 프로세스의 자동화는 업무의 속도를 빠르게 하지만, 잘못 설계된 프로세스의 자동화는 문제를 더욱 악화시킬 뿐이다. 잘못 설계된 프로세스 성과지표는 잘못된 의사결정만 양산할 뿐이다. IT 솔루션을 통한 자동화에 앞서 프로세스는 표준화·단순화되어야 하며, 특정 기능부서의 관점에서가 아닌 고객의 관점에서 부문들간의 연계와 통합에 초점이 맞추어져야 한다.

6) 데이터 중심에서 프로세스 중심으로 변화하는 기업정보 시스템

최근 IT 분야에 있어서 가장 두드러진 변화 중의 하나는 데이터 중심의 정보기술에서 프로세스 중심의 정보기술로 바뀌어 가고 있다는 점이다. 1960년대의 파일 시스템에서 최근의 웹 환경의 정보기술까지, 오늘날의 거의 모든 정보기술은 데이터베이스 기술을 기반으로 한다고 해도 과언이 아닐 정도가 되었다.

이러한 데이터베이스 중심의 정보기술은 기술의 가치와 목적을 해당 비즈니스 영역의 데이터와 그 데이터를 기반으로 한 업무를 처리하는 애플리케이션 중심의 생산성 향상에 두고 있다. 그러나 각 부서간의 조화롭지 못한 협업상황에서는 개별 부서의 생산성 향상이 조직성과로 발현되지 못하며, 업무처리 전체 시간 중에 단지 10%만이 업무 자체에 소요되고 나머지 90%의 시간은 업무간의 전이 또는 전달 시간에 허비된다. 이러한 점 때문에 업무를 처리하는 전체 흐름인 프로세스를 중심으로 정보기술의 초점이 바뀌어 가고 있다. 이는 곧 비즈니스 프로세스 리엔지니어링, 프로세스 이노베이션, 자동화를 통한 업무 생산성 향상에 시장의 관심을 집중시키게 만들었고, 프로세스 중심의 정보기술, BPM이 시장의 중심으로 등장하게 된 배경이 되었다.

특히 현장에선 고도화된 데이터 중심의 애플리케이션간 연동의 증가, e-비즈니스의 확산, 디지털의 보급, 분산화된 조직간의 협업, 가치사슬 통합 등으로 다양한 부서간·기업간의 프로세스 통합, 전자상거래 구현이 주요 핵심과제로 부상하고 있어, 이를 구현하기 위한 프로세스 중심 정보기술의 연구개발에 많은 투자와 관심이 집중되고 있다.

기존의 데이터 중심의 정보기술이 분절화되고 단편적인 생산성 향상의 기술이었다면, 프로세스 중심의 정보기술은 비즈니스를 통합하고 전략을 충실히 수행하는 전사 차원의 생산성 향상 기술로서 정보기술의 새로운 지평을 넓혀가고 있다.

3 BPM : 프로세스 경영 + IT

3.1 BPM의 개요

프로세스 경영이 비즈니스 프로세스를 적극적으로 활용하여 기업가치 창출을 추구하는 개념이라면, 이러한 개념을 효과적으로 구현하기 위한 방법이 필요하다.

BPM(Business Process Management)은 프로세스 경영의 기반을 구축하기 위해 IT 도구들을 접목한 개념이다.

기존의 프로세스 중심의 경영이론들(전사적 품질관리, 6시그마 등)은 대부분 프로세스의 개선에 초점을 두고 있지만, 비즈니스 프로세스의 부분적인 면만을 다루고 있었다. 예를 들면, 비즈니스 프로세스의 추출, 정의, 운영, 모니터링, 지속적 개선에 이르는 전체 수명 주기에 걸친 프로세스의 관리, 경영전략과 운영활동과의 연계 등과 같은 총체적인 프로세스 관리와 이를 효과적으로 지원하는 IT 도구에 대해서는 한계를 가지고 있다. BPM은 이러한 한계에 대한 해답이다.

BPM이라는 용어는 1990년대 중반부터 사용되었다. 그러나 2000년대 들어 다양한 솔루션 벤더들의 등장은 BPM에 대한 시각을 IT 중심적으로 변질시켜 놓았다.

2001년 시장조사기관 가트너의 BPM에 대한 정의를 보면, "프로세스 관리 및 워크플로 기술과 EAI 기술의 통합을 통하여 사람과 애플리케이션 상호작용 및 연계를 강력히 지원하는 것"이라고 하고 있다. 이러한 기술위주의 시각은 기존의 BPM이 문제점으로 지적하던 ERP의 경직된 프로세스, 데이터 중심의 애플리케이션 등과 비교하여 차별성을 제시해 주지 못한다. 더불어 프로젝트 ROI 관점에서도 단순 비즈니스 기능들간의 실행자동화라는 관점에 국한되어 단위업무 소요시간 단축이라는 제한된 효과밖에 도출하지 못한다.

다행스럽게도 2000년대 중반 들어 BPM에 대한 정의에서 비즈니스 측면이 강조되고 있다. 가트너의 2005년 보고서에서는 BPM을 "일상적인 경영활동과 소프트웨어 도구를 활용하여 조직의 업무와 프로세스를 끊임없이 최적화하는 구조적인 접근방법 및 관리역량이자 도구의 집합"이라고 정의하고 있다.

즉 BPM은 프로세스를 최적화하기 위해 다양한 경영학적 이론과 정보기술을 적극적으로 활용한다([그림 1-9]).

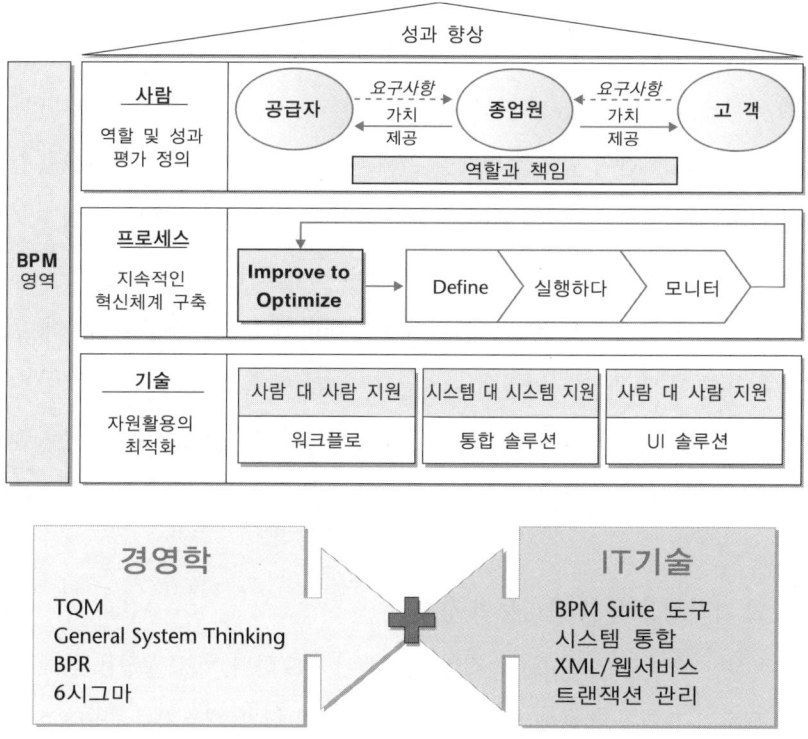

[그림 1-9] BPM 영역 및 정의(BPMG)

🔸 3.2. BPM의 기대효과

BPM을 통한 기대효과는 다양하다. "BPM은 경기침체 상황에서도 기업의 운영비용 절감을 통해 수익을 낼 수 있게 해 준다(Eberdean 그룹)", "향후 상당 기간 BPM보다 더 주목받을 수 있는 소프트웨어 분야는 없을 것이다(Delphi 그룹)" 등의 표현들은 BPM이 가지는 경영학적 또는 IT 관점의 폭발적인 효과성을 잘 대변해 준다.

구체적인 BPM의 효과에 대해 알아보기로 한다.

1) 프로세스 속도 향상

BPM을 통해 비즈니스 프로세스의 속도를 증가시킬 수 있다. 연구보고에 의하면, 기존의 기능별 작업수행 방식에서는 실제 업무수행 시간의 9배에 해당하는 시간이 업무간 연계를 위해 대기하는 시간으로 소비된다고 한다. 개별적인 업무 개선을 위해 도입된 투자는 결국 전체 소요시간의 10%에 국한되기 때문에 전체 프로세스 시간의 개선효과는 미미할 뿐이다. 결국 기업은 프로세스의 전체 액티비티들을 대상으로 업무간 대기시간에 초점을 맞추어 전체 리드타임의 개선을 목표로 해야 한다. BPM은 이러한 선·후행 작업간의 이행을 자동화하기 때문에 프로세스의 속도를 향상시킨다.

2) 가시성을 통한 관리능력 강화

적절한 통제를 위해서는 적절한 피드백이 필요하다. 목표달성을 위해 취한 행동의 결과가 목표에 얼마나 어떻게 차이가 나게 했는지를 파악해야만 추가보정 작업을 통해 원활한 목표달성이 가능하다. 일상적인 식사량도 대뇌에서 인지되는 포만감이라는 피드백을 통해 조절되어 최고의 만족감을 주는 상태에서 우리들은 식사를 마치게 되는 것이다.

BPM을 통해 비즈니스 프로세스는 가시화된다. 고객에게 가치를 전달하는 과정들이 표준화되고, 표준화된 절차대로 수행된 프로세스의 결과들이 수집되기 때문에, 현재 진행되고 있는 프로세스의 진행현황을 확인할 수 있다. 관심의 대상인 프로세스가 현재 어떻게 진행되고 있는지를 확인하는 것만으로 우선 고객의 만족도를 높일 수 있다. 관리측면에서는 해당 프로세스의 여러 실행 결과를 분석함으로써 프로세스 설계의 유효성을 검증할 수도 있다. 프로세스 실행 결과의 분석을 통해 문제점이 파악된다면 개선의 기회로 활용할 수 있게 된다.

3) 프로세스의 병렬처리

비즈니스 프로세스가 BPM에 의해 자동화되지 않고 수작업으로 처리되는 경우, 대부분이 참여자 모두에게 직렬로 작업을 분배하여 처리하게 한다. 수작업에서는 병렬보다 직렬로 처리하는 것이 관리가 용이하며, 관련 문서도 정보별로 나누어 병행처리하기 어렵기 때문에 병렬처리가 가능함에도 불구하고 직렬로 업무를 배분하여 처리하곤 한다. BPM을 통하여 병렬로 업무를 처리하면 직렬방식에 비해 훨씬 효과적이라는 사실은 쉽게 짐작할 수 있다.

4) 책임 통제(Accountability)

글로벌화되고 성장하는 기업의 고민 중의 하나는 자사의 비즈니스 프로세스 수가 방대하다는 사실이다. 방대한 비즈니스 프로세스와 데이터들은 수작업으로 가능한 관리통제의 범위를 벗어나곤 한다. 이 때문에 시스템의 볼륨이 방대해질수록 작업오류가 기하급수적으로 발생한다.

BPM의 도입은 문제가 발생했을 때 프로세스의 어디에서 발생한 문제인지를 파악하는 것과, 선·후행 작업간의 인과관계를 통해 문제의 원인을 파악하는 데 유리하다. BPM은 프로세스의 각 단계마다 실행의 결과와 진행상태를 일일이 기록하며, 이를 이후의 감사와 통제에 활용할 수 있다.

5) 프로세스 최적화

BPM은 단지 프로세스 자동화만을 대상으로 하지 않는다. 프로세스 각 단계에서의 실제 소요비용과 실데이터에 기반한 관리지표 등도 제공한다. 이렇게 제공된 비용과 관리지표 정보들은 이후 프로세스를 최적화하는 데 활용될 수 있다. 프로세스 효과 대비 투입비용을 비교해 볼 수 있고, 조직의 생산성 지표로 경영진을 위한 정보로 제공할 수 있으며, 단위업무당 작업자 수를 조정하는 등의 자원배분을 바꿔보면서 관리지표를 확인함으로써 최적의 자원분배 계획을 도출할 수 있다. 최근에는 6시그마 기법과 BPM을 통합하여 추진함으로써 프로세스 최적화를 보다 효과적으로 수행하고 있다.

6) 고객과 파트너와의 통합

BPM에서 제공하는 IT 도구들은 협업과 통합의 범위를 기업 내부로만 제한하지 않는다. BPM을 통해 외부 고객과 파트너 기업이 관련 프로세스에 함께 참여할 수 있도록 지원한다. 외부 고객과 파트너의 참여는 전체 프로세스 리드타임을 감소시키며, 밀접한 상호관계 구축으로 상호 만족하는 결과를 가져온다. 또한 상호간의 이해도가 높아짐으로써 협업의 강도가 올라가고, 가치창출에 있어 보다 적극적인 동참이 가능하며, 공동의 목표를 대상으로 가상기업화하여 생산성을 높일 수 있다.

7) 조직의 민첩성 제고

매우 동적이고 경쟁이 치열한 근래의 비즈니스 환경은 기업의 지속적인 변화와 변화에 대한 적응을 강요한다. 사람이 개입되는 비즈니스 프로세스는 특성상 바꾸기가 쉽지 않다. 동기부여와 프로세스 변화 비용도 만만치 않다. 현장에서는 종종 작업자들이 개선된 프로세스로 작업을 진행하지 않고 익숙한 과거의 방법으로 회귀하려고 한다. 이런 경우 변화된 프로세스에 맞게 작업하도록 작업자들을 강제하는 수단으로 BPM 도입을 검토할 만하다.

BPM은 룰(Rule)과 시스템에 의해 비즈니스 프로세스의 변화를 쉽게 수행할 수 있다. 마치 레고 블록을 맞추듯이 기존 단위업무들의 재조합 과정을 통해 변화된 프로세스를 생성할 수 있다. 이러한 기능을 바탕으로 BPM 도입을 통해 선진기업들은 경영환경 변화에 대한 민첩성을 높이고, 고객만족을 위한 대응능력을 향상시키며, 현재 진행 중인 전사업무에 대한 통제능력을 높이고 있다.

북극곰과 물개 : 지속적인 경쟁우위 확보의 어려움

북극곰은 불곰에서 진화되어 북극의 환경에 적응한 곰이다. 곰 중에서도 가장 무겁고, 몸무게가 680~700Kg까지 나간다고 한다. 워낙 추운 지방에서 서식하기 때문에, 태양열을 잘 흡수하기 위해 두터운 가죽의 피부색은 검다. 그러나 피부색은 까맣지만, 일반적인 불곰이 털이 까만 것과는 달리, 털은 흰색이어서 눈이 많은 북극의 자연환경에서 보호색으로 작용한다.

북극곰의 먹이는 주로 물개인데, 물개 가까이 접근하더라도 하얀 털 때문에 눈속임이 가능하다. 하지만 북극곰과 물개의 먹이사슬 관계에서 보호색을 가진 북극곰만의 일방적인 우위를 보여주지는 못한다. 좀더 조심스런 물개들만이 살아남아 생태계는 균형상태로 다시 회귀하기 때문이다.

기업의 모든 경쟁우위도 계속적인 도전과 환경의 변화로 위협받는다. 마치 잡아먹으려는 북극곰과 피해 도망가는 물개처럼 말이다.

델컴퓨터 : 프로세스 경영 사례

[프로세스 혁신을 통한 델의 승리]

오늘날 컴퓨터업계의 거인이 된 델컴퓨터의 시작은 미미한 것이었다. 1984년 창업 당시 자본금은 단돈 천 달러가 전부였으며, 직원은 대학을 중퇴한 델 혼자뿐인 1인 기업이었다. 더군다나 델컴퓨터의 창업 시점에는 이미 PC 시장은 세계 최대기업 IBM, 초기 자본금 1억 달러의 컴팩 등과 같은 거대기업들의 과열경쟁으로 얼룩진 시장이었다. 그러나 델컴퓨터는 주문생산에 의한 직접판매 방식을 업계 최초로 도입했으며, 이후 전사 프로세스 관리에 있어 과감한 혁신을 도입함으로써 시장에서 가장 주목받고 수익이 뛰어난 기업으로 성장한다.

델컴퓨터가 속한 PC 산업은 하이테크 업종으로 높은 가격과 더불어 잦은 신제품 출시로 제품 수명주기가 극히 짧은 업종이다. 도태된 모델은 급속도로 가격이 하락할 뿐만 아니라, 상품 재고량과 창고운영비의 재고부담은 제품원가의 상승을 의미하며, 이는 곧 소비자 가격의 상승을 가져온다. 델컴퓨터는 이러한 하이테크 업종에서 불필요한 중간단계 없이 고객에게 직접 주문받아 필요한 양만큼만 생산함으로써 재고비용을 절감하였고, 고객에게 보다 높은 품질의 제품을 보다 낮은 가격에 제공할 수 있는 경쟁우위를 확보하게 된다. 주문생산을 통해 계획생산을 하는 거대 경쟁기업의 비즈니스 모델과 차별화를 이룩하였고, 이런 비즈니스 모델의 차별화는 공급업체와 소비자를 아우르는 가상공급망(Virtual Supply Chain) 프로세스의 구축과 공급망 프로세스 곳곳에 위치한 지연과 낭비요소를 지속적으로 제거하는 프로세스 혁신을 통해 가능하였다. 당연한 결과지만 델은 2004년에 와서는 업계 1위를 기록하고 있다.

다음 표는 1997년 기준으로 경쟁기업과 델컴퓨터의 성과를 비교분석한 자료이다.

1997년 성과비교		컴팩	델	게이트웨이
Market Share (U.S)		16.6%	9.5%	7%
Revenue		$24.6B	$12.3B	$6.3B
ROE		22.2%	90.0%	12.6%
Market to book value		454%	2468%	551%
Operating Cycle Time		77일	44일	46일
재고회전율	1997년	12.6 X (30일)	39.7 X (10일)	19.8 X (18일)
	1998년	9.6 X	44.4 X	34.6 X
	2003년		91.6 X	
	2004년		107.08 X (3.4일)	

표를 살펴보면, 델은 경쟁기업인 컴팩과 게이트웨이 컴퓨터와 비교하여 월등한 재고 회전율을 보여주고 있다. 이렇게 경쟁사를 압도하는 재고회전율은 다음에 설명하는 사례와 같이 생산물류 프로세스의 혁신에서 그 동인을 발견할 수 있다.

■ 델의 프로세스 혁신 사례

1) 수요 재조정 프로세스

델컴퓨터의 부품 소싱은 글로벌 차원에서 진행된다.제품기획 및 마케팅

계획과 더불어 대상제품에 대한 수요를 예측하며, 예측된 제품수요에 맞추어 각 부품에 대한 공급계획을 수립한다. 물론 이러한 부품수급계획은 소비자 수요에 실시간으로 동기화된다. 수립된 부품공급계획은 전 세계에 흩어져 있는 파트너 공급사와 유기적으로 연계되어 적시공급과 낮은 물류비용 등을 가능케 한다. 그런데 천재지변이나 부득이한 사유로 부품공급계획에 차질이 발생하는 경우, 델컴퓨터는 소비지 수요를 조정하는 프로세스를 가동함으로써 본래 가지고 있는 비지니스 목표인 적시생산과 재고비용 절감을 항상 유지한다. 예를 들면, 펜티엄급 최신 데스크탑에 탑재될 메인보드가 대만에서 생산되어 선박으로 태평양을 거쳐 운송되는 도중 태풍 등의 날씨 문제로 선박수송이 지연되면, 사건 발생 2시간 이내에 마케팅부서에서는 유사모델 또는 한 단계 업그레이드된 부품을 탑재한 데스크탑 모델에 대한 긴급 프로모션 기획이 진행된다. 이러한 캠페인성 프로모션은 공급차질이 예상되는 제품의 수요를 유사제품으로 전환시켜 버린다. 델컴퓨터 입장에서는 일부 제품공급 차질에 따른 나머지 부품의 재고비용을 절감할 수 있을 뿐만 아니라, 고객수요에 대한 유연한 대응으로 고객만족을 높일 수가 있다.

2) 부품업체 선정

델컴퓨터는 근접지원이 가능하다고 판단되는 부품업체들에게는 델 공장의 반경 몇 마일 이내로 제조공장을 이주하라고 했다. 이주에 따른 반대급부로 해당 공장의 부품을 전량 소화해 준다는 약속을 덧붙였다. 물론 델의 공급업체로 선정되기는 매우 까다로우며, 높은 품질 수준과 델의 제품생산 계획과 동기화할 수 있는 생산시스템을 보유하고 있는지 등의 여부가 그 기준이 된다. 델컴퓨터의 '주문생산'은 고객이 주문하는 시점에서 모든 생산이 시작되는데, 공급업체와 연결된 인트라넷은 고객의 주문이 입력되는 시점에서 부품이 주문되며 자동화된 프로세스로 생산이 진행된다. 이와 같이 이주한 부품공장은 델컴퓨터의 제조원가 절감의 원동력이 되었다. 상위 수준의 프로세스인 공급망에서 부품 공급업체의 위치를 통제함으로써 물류비용 절감 및 적시생산 체제를 갖추어 나간 것이다.

이와 같이 델컴퓨터는 IT를 활용해 고객 및 부품업체와 실시간으로 정보를 공유하고 지속적으로 프로세스를 개선함으로써, 동일 업종의 거대기업인 IBM, 컴팩, 게이트웨이와의 경쟁에서 승리할 수 있었던 것이다. 특히 비용이라는 측면에서 보면, 델컴퓨터는 인력 최적화, 장비통합, 프로세스 동기화 등의 노력을 통해 전반적인 운영비를 업계 최저로 낮추었고, 당연할 귀결로 수익 대비 운영비 비율이 경쟁사에 비해 절반 정도에 지나지 않는 만큼의 뛰어난 경영성과를 달성하였다.

■ 프로세스 혁신의 원동력, Dell Way

델의 프로세스 혁신을 가능케 한 원동력은 무엇인가? 델컴퓨터에시도 외부에 강조하는 사항이지만, 고객에 미쳤다라고 표현할 정도의 고객 중심의 마인드가 조직의 DNA로 작용하고 있다는 점이다. 이러한 고객 중심의 경영은 끊임없는 프로세스 개선의 문화를 정착시켰으며, 임직원들은 항상 자신들에게 "어떻게 하면 더 빨리 성장하고, 우리의 원가구조를 더욱 낮추며, 고객에 대한 서비스를 향상시킬 것인가?"라는 질문을 끊임없이 제기하고 실행에 옮기는 규율과 자세를 가지게 되었다.

이러한 임직원들의 고객지향적인 프로세스 규율과 이에 기반한 자세는 구체적인 경영성과와 더불어 구체적인 측정지표를 통해 관리되고 있으며,

측정지표를 통해 임직원들 개개인에 대한 평가와 보상을 실행하고 있다. 예를 들면, 긍정적인 고객경험(Customer Experience)에 대한 체계적인 측정지표를 구축하였고, 고객경험에 기준한 평가치는 임직원들의 보너스 중 3분의 1을 결정하는 주요 지표로 활용하고 있다.

■ 현재 진행 중인 델의 시련과 재도약을 위한 준비

20여 년 동안 세계 PC 시장에서 승승장구하던 델도 2006년 들어와서 시련을 맞게 되었다. 판매성장률의 급격한 감소로 경쟁자인 HP에게 세계점유율 1위 자리를 빼앗긴 것이다. 노트북 배터리의 폭발 사고라는 외연적 요인도 작용하였지만, 보다 근본적인 이유를 프로세스 경영 측면에서 발견할 수 있다.

첫번째가 더 이상 차별화되지 않는 프로세스이다. 업계 최초로 직접판매 모델을 도입하고 원가 우위의 프로세스 혁신을 주도하였지만, 현재에 와서는 경쟁기업인 HP, 레노보 등도 유사한 방식을 도입함으로써 프로세스 효율의 격차가 급격히 줄어들었다. 변화하는 경쟁환경에의 대응이 미흡했던 것이다.

두 번째로는 고객지향성의 실종이다. PC 시장의 최근 변화는 기업고객에서 개인고객으로, 데스크탑에서 노트북으로의 무게중심 이동으로 대표할 수 있다. 이러한 시장변화에서 고객은 PC 제품 선정에 있어 기존의 저렴한 가격보다는 수준 높은 AS, 제품이 제공하는 뛰어난 사용자 경험(User Experience) 등에 높은 비중을 두게 된다. 델의 제품은 디자인이 미려하지 않고, HP와 같은 경쟁업체와 비교하여 수준 높은 AS를 제공하지도 않는다. 자연스럽게 고객의 선택에서 델의 제품은 멀어질 수밖에 없다.

이와 같이 델은 과거의 성공에 안주한 나머지 급격한 경영환경 변화를 감지하지 못하였고, 결과적으로 대응도 미진하였다. 과거의 성공이 새로운 환경에서는 기업의 성장을 방해하는 장애물이 된 것이다.

델은 직접판매라는 혁신적인 모델을 바탕으로 PC 시장의 확대, 인터넷의 등장, 가상 공급망의 가시화라는 시대조류에 맞추어 끊임없는 프로세스 혁신을 통해 성공신화를 창출하여 왔지만, 세계시장 1위에 오른 2000년 이후에는 성공에 안주한 나머지 총체적인 혁신의 노력이 실종하여 현재 시련을 겪고 있는 중이다. 프로세스 경영이 특정 시점의 해결을 위한 일회성의 해결책이 아니고, 끊임없이 진화하는 기업환경에 총체적으로 그리고 지속적으로 수행하는 경영학적 방법론임을 델의 성공신화와 현재의 시련을 통해 재확인할 수 있다.

델은 2007년도 중반 기존의 직판모델 외에 월마트를 통한 소매판매를 시작하였으며, 기존 제품도 색상과 디자인을 강조하는 등의 새로운 시장환경에 적응하기 위해 노력하고 있다. 과거에 시장 최초로 직판모델을 도입하고, 끊임없는 가치혁신의 프로세스를 구축함으로써 시상을 주도했던 성공의 경험을 다시 재현할 수 있을지 주목되는 바이다.

2

과거로부터의 교훈

프로세스 경영의 면면은 최근에서야 제시된 개념이 아니다. 뿌리를 거슬러 올라가면 20세기 초반 산업공학의 시초이자 작업관리 관점의 프로세스 개선을 연구한 프레데릭 테일러를 만날 수 있으며, 이후 데밍 및 주란 등의 학자들에 의해 테일러의 연구결과와 통계적 품질관리 기술의 조합이 시장에 소개되어 일본이 새로운 중흥기를 맞는 데 결정적인 역할을 하게 된다.

1990년대 들어 서구의 기업들이 일본 기업과의 경쟁에서 생존하기 위한 전략으로 BPR을 시도하였으며, 이후 6시그마가 새로운 프로세스 관리 사조로서 부상하게 된다.

이렇게 프로세스 경영은 키워드를 달리했을 뿐, 한 세기를 풍미한 경영 핵심 사조로서 작용하여 왔다. 현재 시점에서 이러한 프로세스 경영의 변화 흐름을 살펴보고, 그 흐름 속에 내재해 있던 핵심 개념과 실제 적용과정에서 드러났던 이슈들의 극복방안을 되짚어 보는 것도 현재의 프로세스 경영을 이해하는 데 의미 있는 작업이 될 것이다.

1 프로세스 경영의 역사

    프로세스에 대한 비즈니스적인 가치를 깨닫고 이를 기업의 가치 창출에 활용하고자 하는 노력은 과거로부터 지속되어 왔다. 특히 산업혁명 이후 대량생산이 가능해진 시점부터 프로세스에 대한 활용 노력이 본격적으로 시작되었다고 볼 수 있다. 초기에는 생산 및 건축 분야의 일부에서 적용된 프로세스 이론들은 현재 산업분야에 관계없이 활용이 확대되고 있는 추세이다.

    프로세스 경영은 이러한 프로세스 관리 이론들을 집대성한 것으로 볼 수 있기 때문에, 과거의 프로세스 이론들을 살펴보는 것은 현재의 프로세스 경영을 이해하는 데 큰 도움이 될 것이다. 이 장에서는 생산성 향상과 프로세스, 품질경영과 프로세스, 경영혁신과 프로세스, 현대 경영이론과 프로세스로 구분하여 프로세스의 활용 모습을 살펴보고자 한다.

﹥1.1 생산성 향상과 프로세스

실질적인 근대 경영이론이 적용될 수 있는 과거 수십 년간의 역사를 살펴보면, 1970년대 이전에는 경영이론이 대량생산에 맞추어져 있었다. 즉 프로세스에 대한 과학적인 고찰(예를 들면 OR(Operation Research)과 같은 학문)을 통해 최적화된 프로세스를 설계하고, 이를 생산해 활용하는 것을 통해 경영효율을 달성하는 것이다.

산업혁명 이후 대량생산이 가능해지면서 프로세스를 기업가치 창출에 본격적으로 활용하기 위한 노력이 시작되었다.

1910년대 프레드릭 테일러는 산업혁명 이후 공장생산에서 주먹구구식으로 이루어지던 작업의 흐름을 과학적으로 접근하여 생산성을 향상시키는 원리를 정립하여 제시하였다. 쉽게 해석하면, 제품을 생산하는 일련의 과정을 과학적으로 분석하여 전문화와 분업화를 통해 생산성을 향상시키고자 하는 이론이다. 노동자를 기계화한다는 비판을 받기도 하였지만, 근본 이론은 과학적 관리를 통해 기업 전체의 생산성을 높이고 그 효과를 노사가 공유한다는 것이다.

테일러의 이론에 맞추어 생산기술의 발전도 눈부시게 일어났다. 미국의 포드 자동차 사례는 이를 잘 설명해 준다. 1900년대 초 포드 자동차는 당시 수작업으로 소규모 생산만 가능하던 자동차를 대량생산이 가능하게 만들어 세계적인 자동차 제조사로 성장하게 된다. 이때 포드 자동차가 대량생산을 위해 고안한 기술은 자동차의 조립과정(프로세스)을 자동화시킨 컨베이어 벨트와 부품의 표준화이다.

현재까지도 제조분야에서 제품기술과 더불어 중요하게 여겨지는 기술이 공정기술이다. 공정기술은 제품의 생산성 향상과 직결되어 있을 뿐만 아니라, 이러한 생산성은 해당 기업의 경쟁력에 막대한 영향을 미치기 때문이다. 첨단 제조 산업일수록 공정기술에 대한 중요도는 더욱 커진다. 아무리 첨단 제품이라 하더라도 제품이 시장에 출시되면 경쟁사에 의해 쉽게 모방이 가능하지만, 공정기술은 모방이 매우 어렵기 때문에, 제품 경쟁력을 좌우하는 요소가 제품보다는 공정기술에 있는 것이다. 반도체, 디스플레이 등 세계적인 경쟁력을 갖춘 국내 산업에서 적게는 수억에서 많게는 수십 조에 달하는 투자를 공정분야에 감행하는 것이 여기에 있다. 그만큼 제조분야에서는 프로세스의 중요성을 인식하고 프로세스를 기업 경쟁력에 직접적으로 활용하고 있다는 증거이다.

사실상 비즈니스 프로세스는 이러한 제조 · 생산 등의 분야에서 발전해온 기술을 제조 및 생산 프로세스를 포함해서 구매, 회계, 배송 프로세스 등 기업 사무업무를 포함하여 조직 전반에 걸친 업무로 확대 적용하기 위해 출현된 것으로 볼 수 있다.

1.2 품질경영과 프로세스

1970년대 이후의 세계 경영이론의 관심은 제2차 세계대전의 패망 속에서 눈부시게 성장한 일본의 성장모델이었다. 1970년 오일 파동 이후 일본의 자동차 · 전자 제품 등이 미국을 누르고 세계를 제패한 이유는 생산 및 조립 '프로세스'에 초점을 둔 생산관리 시스템과 품질경영에 있다. 이러한 이면에는 대량생산 체계의 확산으로 인해 고객이 선택할 수 있는 범위가 넓어졌고 품질이 제품 선택의 중요한 요인이 되었다.

일본의 경영모델은 에드워즈 데밍, 조세프 주란 등의 품질경영학자가 제시한 내용을 잘 활용하고 발전시켰다는 것이다. 에드워즈 데밍은 품질개선의 90%는 시스템 혹은 프로세스에서 나온다고 제시하였다. 그는 문제해결을 위한 방법으로서 'PDCA(Plan-Do-Check-Action) 사이클'에 기반한 방법론을 제시하였고, 현재까지도 6시그마, 린(Lean) 등의 품질관리 기법의 기본으로 자리잡고 있다.

일본의 품질경영 모델은 전통적인 통계적 품질관리(SQC, Statistical Quality Control)에서 제품 자체뿐만 아니라, 비제조 부분을 포함하는 전사적 품질관리(TQM, Total Quality Management)의 개념으로 이어지는 계기가 되었다. 이러한 개념은 6시그마와 같은 경영방법에서 그대로 사용되고 있다.

1980년대 후반에 등장한 TQM은 품질을 프로세스에 스며들게 하는 노력으로 해석할 수 있다. TQM은 운영, 제품, 서비스의 지속적인 개선을 통해 고품질과 경쟁력을 확보하기 위한 전 종업원의 체계적인 참여가 필요하다는 것을 의미한다. 단순히 제품 기능의 결함을 발견하고 그것을 제거하는 것 이상을 뜻하는 것으로, 품질향상을 달성하기 위한 기업의 혁신적인 경영기법으로 활용할 수 있는 것이다. TQM은 프로세스를 평가하기 위해 분석하며, 지속적으로 개선을 추구한다. 또한 조직이 변화될 때에도 일관성 있게 변화하며, 지속적으로 종업원을 교육시킨다. 따라서 TQM이란 품질을 통한 경쟁우위를 확보하기 위하여 고객만족, 인간성 존중, 사회공헌을 중시하며 최고경영자와 전 임직원이 끊임없이 혁신에 참여하여 기업문화의 창달과 기술개발을 통해 기업의 경쟁력을 제고함으로써 장기적인 성장을 추구하는 경영체계라고 할 수 있다.

프로세스에서 품질에 주목한 또 다른 하나의 방법이 6시그마이다. 6시그마는 1987년 모토롤라에서 마이클 해리와 그의 동료들이 통계지식을 활용하여 개발한 기법이다.

6시그마 프로그램을 도입한 기업들을 대상으로 한 실증적인 연구결과를 보면 상당히 인상적이다. 잭 웰치에 의해 선도적으로 6시그마를 도입한 GE의 1999년 연간보고서에 따르면, GE는 6시그마를 통해 20억 달러의 비용절감을 달성했다고 한다. 모토롤라는 1986년에서부터 2001년까지 6시그마를 통해 160억 달러의 비용절감을, 블랙 & 데커(Black & Decker)는 1999년 3천만 달러를 이루었고, 그리고 2000년에는 약 6천만 달러의 비용절감을 6시그마를 통해 달성하리라고 예상하였다. 다양한 기업들이 보여준 6시그마의 성공 사례는 6시그마가 단순한 통계적인 도구적용 절차가 아닌 기업의 전략적 변화의 수단이라는 것을 강변하고 있다. 6시그마를 통한 뛰어난 성과창출을 위해서는 조직적이고 체계화된 접근방법과 원칙이 조직에 침투해야만 한다는 것이다.

지금까지 살펴본 바에 의하면, 프로세스 자체에는 품질을 향상시킬 수 있는 절대적인 요인이 있다. 이를 경영에 활용하고자 하는 노력이 지속되어 왔고, 6시그마와 같은 경영기법은 단순히 품질향상의 수단이 아니라 기업혁신의 수단으로서 프로세스의 개선에 주목하고 있다는 것이다. 프로세스 경영은 품질경영의 개념을 포괄하면서 기업의 가치창출을 위해 프로세스를 활용할 수 있도록 좀더 광범위한 경영방법론으로 발전한 것이다.

❖ 1.3 경영혁신과 프로세스

제조나 생산 등에서 발전한 프로세스 이론을 좀더 적극적으로 비즈니스 전반에 걸쳐 적용하기 위해 시작된 용어가 '비즈니스 프로세스' 이다. 급변하는 기업환경에 대한 대응방법으로서 비즈니스 프로세스를 본격적으로 활용하기 위한 첫 시도는 1990년대 해머와 챔피가 제시한 BPR(Business Process Reengineering)로부터 볼 수 있을 것이다. 또한 비즈니스 프로세스를 지원하기 위해 적극적인 IT의 활용이 시도되기도 하였다. 그러나 그 당시 BPR 과제의 실패율은 70%가 넘는 것으로 보고되었다. BPR은 그 과정이 너무나 많은 수작업과 고통을 수반하였으며, IT의 한계로 인해 프로세스의 복잡성을 모두 표현하고 실행할 수 있도록 지원하지는 못했다. 따라서 프로세스의 도출과 설계는 미팅을 통해 도출된 보고서가 다였으며, 설계된 프로세스의 적용과 전개 또한 또다른 미팅에 불과했다. 특히 당시엔 IT 도구를 통한 프로세스 자체를 표현하고, 실행하며, 변화에 빠르고 유연하게 대처하기 위한 방안이 없었다.

비록 BPR이 부정적인 결과를 보였다 하더라도, 비즈니스 프로세스에 대한 통찰력은 아직도 그대로 경영학적으로 활용되고 있으며, 따라서 좀더 자세하게 살펴볼 가치가 있다.

해머와 챔피는 프로세스 재설계를 비용, 품질, 서비스, 속도와 같은 핵심적인 성과에서 극적인 향상을 위해 업무 프로세스를 근본적으로 개선하고, 급진적으로 재설계하는 것으로 제시하였다. 또한 비슷한 시기 데이븐 포트와 쇼트는 비즈니스의 목표를 달성하는 데 있어 매우 큰 향상을 이루기 위해 프로세스 시각의 아이디어 채택과 혁신을 조화시켜 주요 프로세스를 변화시키는 것으로 개념 짓고 있으나, 기본적인 착상은 적은 비용으로 높은 품질과 서비스를 신속하게 산출하고자 하는 기법이었다. 또한 비즈니스 프로세스의 혁신에 있어 IT의 역할을 강조하고 있다.

BPR의 핵심 아이디어는 기존의 계층구조 형태의 기능적 기업과는 다른 프로세스형 기업을 구축하는 것이다. BPR 옹호론자들은 목표달성의 측면에서 프로세스형 기업이 전통적인 기능적 기업에 대비하여 월등한 성과를 창출한다고 주장한다. 프로세스형 기업의 극단적인 형태는 기능적 구조가 배제된 프로세스 기반의 업무수행 기업이며, 보다 현실적인 기업형태는 프로세스형 계층구조와 기능적 계층구조가 교차하는 매트릭스 형태가 될 것이다.

[표 2-1]은 프로세스형 조직과 기능적 조직을 비교한 것이다.

[표 2-1] 기능적 조직과 프로세스형 조직의 비교

구분	기능적 조직	프로세스형 조직
작업단위	부서	팀
책임자	부서장	프로세스 오너
강점	• 기능적 우수 • 유사기술을 보유한 작업자간 업무조정 용이 • 업무 통제/지도 용이	• 시장요구 내용에 유리 • 관련 태스크간 의사소통 및 협업에 용이 • 프로세스 목표에 따른 성과측정 용이
약점	• 관련 부서간 의사소통에 장벽 존재 • 고객서비스 대응과 관련된 태스크간 업무협조 미비 • 종단간(End-to-End) 관점의 조직성과 관점 결여	• 각 팀별 기능적 전문성 중복 • 프로세스간 각 기능적 성과 불일치로 혼란 가능 • 작업 복잡도 증가
전략적 가치	원가경쟁력 위주	차별화 위주

[표 2-1]에 기술된 바와 같이, 프로세스형 기업은 시장의 요구에 보다 더 반응적일 수 있다. 그리고 비용 중심의 경쟁 기업보다는 차별화된 제품과

서비스를 제공하고자 하는 기업에 보다 적합하다. 이러한 내용에 대하여 하워드 스미스와 피터 핑거는 그들의 저서《비즈니스 프로세스 관리: 제3의 물결》에서 비즈니스 프로세스 관리의 제1 세대로 칭하고 있다.

제2세대 비즈니스 프로세스 관리는 전사적 자원관리(ERP, Enterprise Resource Planning)나 패키지 솔루션에 의한 표준화되고 부분적인 프로세스 관리로 특징지을 수 있다. 기업의 부분적인 기능에 대한 자동화의 한계(예를 들면 중복 투자, 비효율적 자원 활용, 최적화의 어려움)에 대하여 ERP 솔루션은 전사적인 관점에서 기업 기능의 자동화와 통합을 이루는 효과를 가져왔다. 그러나 프로세스 관점에서는 패키지라는 일정한 틀 내에 비즈니스 프로세스를 고정시킴으로써, 가치사슬 전체를 가로지르는 종단간(End-to-End) 프로세스 관리의 한계를 갖고 있었다. 특히 비즈니스 프로세스가 ERP 패키지 내에서 '베스트 프랙티스'로 일컬어지는 표준화된 프로세스를 바탕으로 구축되었기 때문에 기업들의 환경에 맞는 수정과 갱신이 매우 어려웠다.

이 시기의 프로세스 관리의 한계를 MIT의 토마스 말론 교수는 ① 비즈니스 프로세스가 응용시스템, 지역, 기능, 부서들간에 일관성이 없고, ② 소수만이 자신의 업무와 연관된 전체 프로세스를 이해하고 있으며, ③ 프로세스 맵, 표준 문서, 매뉴얼 등이 분산되어 존재하고 서로 단절되어 있으며 일치하지 않고 있고, ④ 대부분의 경우 프로세스 관련 지식은 작업자의 머리 속에나 있다"고 지적했다.

최근의 프로세스 경영에 대하여 하워드와 피터는 "비즈니스 프로세스를 틀 안에 고정된 상태로부터 해방시켜서 모든 비즈니스 시스템과 자동화의 중심이자 초점이 되고 그 구성의 기본단위가 되도록 하는 것이다. 비즈니스 프로세스 경영의 세계는 어떤 상태를 만드는 능력보다 만들어진 상태가 변화할 수 있는 능력에 훨씬 높은 가치를 두기 때문에 변화야말로 설계의 최고 목표가 된다. 그러므로 가치사슬 전체를 모니터하며 지속적으로 개선하고 최적화하는 능력은 그러한 비즈니스 프로세스 경영의 민첩성을 통해서 구현된다. 민첩성과 적응성은 제3세대 프로세스 경영을 대표하는 특징이다"라고 말하고 있다.

이는 최근에 이루어지는 프로세스 경영에 대한 논의와 일치하는 내용이다. 즉 과거의 프로세스 관리 기술 및 경영의 한계를 벗어나 비즈니스 프로세스에 대한 상시적이고 지속적인 개선을 통해 변화에 대한 민첩성을 갖추고자 하는 것이다.

✤ 1.4 현대 경영이론과 프로세스

현재 시장에서 회자되는 경영방법들은 프로세스를 중심으로 또는 프로세스와의 연계를 모색하고 있다. 이러한 경영방법들은 지식관리(KM, Knowledge Management), 고객관리(CRM, Customer Relationship Management), 공급망관리(SCM, Supply Chain Management) 등을 포함한다.

자본주의 이후의 미래사회에 대하여 피터 드러커는 지식사회의 도래를 예견하며, 국가를 비롯한 모든 조직의 부와 위상은 그 조직이나 국가가 소유하고 있는 지식에 따라 달라질 것이라 하였다. 특히 급변하는 경영환경과 끊임없는 신기술의 등장, 심화되는 경쟁환경 등으로 특징지을 수 있는 극한 경쟁(Hyper-Competition) 환경에서 경쟁력의 원천으로서 지식의 중요성과 경영의 새로운 패러다임으로서 지식경영을 제시하였다.

이러한 경영 개념에 기반하여 태동한 지식관리 시스템은 초기에는 지식의 공유에 초점을 두었고, 점차 기업의 포털과 결합하면서 소위 EKP(Enterprise Knowledge Portal) 솔루션으로 불리는 형태로 발전하여 왔다. 최근에는 비즈니스 프로세스와 업무지식을 직접 연동하여 지식의 생성 및 활용을 촉진하는 형태로 발전하고 있다. 이는 조직 내에 축적된 지식을 업무와 연계하여 지식근로자(담당자)가 업무를 수행할 때 시스템을 통해서 적절한 형태로 제공해 주는 것이다.

고객중심 경영이 새롭게 나타난 개념은 아니지만, 최근의 경영방법에 있어서 4P(Product, Price, Place, Promotion)에 기반한 전통적 생산자 중심의 마케팅이 4C(Customer Benefits, Cost to Customer, Convenience, Communication) 기반의 고객중심 마케팅으로 대체되어야 한다는 주장이 힘을 얻고 있다(The Next Economy, E. Ettenberg, 2003). 급변하는 경영환경은 과거의 관행에서 벗어나 새로운 패러다임으로 전환해야 할 것을 요구했으며, 이러한 흐름에 따라 1990년대 초부터 경영혁신, 고객중심 경영 등의 다양한 경영방법이 제시되었다. 휘틀리(R. C. Whiteley)는 1993년 그의 저서 《고객 주도 기업(The Customer Driven Company)》에서 고객만족이 기업성공을 위한 핵심 요소임을 주장하며 기존의 사고에서 벗어날 것을 주문하는 다분히 혁신적인 요소를 담고 있다. 기술의 발달과 함께 고객중심 경영을 지원하는 솔루션으로 발전해 온 것이 CRM 솔루션이다. CRM 솔루션은 그 특성상 고객과의 접점에서 운영되며, 고객 분석, 내부 프로세스와의 연계 등을 추구한다. 따라서 CRM은 비즈니스 프로세스에 대한 관심과 분석을 기업 내부에 머물러 있는 것이 아니라 기업의 외부, 즉 고객으로부터 시작되도록 한다. 이처럼 CRM도 고객중심의 비즈니스 프로세스에 관심을 두고 있다.

일반적으로 하나의 제품이 소비자에게 전달되기 위해서는 부품 및 자재 공급, 조립 및 제조, 도매상, 소매상, 고객 등의 공급망을 거치게 되며, 수많은 업체들이 공급망에 참여하게 된다. 특히 제조 분야에서는 최적화된 공급망이 핵심적인 기업 경쟁력 요소 중의 하나로 여겨지고 있다. 따라서 공급망 관리는 불확실성이 높은 시장변화에 공급망 전체를 기민하게 대응시켜 동적으로 최적화를 도모하는 것이다. 구체적으로는 이제까지 부문마다 혹은 기업마다의 최적화에 머물렀던 정보, 물류, 현금에 관련된 업무의 흐름을 공급망 전체의 관점에서 재검토하여 정보의 공유화와 비즈니스 프로세스의 근본적인 변혁을 꾀하여 공급망 전체의 현금흐름 효율을 향상시키려고 하는 경영 개념이다. 즉 SCM은 기업의 다양한 비즈니스 프로세스 중에서 공급망 프로세스에 집중하여 경영효과를 얻고자 하는 시스템인 것이다.

지금까지 간략하게 소개한 많은 경영이론들을 보면, 모두 비즈니스 프로세스가 중요한 역할을 수행하고 있다는 것을 알 수 있다.

단지 해당 시대의 경영환경에 따라 비즈니스 프로세스를 바라보는 시각과 활용방법에 있어서 차이가 있을 뿐이다. 중요한 것은 과거에 투자된 이러한 시스템들이 프로세스 경영과의 결합을 모색하면서 시너지 효과를 기대하고 있다는 것이다.

2 과거의 교훈

⁑ 2.1 IT에 대한 부정적인 시각들

1990년대 이후 IT의 급격한 발달로 IT를 경영이론에 맞추어 직접적으로 활용하고자 하는 ERP, CRM, SCM, KMS 등의 폭발적인 등장을 유도하게 되었다. 또한 이들 시스템은 기업들로 하여금 대규모의 IT 투자를 이끌어내는 계기가 되었다. 그러나 지금까지 수많은 기업들이 IT에 대한 전략적 투자를 감행했지만 그 성과는 미비했다. IT 투자에 대한 회의적인 시각은 2000년대 들어오면서 광범위하게 확산된 것이 사실이다.

1990년대 기업이 광범위한 IT 투자를 감행한 가장 큰 이유 중의 하나는 소위 '인터넷'으로 불리는 네트워크 기술의 광범위한 사용과 급속한 IT 기술의 발달로 인해 소비자(고객)들의 실제 생활패턴이 변경되었기 때문이다. 오늘날의 제품(Product)은 쉽게 모방이 가능할 뿐만 아니라 반대적인 기술에 의해 제품의 특성이 쉽게 없어지며, 소비자들의 가격(Price) 정보에 대한 손쉬운 정보는 더 이상 공급자 중심의 가격정책이 통하지 않는다. 광고 (Promotion)에 있어서도 과거 라디오 또는 TV와 같은 한정된 매체에서 인 터넷, 모바일 통신 등으로 매체가 확산될 뿐만 아니라, 각 매체 내에서도 다 양한 채널이 제공됨에 따라 하나의 광고가 고객에게 도달되는 한계가 있다. 또한 상품의 거래가 이루어지는 장소(Place)도 과거의 고정적인 장소에서의 쇼핑에서 고객의 바쁜 생활리듬과 쇼핑의 주요 주체인 여성의 경제참여 증 가로 인해 쇼핑시간의 절대적인 부족현상이 나타나고 있다. 현재 인터넷 쇼 핑몰의 활성화는 이러한 소비자 패턴의 변화를 명확하게 반영하고 있다.

고객(소비자)의 생활패턴 변화는 기업의 변화를 요구하게 된다. 이러한 변화는 기업들로 하여금 대규모 IT 투자를 이끌어내는 핵심적인 동인이 되 었다. 이와 같은 변화는 1990년 중반 기업 고정자산 투자의 50% 이상이 IT 관련 투자로 투자의 최대 항목이 되었다. 그러나 2000년대에 들어서면서 이러한 투자에 대한 회의적인 시각이 광범위하게 확산되었다.

《Decades Old IT Productivity Paradox》는 이러한 내용을 잘 반영하고 있다. IT 투자는 1980년대부터 지속적으로 증가하였지만, 기업이 기대한 노 동생산성의 개선효과를 통계적으로도 찾아보기 힘들며, 더욱이 수익성의 개선은 생산성의 개선보다 더욱 힘들다는 것이다.

스트래스만(Strassman)의 2001년 보고서에 의하면, IT 투자는 수익보다 는 오히려 손실로 이어지는 경우도 매우 많았다고 하였다. 이러한 일련의 흐름은 2003년 니콜라스 카의 주장에서 정점을 이루었다("IT Doesn't Matter," Harvard Business Review, 2003). 그는 정보기술의 힘(Power) 과 편재성(Ubiquity)이 성장함에 따라 정보기술의 전략적 중요성이 감소하 고 있기 때문에 IT 투자와 관리에 대한 방식이 변화해야 한다고 주장하였다. 즉 정보기술을 누구나 쉽게 확보할 수 있는 전기나 철도처럼 일용품화(Commoditization)되고 있어, 과거처럼 정보기술을 통해서 경쟁자에 대한 경쟁우위를 확보하는 것이 매우 어렵다는 것이다. 따라서 IT에 대한 투자와 시스템 관리에 대해서 기업들을 위한 세 가지 지침, 즉 "적게 쓰고", "선도하지 말고 따라가며", "기회보다는 위험에 집중하라"는 것을 제시하였다. 또한 웹 서비스에 대한 IT 공급자들의 치열한 경쟁을 사례로 들면서, 웹 서비스는 전기나 전화 서비스처럼 유틸리티화될 것이기 때문에 이미 많은 IT 공급자들이 시장 지배적인 유틸리티 공급자가 되기 위해 치열한 경쟁을 하고 있다는 것이다.

니콜라스 카의 주장은 당시 수많은 논란을 제공했지만, IT 기술의 발전과 더불어 비즈니스 환경의 변화에 대한 통찰력을 제공한 것은 틀림이 없다. 본서에서는 그 동안 잘못된 관행에서 비롯된 이러한 IT에 대한 부정적인 시각의 원인을 살펴보고, 이를 극복할 수 있는 '프로세스적 사고방식'에 대해서 소개한다.

IT의 발달과 상품화로 누구나 손쉽게 이에 대해 접근할 수 있었지만, 기업 고유의 비즈니스 프로세스, 비즈니스 모델, 문화는 손쉽게 모방할 수 없다. 인포월드의 CTO인 채드 디커슨(Chad Dicerson)은 이러한 사상을 음식의 재료와 요리에 비유하여 "IT를 레스토랑에서 나오는 음식이라고 생각해보자. 식당에서 쓰는 고기와 야채는 아무나 시장에서 살 수 있는 상품이지만, 정작 중요한 것은 식당이 이것으로 요리를 어떻게 만드느냐 하는 것이다"라고 표현했다. 이는 IT 투자가 기업 고유의 비즈니스 프로세스, 비즈니스 모델, 문화와 직접적으로 연계되어 해당 기업의 경쟁력을 강화할 수 있는 방향으로 이루어져야 한다는 사실을 일깨워 주고 있다. 중요한 것은 이러한 내용은 그 동안의 IT 시스템이 주장하는 방향과 같지만, 많은 프로젝트가 이러한 기본을 벗어나서 단순 IT 시스템의 도입에 그쳤다는 것이다.

이제는 기본으로 돌아가서 IT 시스템이 기업의 전략적 가치를 향상시킬 수 있는 방법에 대하여 진지하게 고민해야 한다. 본서에서 기술하는 내용은 이러한 물음에 대한 기본적인 대답으로서, 프로세스 경영을 단순히 IT 시스템을 도입하거나 기술적인 이슈에 몰입되어 프로세스 경영의 진정한 가치를 실현하지 못하는 경우를 피하고자 한다.

2.2 비즈니스와 IT의 괴리

기업의 전략적 도구로서 정보기술 또는 시스템을 활용하고자 하는 시도는 수십 년 전부터 있어 왔다. 아메리칸 에어라인(American Airline)의 예약 시스템(Sabre Reservation System), 페덱스(FedEx, 과거 Federal Express)의 화물추적 시스템(Package Tracking System)이 경쟁자에 대해 우월한 경쟁우위를 확보할 수 있도록 해준 사실은 정보기술에 대한 교과과정에서도 자주 등장하는 사례이다. 전략적 목적의 시스템은 아니더라도, 기업의 특정 업무 또는 집단을 지원하기 위한 다양한 IT 시스템이 제시되어 왔다. 그러나 각 시스템이 초기의 목적대로 구축되어 소기의 성과를 올릴 수 있었다 하더라도, 모든 시스템이 급변하는 경영환경의 변화 또는 사용자의 요구사항에 대한 변화에 모두 적응할 수 있었던 것은 아니다. 아직도 많은 기업에서 과거에 투자했던 시스템의 유지보수에 많은 비용을 소비하고 있는 것이 사실이다.

생각하기에 따라서는 많은 기업들이 과거의 시스템(Legacy System)에 대해 과감한 혁신을 감행하지 못하는 이유를 의아해 하는 사람들도 있을 것이다. 아직도 많은 기업의 현장에서는 해당 업무에 대한 지식이 표준화된 업무 매뉴얼보다는 선임자의 머리 속에 있거나, 잦은 인력변동이 있었던 경우는 현업보다도 IT 시스템 또는 IT 담당자의 머리 속에 더 많이 존재한다는 사실이다. 이러한 사실은 역설적으로 환경의 변화에 적응하지 못하고 과거의 업무관행 속에서 헤어나지 못하는 경우가 많다는 것을 의미한다. 이는 과거에 시스템 개발이 이루어진 과정을 추적해 보더라도 쉽게 유추할 수 있다. 특정 업무 시스템을 기업 내에서 개발하는 과정을 가정해 보자.

먼저, IT 개발자들은 현업으로부터 필요한 기능에 대한 요구사항을 수집하고, 그 다음 수집한 요구사항으로부터 분석·설계 과정을 거치면서 요구한 IT 시스템을 개발하게 된다. 이 과정에서 현업의 업무지식이 IT 시스템 및 개발자에게 전달되고 수집된다. 그런데 시스템 개발과정은 적게는 수개월에서 몇 년이 소요되는 경우가 대부분이다. 이 기간 동안 조직의 변동, 요구사항의 변화 등 환경의 변화에 대한 요구에 민첩하게 반영하여 시스템이 개발되지는 못했다. 결과적으로 개발한 시스템에 대한 효용성이 낮거나, 개발한 시스템에 맞추어 업무가 이루어지는 경우가 많다. 이것이 현재 우리 주위의 많은 기업들이 처한 현실이다.

이러한 IT와 비즈니스의 전반적인 괴리현상뿐만 아니라 부서와 부서, 조직과 조직 등 비즈니스 전반에 걸친 괴리현상을 치유하기 위한 많은 노력들이 시도되고 있다. 대표적인 것이 많은 기업들이 수행하고 있는 PI(Process Innovation) 작업이다. 국내 대기업을 포함해서 많은 선진 기업들이 투자와 노력을 기울이고 있으나, 계층간·계열간 통합성과 연계성에 대한 고려가 미흡한 실정이다. 좀더 구체적으로 살펴보면, 경영혁신 활동을 비롯한 전략 수준의 계획들은 실행과 통제의 관점에서 통합성이 미흡하며, 업무 매뉴얼이나 규정집 등의 업무통제를 위한 내용이 단순히 문서로만 되어 있어 체계적인 유지나 변화관리가 어렵거나, 아예 이러한 매뉴얼조차 갖추어지지 않은 수많은 업무가 존재하고 있다. 마지막으로 실행 관점의 응용시스템들은 대부분 정보 또는 데이터 중심으로 이루어져 있어 '업무의 실행' 또는 '업무 결과를 다시 경영계획으로 피드백' 하는 연계성이 부족한 현실이다.

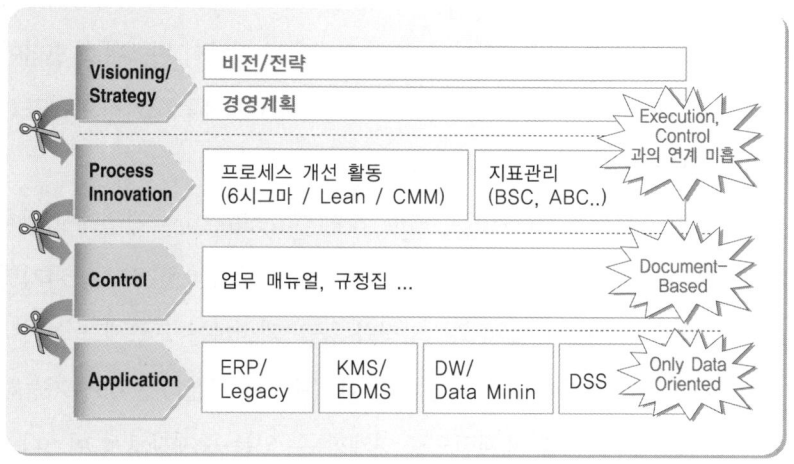

[그림 2-1] 혁신활동의 한계

비즈니스와 IT와의 괴리현상을 제거하는 방법은 다음과 같다.

첫째, IT 관점에서는 IT가 비즈니스 환경의 변화에 대한 적응성을 높여야 하는 것이 관건이다. 물론 시스템 개발의 속도 및 품질을 향상시키기 위한 IT 기술이 많은 진보를 해왔고 현재도 지속되고 있는 것이 사실이다. 일반적인 제품처럼 표준화와 개발공정 관리에 초점을 두고 발전해 온 소프트웨어 엔지니어링 분야가 대표적인 사례이다. 최근에는 웹 서비스 기술의 발전에 바탕을 둔 SOA(Service Oriented Architecture) 등이 미래의 괄목할 만한 발전분야로 꼽힌다.

둘째, 비즈니스 관점에서는 최상위 의사결정 수준의 경영전략 및 계획활동에서 실행 수준의 운영업무까지, 고객에서 원자재의 공급까지 통합과 연계성을 고려한 체계적인 경영활동이 필요하다. 이것이 비즈니스 프로세스 관리인 것이다. 즉 비즈니스 프로세스 관리는 단순히 업무 자동화 또는 시스템 연동의 수준에 그치는 것이 아니라, 경영활동과 연계된 경영방법으로서 적용되어야 한다. 특히 IT 자산 또는 시스템에 대하여 비즈니스 변화에 대한 적응성을 높이기 위한 통제가 이루어져야 한다. 이를 도식적으로 표현하면 [그림 2-2]와 같다.

비즈니스를 전사 아키텍처(EA, Enterprise Architecture) 관점에서 체계화한다면, 비즈니스 모델, 기업 전략을 기술하는 전략과 비즈니스 아키텍처, 프로세스의 자산화 · 표준화 · 최적화 등을 기술하는 프로세스 아키텍처, IT 자원과 인프라를 기술하는 기술 아키텍처로 구분하는 것이 가능하다. 즉 비즈니스와 IT를 체계적으로 연계할 수 있는 중재자로서 비즈니스 프로세스 아키텍처를 제시할 수 있다는 것이다. 프로세스 아키텍처를 통해 비즈니스 활동과 IT 운영활동이 변화와 대응의 관점에서 체계적으로 연계되고 운영된다는 것이다.

지금까지 IT 투자의 관행이 비즈니스와의 괴리를 발생시켰고, 많은 기업들이 이를 극복하고자 하는 노력이 이어지고 있음을 기술하였다. 결론적으로 IT 투자는 단순히 IT 자체를 위한 투자가 되어서는 안 되며, 반드시 비즈니스 활동과 연계된 체계 속에서 이루어져야 한다.

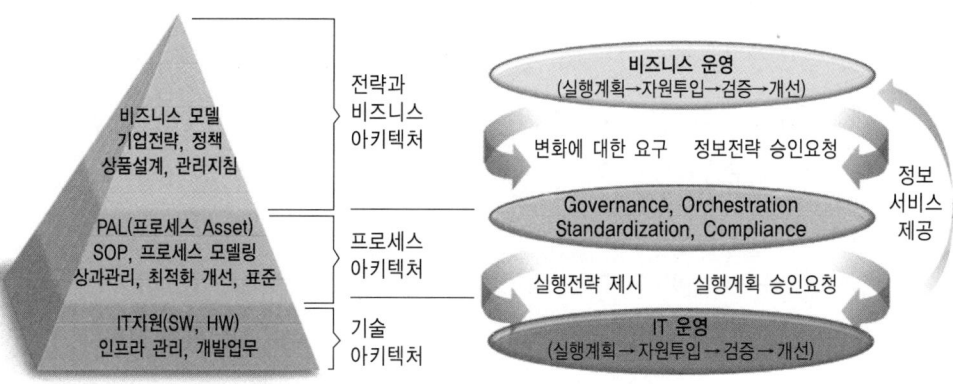

[그림 2-2] IT와 비즈니스의 연계

⁂ 2.3 벤치마킹의 함정

경제적인 용어에서 시작된 벤치마킹(Benchmarking) 기법은 기업에 있어서 폭넓게 활용되는 경영방법이다. 특정 영역에서의 벤치마킹은 후발주자로서 위험의 감소나 손쉽게 선발주자를 따라잡을 수 있는 방법을 제공하지만, 벤치마킹 대상이 되는 경쟁자를 뛰어넘기는 매우 어렵다. 특히 벤치마킹을 통해 IT 시스템을 도입하는 경우, 해당 IT 시스템을 통해서는 가격적인 혜택 외에는 시장점유율의 확대, 경쟁력 강화 등 전략적 가치를 찾기는 매우 어렵다. 왜냐하면 IT 시스템의 도입은 단순히 특정 도구를 도입하는 것이 아니라, 해당 IT 시스템을 활용하는 조직적 문화, 프로세스 등을 함께 도입하는 것이기 때문이다. 따라서 벤치마킹 대상이 되는 경쟁자와 동일한 IT 시스템을 도입하더라도 경쟁자를 넘어서기는 매우 어려운 것이다.

델컴퓨터는 개인용 컴퓨터(PC) 시장이 포화된 상태에서 시장에 뛰어들었지만 시장에서 대단히 큰 성공을 거두었고, 이러한 사실은 많은 논문이나 발표에서 성공사례로 인용되고 있다. 일반적으로 델의 성공모델은 '직접판매 모델(Direct Sell Model)'로 알려져 있다. 직접판매 모델의 기본 사상은 대리점이나 유통과정을 생략하고 소비자에게 직접 제품을 공급하여 소비자는 중간 유통마진을 제외한 저렴한 가격에 제품을 구입할수 있고, 고객이 원하는 제품에 대하여 신속한 공급이 가능하도록 체계화한 모델이다.당시 델의 경쟁 상대인 게이트웨이(Gateway), 컴팩(Compaq) 등도 모두 직접판매 모델을 시급히 도입하였지만 델만이 시장에서 큰 성공을 거둘 수 있었던 가장 큰 요인은, '직접판매 모델'을 실행하기 위한 IT 시스템뿐만 아니라 해당 모델을 실행하기 위한 경쟁자 대비 고유의 프로세스, 프로세스 운영 경험, 이를 수행하는 조직의 문화 등을 가지고 있었기 때문이다. 즉 IT 시스템은 쉽게 복사할 수 있지만, 이를 활용하기 위한 프로세스나 문화 등은 쉽게 복사할 수 없다는 것이다.

벤치마킹의 함정이란 업계의 최고(Best in Class) 제품 또는 모델을 벤치마킹하면 후발주자가 선발주자와 똑 같은 성과를 낼 수 있다고 착각할 위험이 매우 높다는 것이다. 피터 드러커는 후발업체가 시장진입에 성공하려면, 30% 이상의 비용절감의 프로세스 혁신이 있어야 한다고 제시하였다. 즉 벤치마킹에 의한 기준점이 벤치마킹의 대상이 되는 경쟁자에 있지 않고 더 강화된 목표를 가져야 한다는 것이다.

IT 도입에 대한 벤치마킹 방법은 더욱 더 문제가 심화되어 있다. 이러한 원인에 대해서 니콜라스 카는 현재 IT를 통한 혁신의 중심이 고객 자체에 있는 것이 아니라 IT 공급자(Vendor)로 이동해 있다는 것을 지적하였다. 특히 패키지화된 비즈니스 소프트웨어를 공급하는 입장에서는 고객에게 소위

'베스트 프랙티스(Best Practice)'를 제공하고자 하였다. 즉 업계 최고의 사례가 패키지 속에 내재화되어 있고, 이를 통해 고객들은 베스트 프랙티스를 자신의 것으로 만들 수 있다는 것이다. IT에 대한 요구가 증가하는 시점에서 IT 공급자들의 이러한 마케팅 전략은 시장에서 대단히 큰 효과를 발휘하였다.

ERP에 대한 사례가 대표적인 것이다. 1990년대 아직 많은 기업들이 부분적인 업무 자동화 시스템을 보유했던 상황에서 ERP는 재무·회계·인사·마케팅 등 전사적인 업무 기능에 대하여 세계적인 '베스트 프랙티스'에 따라 개발이 되었고, 고객들은 이러한 베스트 프랙티스를 저렴한 가격에 구입할 수 있다는 메시지에 열광했다. 쉽게 말하자면, 회계처리 기능에 대하여 '표준화된 업무절차'를 제공하고 기업들이 이를 따라서 하면 벤치마킹 대상이 된 업체와 동일한 효과적인 회계처리 시스템을 갖는다는 식이다. 이후 많은 기업들이 앞다투어 ERP를 도입하였지만, 현재는 더 이상 ERP 도입을 통해 경쟁자보다 우월한 경쟁우위를 가질 수 없게 되었다. 즉 패키지의 특성상 고객의 상황에 맞는 커스터마이징(Customazing)이 어려운 것은 제외하더라도, 고객 자신의 가장 큰 장점이자 경쟁력일 수 있는 고유의 비즈니스 프로세스 또는 문화를 자신의 IT에 장착할 수 없다는 것이다. ERP 외에도 CRM, KMS, SCM 등 많은 패키지 솔루션에서 이러한 현상이 나타났다. 이것이 니콜라스 카가 지적한 IT 혁신의 중심이 고객 자신이 아니라 IT 공급자에게로 이동했다는 것이다.

IT를 통해 경쟁우위를 얻고자 한다면, 이제는 IT 공급자에게 넘어가 있는 혁신의 주도권을 자신에게로 가져와야 한다. 즉 기업 고유의 장점을 최대화할 수 있는 체계를 마련해야 함은 물론, 기업 고유의 프로세스 및 문화를 활용할 수 있는 방법을 모색해야 한다.

국내 반도체 산업이 유아기적 상태에서 세계적인 위상을 확보할 수 있을 정도로 성장했던 것은, 단순히 생산라인의 도입에서 멈춘 것이 아니라 지속적인 제품혁신 및 공정혁신을 이룰 수 있는 체계를 만들었기 때문이다. 이는 누구도 쉽게 모방할 수 없는 것이다.

2.4 실행보다는 계획에 치중

일반적으로 기업에서 IT 시스템을 도입하는 경우 경영전략 수립 및 타당성 조사를 위한 과제를 수행한다. ISP(Information System Planning)로 일컬어지는 일련의 경영계획을 수행하는 기업은 향후 기업의 전략 수행을 위한 도구로서 IT를 포진시키고, IT 도입을 위한 계획·절차 등의 제반 과정을 준비한다. 이러한 철저한 계획과 준비과정 하에 도입된 IT 시스템이 성과를 보이기도 하지만, IT 시스템을 성공적으로 운영하고 그 가치를 충분히 인정받고 있는지는 의문으로 남는다. 평범하지만 되짚고 넘어가야 할 점은 계획에 대한 '실행'의 중요성이다.

매력적인 경영계획이라도 철저한 실행이 담보되지 않으면 의미가 없다. 그런데 경영모델 실행 또는 IT 시스템 운영의 진정한 효과는 단순히 프로세스의 개선 또는 IT 시스템의 도입으로 끝나는 것이 아니라, 변화된 프로세스 또는 IT 시스템이 실질적으로 운영될 수 있도록 하는 기업의 문화(DNA) 속에 이루어지는 것이다. 예를 들면, 프로세스의 변경은 조직의 변화, 의사결정 체계의 변화 등을 수반할 수 있고, 기업은 이러한 변화에 잘 적응할 수 있는 문화를 가지고 있어야 한다는 것이다.

기업이 경영전략 또는 계획을 세우고 목표를 달성하기 위한 기본적인 사항은 치밀한 계획과 이에 대한 철저한 실행에 달려있다고 해도 과언이 아니다. "기업성과는 경영활동에 대한 많은 지식과 이론, 그리고 베스트 프랙티스를 얼마나 알고 있는가가 아니라, 실제 이러한 것들을 제대로 실행하는가에 의해 결정된다(Larry Bosiddy & Ram Charan, Execution)"는 말은 이를 잘 표현해 주고 있다.

래리 보시디(Larry Bossidy)와 램 차란(Ram Charan)는 그 동안 '전략'이라는 것에 대해서는 많은 기업들이 관심을 가졌지만, '실행(Execution)'에 대해서는 '실행력'이 기업의 경쟁력 차이를 결정하는 중요한 프로세스의 하나임에도 불구하고 '전략'처럼 대우하고 관심을 주지 않았다는 점을 지적하였다. 그들은 "기업의 성패를 좌우하는 가장 중요한 요인은 전략적 계획을 '실행'에 옮기는 역량이며, 실행력이 뛰어난 기업에서는 사람을 실수의 희생양으로 삼지 않는다. 실행은 오늘날의 비즈니스 환경에서 재론의 여지가 없는 덕목이다. 실행력은 기업이 경쟁력을 확보하기 위해 반드시 터득해야 하는 구체적인 행동체계이자 기술체계를 말한다. 실행력은 모든 것과 연관된다. 실행력이 뛰어난 리더는 업계에서 발생 가능한 일들을 예측할 수 있다. 비즈니스 리더는 실행의 체계부터 터득해야 한다"라고 설명하고 있다. 즉 그들은 실행이 단순히 주어진 업무에 대한 책임을 완수하는 것이 아니라, 목적과 방법을 검토하고 의문을 제기하며 끈기 있게 추진하고 책임관계를 명확히 하는 체계적이고 엄격한 프로세스임을 말하고 있다. 또한 이러한 실행의 핵심에는 실행을 담보할 수 있는 조직의 중요성, 특히 리더의 중요성을 언급하였다.

실제로 많은 비즈니스 리더들은 업무를 실제로 이행하는 것과 같은 사소한 일들은 높은 자리에 있는 사람에게 어울리지 않는다고 생각하는 경향이 많다. 이는 리더십을 자의적으로 해석한 결과이다. 이를테면 경영자는 산꼭대기에 앉아 전략을 구상하고 구성원들에게 비전을 심어 주는 일을 해야 하며, 나머지 잡다한 일들은 하위 관리자들이 알아서 해야 한다는 식이다. 밑그림을 구상하고 투자자들이나 법 제정자들과 조율하는 것이 리더가 맡은 역할의 일부임에는 틀림없다. 하지만 이것만으로는 리더로서 본분을 다했다고 볼 수 없다. 실행력을 높이려면 비즈니스와 인력, 환경에 대한 광범위한 이해가 필요하다. 이러한 요소들을 포괄적으로 이해하기 위해 존재하는 것이 리더이다. 조직에서 실행력을 현실화할 수 있는 유일한 존재가 바로 리더이며, 이를 위해 리더 스스로 먼저 행동하고 사소한 일까지 기꺼이 맡아 처리하려는 의지가 필요하다.

그렇다면 실행을 책임지는 리더의 역할은 무엇인가? 그 해답을 일곱 가지로 정리할 수 있는데,① 인력과 비즈니스를 정확히 파악하는 것, ② 현실을 직시하는 것, ③ 목표와 우선순위를 명확하게 설정하는 것, ④ 적극적으로 일을 추진하는 것, ⑤ 실적에 대해서 보상하는 것, ⑥ 코치를 통해 구성원들의 역량을 계발하는 것, ⑦ 나 자신을 아는 것이 그것이다.

이러한 실행에 대한 올바른 이해를 바탕으로 실행력을 높이기 위한 구체적인 방안으로 인력 프로세스, 전략 프로세스, 그리고 운영 프로세스의 3대 프로세스가 끊이지 않고 유기적으로 결합되어 있을 때 실행의 힘을 더욱 키울 수 있고, 원하는 방향으로 리더가 끌어갈 수 있게 된다.

❖ 2.5 권한과 책임의 부재 및 성과창출의 실패

품질경영의 아버지라 일컬어지는 에드워드 데밍의 "측정하지 않으면 관리할 수 없다"라는 말은 성과관리, 품질경영 등에서 가장 많이 인용되는 말

중 하나이다. 측정은 사람들이 관심을 가지는 것을 결정하게 되고, 측정되지 않는 것은 관심 밖으로 멀어진다는 것이다. 피터 드러커가 인력, 시간, 자본 등의 자원을 바탕으로 한 경쟁체제는 한계가 오고 있으며 미래사회의 핵심 경쟁자원은 '지식'이 될 것이라는 것과 같은 맥락으로, 케플란과 노턴은 현대 지식경제 시대에 기업의 성공은 전통적인 재무지표와 함께 고객 관계, 내부 비즈니스 프로세스, 조직원의 학습능력 등과 같은 무형자산의 성과를 효과적으로 관리하는 능력에 달려 있다는 것을 주장하였다. 이들이 제시한 경영기법은 균형성과지표(BSC, Balanced Score Card)로 알려져 있으며, 많은 기업들로부터 광범위한 지지를 받고 있다.

BSC에 의한 성과관리의 핵심은 과거에 기업들은 객관적이고 공정한 성과측정을 위해 계량화가 가능한 재무적 업적 위주로 평가항목을 설정하는 경향이 있었지만, 그 동안 기업의 경쟁력을 보장해 주었던 각종 물적 유형자산보다 눈에 보이지 않는 무형자산의 중요성이 점차 증대함에 따라 재무적 업적 위주의 평가시스템은 무형자산까지를 포함한 진정한 경영성과를 보여주지 못한다는 것이다. BSC는 이러한 기존의 성과 평가체계에 대한 대안으로서 제시되었으며, "기업의 지속적인 성장을 위해서는 대부분의 기업들이 일반적으로 행하고 있는 것과 같은 재무 관점(Financial Perspective)을 포함해서, 고객 관점(Customer Perspective), 내부 프로세스 관점(Internal Process Perspective), 학습 및 성장 관점(Learning & Growth Perspective)의 네 가지 관점의 지표로 기업성과를 종합하여 균형적으로 관리해야 한다"라는 것이다. 기업은 BSC를 통해 과거의 재무적 성과의 측정뿐만 아니라 미래의 재무적 성과를 이끌어내는 비재무적 지표를 관리함으로써 지속적인 기업발전을 도모할 수 있다는 가정에 그 출발을 두고 있다.

캐플란과 노턴은 처음 BSC라는 개념을 제시하면서 성과평가의 방법을 업그레이드하는 데에서 출발하였으나, 최근에는 성과평가를 전략과 연계함으로써 전략 실행력을 확보하는 데 BSC의 기본 개념을 활용하게 되었다. 즉 종업원 개개인 또는 단위 팀의 성과달성 활동이 부문의 전략목표와 전사의 경영목표로 연계되어야 실질적인 경영성과가 향상될 수 있기 때문에, 전사의 전략목표와 개인의 성과목표를 일관성 있게 유지할 수 있는 대안을 BSC가 제공하고 있다. BSC는 기업의 비전과 경영목표의 달성을 위한 장·단기 전략을 가시적인 성과목표와 측정지표로 전환시킴으로써 각각의 목표에 대한 성과뿐만 아니라 과정까지 평가하여 전략 집행상 시행착오를 최소화하려는 경영관리 시스템이라고 볼 수 있다. 따라서 전략과 연계되는 BSC를 이해하려면, 전략방향 → 전략과제 → 후행지표 → KPI(Key Performance Indicator) → 선행지표로 이어지는 지표의 연계체계와 인과관계, 비전 → 전사전략 → 부문전략 → 팀 전략으로 전개되는 전략의 체계를 이해할 필요가 있다.

그렇다면 과연 기존의 성과시스템과 BSC는 어떠한 차이가 있는 것일까?

1) 전략과의 연계

우선 BSC는 전략과 평가지표 간의 연계를 중시한다. BSC는 조직의 비전, 미션, 그리고 전략적 목표로부터 전개된다. 따라서 구성원들은 BSC를 통해 조직의 미션, 주요 목표, 그리고 이의 달성을 위해 필요한 자신들의 역할을 인식할 수 있다. 또한 전략목표의 달성 정도를 파악할 수 있는 지표를 설정하기 때문에, 기업은 그 결과를 바탕으로 인과관계 가설들을 검증하고 적절한 대응을 취할 수 있게 해준다.

2) 무형자산의 중요성에 대한 반영

현재 기업 경쟁우위 확보의 원천은 유형자산에서 무형자산으로 변화하고 있다. 그러나 무형자산의 가치 측정은 쉬운 일이 아니다. 그 이유는 다음과 같다.

첫째, 구성원의 역량, 사기와 같은 무형자산의 재무적 가치를 금액으로 측정하는 것은 매우 어렵기 때문이다.

둘째, 무형자산의 가치는 조직환경과 전략에 따라 달라지게 된다. 예를 들어, 일반 증권회사의 객장에서 고객을 맞이하는 직원의 지식 및 고객관리 기능은 매우 중요한 자산이다. 그러나 효율성을 중시하는 온라인 증권회사의 경우 그러한 지식의 가치는 낮아지게 된다.

셋째, 무형자산은 다른 유형·무형 자산과의 결합을 통해서만 그 자산의 가치가 나타난다. 예를 들어, 기업이 성장지향의 새로운 매출전략을 성공적으로 추진하기 위해서는 고객에 대한 지식, 구성원에 대한 훈련, 새로운 DB 및 정보시스템, 조직구조의 변화 및 새로운 인센티브 보상 프로그램을 복합적으로 활용하는 것이 필요하다는 의미이기도 하다.

결국 무형자산은 조직을 위해 많은 가치를 창출하지만, 독립된 가치를 정확히 측정하기는 쉽지 않다는 문제가 있다. 따라서 BSC는 기업의 무형자산의 가치를 측정하는 것이 아니라, 무형자산이 차별화된 고객가치 제안과 재무적 성과를 창출하기 위해 어떻게 활용되고 타 유형·무형 자산과 어떤 관련을 가지고 있는지를 파악하는 데 중점을 둔다. 즉 무형자산과 유형자산이 연계되어 기업의 가치창출 전략 달성을 위해 어떤 역할을 하는지를 기술한다는 점에서 기존 성과시스템과 차별성을 갖게 되는 것이다.

☼ 2.6 변화관리 프로그램의 부재

변화관리에 대한 중요성에 대하여 이견을 제시할 수 있는 경영자 또는 학자는 거의 없을 것 같다. 변화와 혁신은 현대 기업들이 가장 애용하는 경영모토 중의 하나이다. 이는 과거의 비즈니스 환경과 현재의 경영환경은 큰차이를 보이고 있다는 것을 암시한다. 글로벌 경쟁시대, 전통적 마케팅 기법의 붕괴, 초과이윤에 대한 자본시장의 압박, 유비쿼터스 및 디지털 퓨전등과 같은 기술의 발달 등은 과거와 다른 현대의 경영환경을 대변한다. 변화관리는 이러한 급변하는 환경에 대한 기업의 적응력을 높이기 위한 방법을 의미한다. 기업들은 수많은 경영혁신 활동을 추진한다. 프로세스를 혁신하고 새로운 IT를 성공적으로 도입하는 것에 있어서 가장 중요한 것 중의하나는 새로운 업무방식이 뿌리를 내리고 지속적인 성과를 낼 수 있도록 관리하는 것이다. 이것이 변화관리이며, 변화관리가 기업 경영혁신 성패의80% 이상을 좌우한다고 한다.

변화관리가 어려운 이유 중의 하나는 변화관리의 핵심이 조직, 즉 사람에있기 때문이다. 프로세스의 개선이나 신규 IT 시스템의 도입은 오히려 쉽지만, 프로세스를 운영하거나 IT 시스템을 활용하는 사람은 쉽게 변하지 않기때문이다. 또한 프로세스의 개선이 프로세스 운영 효율과 같은 단순히 눈에보이는 효과뿐만 아니라, 조직 및 관리체계, 조직의 문화로까지 변화를 유지해야만 진정한 경쟁우위를 갖기 때문이다.

델의 성공 이전에도 소비자에게 가깝게 다가가기 위한 직접판매 모델은많이 알려져 있었다. 또한 당시 델의 경쟁자였던 게이트웨이나 컴팩도 이제도를 시행하였지만 유독 델만 성공한 것에 대하여 델의 최고경영자였던롤린스는 "델은 우수한 비즈니스 모델을 갖고 있었지만, 델 성공의 핵심

열쇠는 수년에 걸쳐 다듬어진 델 조직의 유전자(DNA)다"라고 말했다. 즉 델은 경영혁신 모델을 수행할 수 있는 조직과 문화를 갖추고 있었고, 조직과 문화가 변화에 잘 적응할 수 있는 변화관리 모델을 운영하고 있었다는 것이다.

일반적으로 변화는 기존 조직으로부터 저항을 받는다. 또한 그 변화의 깊이가 어느 정도인지에 따라서 고통의 크기는 증가하게 된다. 일반적으로 프로세스 개선 또는 혁신의 가장 큰 이유는 비용절감과 생산성 개선이다. 그러나 프로세스의 개선이 관리시스템과 조직구조를 변화시키고, 궁극적으로 조직의 문화를 변화시키면서 순서에 따라 조직에 가해지는 충격이 급격하게 증가하게 된다. 예를 들면, 프로세스 운영 효과를 개선하기 위하여 프로세스를 개선하는 것은 해당 프로세스를 운영하는 담당자의 마인드 또는 일하는 방식만 바뀌면 된다. 그러나 좀더 나아가서 해당 프로세스의 관리체계를 조직에 도입하고 실행하기 위해서는 기존의 부서 중심의 관리체계에서 조직을 가로지르는 프로세스 중심의 관리체계가 필요하다. 이는 프로세스 책임자와 부서 책임자산의 갈등을 일으킬 수 있는 소지가 된다.

변화관리는 고통스럽다고 해서 피해갈 것이 아니라, 효과적으로 추진할 수 있는 방법을 모색해야 한다. 과거 경영전략 또는 경영혁신의 과제로서 IT 시스템에 대한 투자를 감행했지만 이에 대한 효과가 미미했던 이유 중의 하나는 변화관리의 실패를 들 수 있다. 즉 변화에 대한 저항은 기업들로 하여금 소극적인 변화 추진, 벤치마킹에 의한 투자, 단기간의 성과 기대 등을 요구했고, 결국 'IT의 투자효과 미비', 'IT의 전략적 투자가치 미비' 등의 결과로 나타났다.

미국 쿨리지 대통령의 고향 친구 식사 초대 : 맹목적인 벤치마킹의 함정

1920년대 재임한 미국 쿨리지 대통령은 취임과 더불어 고향 친구들을 백악관으로 초대했다고 한다. 워낙 벽촌에 살았던 친구들은 백악관에서의 식사예절을 알지 못해 망신 당하지나 않을까 고민하다, 친구인 대통령이 하는 대로 따라하기로 결정하였다. 대통령이 먹는 대로 따라하면서 식사는 무사히 마쳤는데, 마지막으로 커피가 나오면서 문제가 발생하였다. 대통령이 갑자기 자신의 커피를 커피잔 받침에 조금 쏟아 붓고는 설탕과 우유를 섞었다. 친구들도 뭔가 이상했지만, 대통령이 하는 대로 따라했다. 이어서 대통령은 그 접시를 식탁 밑에 있는 고양이에게 주었다.

모든 시대, 모든 산업, 모든 기업에 적용되는 구체적인 성공전략은 없다.그러다 보니 수많은 경영 교과서에서 표방하는 전략은 상당히 개념적인 경우가 많다. 예를 든다면 '임직원들의 열정과 규율', '최고경영진의 실천 리더십' 등과 같다.따라서 벤치마킹을 통해 성공의 원칙과 원리를 탐색해야지, 일방적인 모방은 실패를 부추길 수 있다.

3

프로세스 경영을 위한 **성공 전략**

앞에서 기술한 프로세스 경영의 가치에 대한 이해를 바탕으로, 이제는 구체적으로 어떻게 프로세스 경영을 시작해야 하는지, 프로세스 경영을 위한 과제의 성공을 위해 고려하거나 준비해야 하는 것 등은 무엇인지 알아보려고 한다. 모든 경영학적 방법이나 이론들과 마찬가지로 이전에 접해보지 않았던 새로운 시스템, 규제, 문화 등을 도입할 때는 언제나 저항에 직면하게 되는데, 이러한 저항을 슬기롭게 극복할 때만 구체적인 성과를 달성할 수 있다. 더욱이 프로세스 경영을 도입하는 것은 단순히 새로운 어떤 IT 시스템을 도입하여 새로운 운영방법을 적용하는 것이 아니라, 새로운 시스템을 둘러싼 경영전략에서 일상적인 업무수행에 이르기까지의 변화를 수반한다. 특히 조직적인 측면에서 임원에서부터 관리자, 업무 담당자 등의 모든 조직 계층에 걸쳐서 새로운 변화와 문화를 유도한다. 이러한 변화와 문화가 조직에 정착되고 안정화되기 위해서는 고통을 수반하기 때문에 필수적으로 저항에 직면하게 된다. 일부 프로세스 경영 전문가는 전사적인 범위로 프로세스 경영이 정착되기 위해서는 통상 2~3년이 걸리기 때문에 이에 맞는 계획과 전략을 세워야 한다고 조언하고 있다.

이 장은 성공적인 프로세스 경영 구축을 위한 전략적 접근방안에 대해 기술하고자 한다. 프로세스 경영의 구체적 실천방법은 주변 환경이나 경영목적에 따라서 달라져야 하기 때문이다.

1 프로세스 관리를 위한 요구사항과 원칙

프로세스 경영의 도입은 단순히 비즈니스 프로세스 자동화를 추구하는 IT 과제가 아닌, 프로세스 관리를 통한 프로세스 경영을 추구함을 의미한다. 따라서 성공적인 BPM 도입을 위해서는 IT 시스템을 포함하여 조직, 문화 등을 종합적으로 고려해야 한다. 여기서는 과거의 경험을 토대로 성공적인 프로세스 경영 구축을 위한 틀에 관해서 기술하도록 한다.

비즈니스 프로세스 관리를 통해 우리가 얻고자 하는 비즈니스 프로세스의 모습을 명확하게 하는 것은 과제의 목표를 명확하게 할 뿐만 아니라, 프로세스 관리의 혜택에 대한 조직의 직관적인 이해를 돕는다.

하워드 스미스와 피터 핑거는 고객의 관점에서 이상적인 비즈니스 프로세스의 요구사항을 다음과 같이 제시하였다.

- 새로운 프로세스의 인식수단과 함께 그 프로세스를 실제 운영하는 수단
- 비즈니스 프로세스의 영향을 체계적으로 분석하는 방법과 새로운 프로세스 설계를 위한 좀더 신뢰할 수 있는 방법

- 전략과 연계되며, 복잡한 일상 업무활동이 반영되고, 완전한 분석과 수정 및 구현이 원활이 이루어지는 실행 가능한 프로세스 모델
- 현재의 고객요구를 반영하는 것은 물론, 요구 변화에 대해서도 대응력이 있는 탁월한 비즈니스 프로세스들의 관리 포트폴리오
- 시장에서 새로이 출현하는 보이지 않는 손에 대한 대응능력, 즉 프로세스들을 결합시켜 시장요구에 맞출 수 있는 능력
- 결과 예측이 불확실한 조직변화가 아니라, 엔지니어링 차원에서 체계화 되고 측정 가능한 결과에 기초하는 조직변화로의 변혁
- 리엔지니어링이 강조하는 창의성 및 혁신과 조화를 이루며, 모든 프로세스 개선 프로젝트들과 활동들이 활성화되는 환경
- 시장확대와 이익증대, 또 반대로 영향력 감소, 시장장애, 용량과잉, 변화대응 실패 등과 같이 기업에 영향을 주는 요소들에 대한 이해능력
- 지속적인 혁신과 민첩성을 위한 상시적 프로세스 변화를 가능하게 하며, 예측 가능하고 탄력적이며 실험을 거쳐 프로세스가 확산되는 프로세스를 위한 프로세스 수단들

이러한 요구사항을 살펴보면, 성공적인 프로세스 관리는 경영방법으로서의 프로세스 관리방법, 이들 방법을 수행하는 조직, 그리고 이를 지원할 수 있는 적절한 IT 시스템인 BPMS(Business Process Management System)를 모두 요구하고 있다는 것을 알 수 있다. 즉 성공적인 비즈니스 프로세스 관리 프로젝트 수행을 위한 프레임워크는 비즈니스 전략과 프로세스 운영을 연계시키는 비즈니스 체계, 이러한 체계를 수행하는 연계된 조직, 그리고 이를 지원하는 IT 시스템으로 구성된다.

비즈니스 프로세스 관리는 변화와 혁신을 강하게 추구하는 방법임에 틀림이 없다. 따라서 프로세스 경영의 도입은 조직 내의 많은 이해관계자들 사이에 의견일치 평가를 갖고 추진해야 한다. 로저 벌튼(Roser Burlton)은 그의 저서 《Business Process Management : Profiting from Process》에서 프로세스 경영을 추진하기 위한 열 가지 원칙을 제시했다. 그는 이러한 원칙 없이 프로세스 경영을 추진한다면 성공하지 못할 위험이 크거나, 초기 목적과는 다른 길로 갈 수 있다는 것을 지적했다. 그의 열 가지 원칙을 소개하면 다음과 같다.

- 비즈니스 변화는 성과 주도적이어야 하며, 이를 위한 성과척도를 마련해야 한다. 이러한 척도를 통해서 기업이 수행하고 있는 일이 목적에 잘 부합되고 있는지를 알 수 있다.
- 비즈니스 변화는 이해관계자들에 기반하여야 한다. 이해관계자는 기업의 내부 조직뿐만 아니라 고객, 외부 협력자 등을 포함하며, 어떤 방식으로든 조직의 성과에 영향을 주는 사람 또는 조직을 의미하기 때문에, 다양한 이해관계자들 사이에서 균형을 맞출 수 있도록 해야 한다.
- 비즈니스 변화에 대한 의사결정은 이해관계자들의 기준에 따라 추적 가능해야 한다. 조직의 의사결정이 조직의 미션이나 가치 또는 이해관계자들이 기대치에 따라 이루어져야 하며, 이를 위한 경영활동은 이들 기준에 대한 내용을 의식적으로 또는 가시적으로 구성원들에게 공개해야 한다.
- 프로세스 중심의 변화에 부합하기 위해서는 조직이 기존의 기능 중심의 조직에서 프로세스 중심의 조직으로 구분되어야 한다. 프로세스 중심의 통합만이 전사적으로 고객의 '요구 이벤트'에서 '결과물의 고객 전달' 때까지 비즈니스 통합이 가능하다.

- 비즈니스 프로세스는 전체적으로 관리되어야 한다. 전체적인 관점에서 최적화 방안을 찾아야 한다는 데는 이론의 여지가 없을 것 같다. 그러나 전체 조직을 프로세스 중심으로 완전히 가져가는 것은 매우 어려운 일이다. 현실적으로 기능적 조직과 프로세스 중심 조직이 병행하면서 점진적으로 프로세스 중심의 조직으로 발전해 가야 할 것이다.

- 프로세스 개선 또는 변경은 정보의 수집, 조직의 이해 확보, 혁신적인 접근방법, 그리고 변화에 대한 설계 등이 필요하다. 이러한 일들이 원활하게 이루어질 수 있는 바탕은 단지 문서가 아닌, 조직 구성원들 사이에서 프로세스 관리에 대한 통찰력을 공유하는 것에 대한 가치를 인식하는 것이다.

- 프로세스 개선에 대한 작업이 한번에 모든 것을 이루려는 것보다는 단계적인 접근방식을 취해야 한다. 예를 들면, 내부 프로세스와 조직구조에 대한 내용은 블랙박스로 놓고, 조직과 외부 이해관계자들간의 관계 및 상호작용을 분석한 후, 내부 프로세스를 분석하는 식이다.

- 프로세스 개선 작업이 한번에 이루어지기보다는 반복적이며 점진적으로 이루어져야 한다. 이러한 방식은 새로운 것은 아니며, 소프트웨어 엔지니어링 프로세스, 지식창출 프로세스 등에서 이미 그 효과가 검증된 방법이다. 즉 전체 작업 대상 중에서 특정한 시간 구간을 두고 수행해야 할 작업들을 시간 구간별로 구분하는 것이다. 또한 특정 시간 구간에 수행되는 작업은 선후 시간 구간에서 추가적인 검토와 개선이 이루어진다.

- 비즈니스 변화에서 가장 중요한 것은 인력에 대한 변화관리이다. 변화관리에는 역할과 책임의 적절한 분배, 조직구조, 책임에 합당한 권한의 부여, 성과와 보상, 그리고 개인적 성장기회 등과 같은 요소들을 고려해야 한다.

● 비즈니스 변화는 종착역이 아니라 여행이다. 과거 BPR과 현재 프로세스 관리의 가장 큰 차이점은, 과거의 BPR이 빅뱅 방식의 혁신을 추구했다면, 현재의 프로세스 관리는 지속적인 개선을 추구한다는 것이다. 따라서 한번의 훌륭한 개선 결과보다는 지속적으로 개선을 수행할 수 있는 체계가 중요한 것이다.

지금까지 살펴본 벌튼의 열 가지 원칙은 프로세스 관리를 추진하는 과정에서 고려해야 하는 위험에 대한 것들이다. 이러한 내용은 앞에서 서술한 '과거로부터의 교훈'과 크게 다르지 않다. 즉 프로세스 관리를 추진하는 것은 단지 하나의 IT 시스템(BPMS)을 도입하는 것이 아니라, 변화를 추구하는 비즈니스 방법을 도입한다는 것이다.

2 프로세스 탁월성

프로세스 탁월성(Process Excellence)이란 프로세스 관리를 통해 비즈니스 효과를 충분히 얻는 상태를 의미한다. 프로세스 탁월성의 구체적인 모습을 살펴보는 것은 프로세스 경영의 실천을 도모하는 데 도움이 될 것이다.

프로세스 탁월성에 대한 정의는 프로세스 경영을 실현하고자 노력하는 선진기업들의 고민으로부터 그 단서를 찾아볼 수 있다. 프로세스 경영을 실현하고자 하는 기업들이 고민하는 주제들을 나열하면 다음과 같다.

- 프로세스를 어떻게 구성해야 환경변화에 유연하게 대응할 수 있는가?
- 자사의 핵심 프로세스는 어떤 것들이 존재하는가?
- 핵심 프로세스들은 표준화되어 있는가?
- 해당 프로세스들은 어떠한 기준에 의해 관리되어야 하는가?
- 자사의 프로세스에 교차기능(Cross-Functional)적인 관점이 적절히 반영되

어 있는가?

● 해당 프로세스의 관리자와 관련 의사결정자는 누구인가?

● 외주 및 파트너사의 업무활동까지 포함해야 하는가?

● 프로세스상의 낭비 요소는 없는가?

이러한 기업의 고민을 해결하기 위해 프로세스 경영 선진기업들이 추구하고자 했던 목표는 다음과 같다

1) 전략과 운영업무, 그리고 IT의 연계(Aligning Strategy)

전략수준의 경영활동과 운영수준의 업무활동이 서로 연계되어야 한다는 것에는 이의가 없을 것 같다. 아직도 많은 기업들이 전략수준의 경영활동과 운영수준의 업무활동간에 연계가 원활하지 않거나 단절된 상태로 운영되는 경우가 많다. 전략활동과 일상업무의 괴리로 나타나는 현상은 일상업무에 있어서는 업무변경 시 신속한 대응이 어렵거나, 신규인력의 업무 적응력이 저하되거나, 기업의 성장과 더불어 체계적인 업무의 확장이 어렵다는 것이다. 이러한 이유는 전략과 연계된 정형화된 프로세스 없이 개인의 지식 및 경험에 의존한 업무수행, 기능 중심의 업무기술로 인한 프로세스의 변경에 따른 일관성 부족, 지속적인 변화관리 부족으로 인한 괴리현상 심화 등을 들 수 있다. 결과적으로 전략업무의 추진에 있어서 괴리현상은 전략에 대한 실행력 부족, 성과에 정확한 인과분석의 어려움, 그리고 성과에 대한 권한과 책임이 모호해지는 현상이 나타날 수 있다.

비즈니스 프로세스 관리는 이와 같은 문제에 대한 도전이자 해결방법일 수 있다. 비즈니스 프로세스가 수직적으로는 기업의 가치사슬부터 일상업

무까지 연계되어 관리되고, 수평적으로는 고객의 요구에서 결과물의 전달까지 종단간 관점에서 관리되면 전략과 운영업무의 연계가 가시화되고 체계화 될 수 있다. 또한 가장 중요한 점 중의 하나로서 비즈니스 프로세스 관리를 통해 비즈니스 프로세스가 지속적으로 개선될 수 있는 체계를 보유할 수 있다는 것이다. 따라서 성공적인 BPM 구축은 시작 단계가 파일럿 수준의 작은 업무를 대상으로 한다 하더라도 반드시 전체적인 관점에서 프로세스를 형상화하고 실행하며 통제할 수 있는 방향으로 발전해야 한다. 또한 지속적인 개선점을 찾을 수 있도록 지원하고, 전략의 변화 또는 프로세스의 변화에 대하여 지속적으로 관리할 수 있어야 한다.

2) 실행에 집중(Focused on Execution)

실행의 중요성에 대한 설명은 앞서 충분히 밝힌 바 있다. 그렇다면 비즈니스 프로세스 관리는 어떻게 이러한 것을 가능하게 할까? 실행력을 높일 수 있는 가장 중요한 요소는 IT 시스템이나 제도 등이 아니라, 실제 업무를 수행하는 사람 또는 조직에 있다는 것이다. 비즈니스 프로세스 관리의 도입은 실행력을 높이기 위한 기술적 또는 제도적 체계를 도입함을 의미한다.

첫째, 비즈니스 프로세스 관리를 통해 업무 중심으로 필요한 인력에 대한 역할 및 업무기술에서 작성될 수 있다. 따라서 조직의 인력관리는 비즈니스 프로세스에 따라 재배열될 수 있고, 명확한 업무성과가 관리될 수 있다. 물론 이러한 성과에 따라서 충분한 보상체계가 매우 중요하다.

둘째, 기업의 가치사슬에서 운영수준까지의 기업 프로세스에 대해서 가시화시켜 주고 이를 관리할 수 있도록 한다. 즉 계획과 실행 수준의 업무가 어떻게 연계되어 있고, 서로간에 영향이 어떠한지를 분석할 수 있도록 한다는 것이다. 이는 구체적인 업무를 수행하는 담당자가 조직의 전략업무에 어떻게 기여하고 있는지를 알게 해준다.

셋째, 비즈니스 프로세스를 구성하는 기본적인 단위인 단위업무에 대한 관리를 통해 구체적인 업무내용, 업무목표, 진행상황 등을 파악할 수 있다는 것이다. 즉 운영수준의 업무가 상세하게 파악될 수 있다.

마지막으로 비즈니스 프로세스 자체를 관리함에 따라 외부환경 변화나 전략의 변화에 따른 적응력이 매우 높아진다는 것이다. 예를 들면, 경영계획 또는 전략수준의 업무 변화는 구체적으로 필요로 하는 실행 단계의 업무 파악 및 재배열을 용이하게 할 수 있다. 즉 실제 담당자들의 업무변경 또는 신규업무의 할당 등으로 인한 변화에 대한 적응력이 높다는 것이다.

3) 사실에 입각한 경영(Management by Fact)

사실에 입각한 경영이란 경영활동이 경영진의 감이나 직관에 의해 이루어지는 것이 아니라, 경영활동의 목표와 결과에 대한 내용을 수치화하여 현 상황 및 문제에 대한 객관적인 의사결정을 수행하는 것이다. 경영성과 관리로 표현되는 이러한 활동들은 최근 BSC, CPM(Corporate Performance Management), SEM(Strategic Enterprise Management) 등의 경영기법을 통해 이루어지고 있다. 이러한 각 기법들은 현 비즈니스 상황에 대한 체계적인 지표관리를 통해 비즈니스 전체적인 상황에 대한 통찰력을 제공한다. 그러나 광범위한 자료수집에 대한 기술적 · 시간적 제약, 원인분석을 위한 전문가 수준의 지식 필요, 문제에 대한 대응체계 부족 등이 제한 조건으로 지적되고 있다. 이것이 비즈니스 프로세스 관리를 요구하는 이유이다.

비즈니스 프로세스 관리를 통해 운영수준에서 이루어지는 비즈니스에 대한 자료를 수집하기가 용이하며, 비즈니스가 비즈니스 프로세스를 중심으로 정렬되어 있기 때문에, 프로세스 성과를 통해 비즈니스 성과의 예측이 가능할 수 있다. 또한 문제가 생겼을 경우 직접적인 대응체계를 구축할 수 있다.

4) 조기경보 및 대응활동(Early Warning & Response)

과거에 조직의 성패를 좌우하는 경영활동이 정확한 미래 예측에 기반한 경영활동이라면, 현재 또는 미래의 경영활동의 핵심은 예측보다는 변화에 대한 적응력이 점점 더 강조되고 있다. 적응력을 높일 수 있는 방법 중의 하나가 비즈니스 프로세스 관리이다.

외부 경영환경은 기업으로 하여금 끊임없는 변화와 대응을 요구한다. 따라서 외부 변화는 내부 변화를 요구하게 되며, 이러한 변화에 얼마나 신속히 대응할 수 있는지가 매우 중요하다. 비즈니스 프로세스 관리는 고객의 요구사항에서부터 결과물의 전달까지 종단간 프로세스를 관리하기 때문에 고객의 변화(예를 들면 요구사항, 선호도 변화)에 대하여 신속하게 이를 감지하고 대응할 수 있도록 한다. 또한 내부 업무 프로세스에 대해서도 업무 성과의 이상 유무, 병목현상 등에 대한 내용을 신속하게 파악하여 이에 대처할 수 있다.

좀더 구체적으로 말하면, 비즈니스 프로세스 관리를 통해 외부 및 내부 변화에 대한 조기경보 체계를 구축하고, 변화에 대한 선제적인 대응체계를 갖춘다는 것이다. 가시화된 프로세스 관리는 변화나 이상 상황을 감지하기 위한 척도 운용이 용이하다는 것을 의미한다. 예를 들면, 리드타임, 품질, 비용 등의 목표 대비 변화를 통해 이상 유무를 감지하고 이에 대한 대응활동을 전개하는 것이다. 최근에 일부 기업들이 활용하고 있는 소위 '신호등 경영'으로 불리는 경영기법이 이러한 범주에 속한다. 비즈니스 프로세스 관리는 이러한 경영방법을 좀더 체계적이고 구체적으로 실현할 수 있다.

5) 지속적 개선(Continuous Improvement)

변화에 대한 적응력을 높이는 또 다른 중요한 것 중의 하나가 비즈니스 프로세스의 지속적 개선이다. 과거의 BPR이 빅뱅 방식의 혁신적 변화를 추구했다면, 최근의 혁신방법은 지속적 개선을 추구한다. 빅뱅 방식의 혁신적 변화는 급격한 변화에 대한 조직의 적응력이 따라가기 어렵고, 혁신 기간 동안 이루어진 또 다른 변화에 대한 고려가 미흡했으며, 경영환경이 지속적으로 변화하는 것에 대한 대비가 부족했다. 이에 반해 지속적 개선 방식은 조직의 적응력을 높이고, 비교적 짧은 기간에 변화에 대한 실행체계를 갖추며, 계획-실행-피드백 등의 일련의 선순환 체계 속에서 지속적인 개선이 이루어지는 체계를 추구하고 있다.

이는 비즈니스 프로세스 관리가 한번의 프로젝트로 끝나는 것이 아니라, 지속적으로 프로세스 상태를 모니터링하고, 문제를 찾고, 개선과제를 진행하는 등 지속적인 노력이 필요하다는 것이다. 지속적인 개선을 위해서는 개선이 추구하는 목표를 명확히 해야 한다. 이러한 개선 프레임워크로 사용되는 방법 중의 하나로 비즈니스 프로세스 관리에 대한 성숙도에 따라 몇 가지 수준으로 구별하고 현재 상태의 개선점을 도출하는 방법이 있다.

혼다 효과 : 변화에 대한 적응력의 중요성

1960년대까지 미국에서 오토바이는 반항아들의 전유물이었다. 그러나 1959년 미국에 진출한 혼다는 "혼다를 타면 좋은 사람들을 만납니다"라는 친근한 광고문구와 컴팩트한 소형 오토바이로 미국시장을 석권했다.

이러한 혼다의 성공과 그로 인한 자국의 오토바이 산업의 몰락에 대해 영국정부는 보스턴 컨설팅그룹에 자문을 의뢰하였고, 컨설팅 결과는 "1950년대 일본의 국내생산 확대로 규모의 경제를 이룬 혼다는 미국에 진출하여 소형 오토바이 시장에 집중하여 공격적인 가격과 혁신적인 광고전략을 구사하여 성공하였다"라는 것이다.

그러나 이 결과는 1984년 혼다 임원들과의 인터뷰를 통해 잘못되었음이 드러났다. 혼다는 미국 진출 초기, 중대형 오토바이에 치중을 했는데, 경험해 보지 못한 종류여서인지 기름이 새는 등의 결함이 발견되어 판매가 중단되고 말았다. 이런 와중에 우연히 직원들이 심부름용으로 LA 시내에서 타고 다니던 Supercubs(주로 일본 주부들이 장보기 용으로 이용함)라는 소형 오토바이가 미국인들의 주목을 받게 되었고, 혼다는 이를 기점으로 민첩하게 시장을 공략하였던 것이 주효했다는 것이다.

이런 혼다의 성공은 철저한 계획에 의한 전략수립도 중요하나, 기업이 환경변화와 시장대응에 얼마나 잘 대처하는지 등의 적응력의 중요성을 강조하고 있다.

3 프로세스 탁월성을 위한 추진 전략

   기업의 활동들이 앞에서 살펴본 대로 프로세스 탁월성의 요건대로 운영되는 것은 매우 이상적인 모습일 것이다. 그러나 비즈니스 프로세스 관리를 수행한다고 해서 프로세스 탁월성이 저절로 이루어지는 것이 아니라는 것은 자명하다. 비즈니스 프로세스 관리에는 기업마다 다양한 형태의 과제가 존재하고, 각 기업들이 이들 문제를 해결할 때 프로세스 탁월성에 도달할 수 있게 되는 것이다.

   비즈니스 프로세스는 기업이 활동을 지속하는 한 이미 기업 내부에 존재한다. 대부분의 기업이 초기 단계에는 비즈니스 프로세스의 수가 매우 적을 뿐만 아니라 매우 단순하였을 것이다. 기업이 성장을 지속하면서 프로세스의 수가 증가하고 복잡해지면서 관리의 필요성이 증가하는 것이다. 현장의 비즈니스 프로세스를 분석해 보면, 다양한 역할을 가진 참여자가 업무를 수행하고 있으며, 각 업무는 다양한 IT 자원들(예를 들면 문서, 데이터, 응용시스템)을 활용하게 된다. 또한 업무의 복잡성 및 다양한 참여자들간의 이해관계에 따라 업무중복이나 병목현상이 발생하기도 한다.

결국에는 기업의 성장과 함께 프로세스는 초기의 상태와는 달리 복잡해지고, 조직의 증가는 프로세스 복잡도를 기하급수적으로 증가시켜 통제 불능의 상태에 이르게 된다.

기업의 성장과 더불어 나타나는 프로세스 관리의 부재를 우리는 '기업의 성장통' 이라고 비유하기도 한다. 기업이 생존하고 지속적인 성장을 구가하기 위해서는 단순하면서도 명료한 일하는 방법으로서의 프로세스 체계가 우선 전제되어야 한다([그림 3-1] 참조).

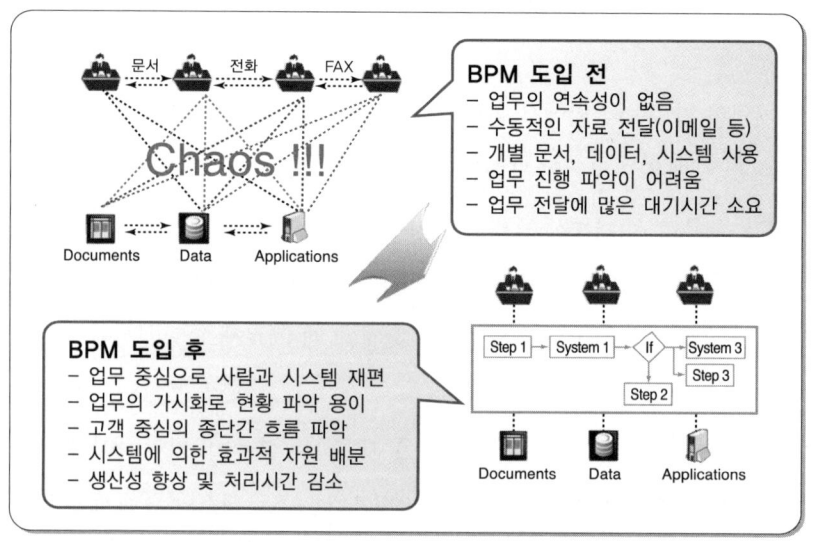

[그림 3-1] 비즈니스 프로세스 관리의 전후 모습

조직의 성과를 극대화시키는 방안으로서 제안한 프로세스 탁월성을 구현하기 위해서는 전략적 접근이 필요하다. 경영학의 많은 분야가 그렇듯이 프로세스 경영의 정착을 위해서는 물리학적 법칙과 같은 보편적 이론을 도출하기가 어려우며, 변수간의 복잡한 상관관계는 예측불허의 상황을 초래하여 프로세스 탁월성 구현에 차질을 야기시킬 수 있기 때문이다.

업계에서 공감하고 경험적으로 보편성이 검증된 프로세스 탁월성을 추진하기 위한 전략을 기술하면 다음과 같다.

※ 3.1 프로세스 경영의 필요성에 대한 전사적 인식 확산과 보상체계 수립

프로세스 경영의 도입을 통해 기업은 제품개발 주기, 고객대응 시간, 고객만족도 등에서 긍정적인 효과를 거둘 수 있지만, 관련 임직원들에게는 프로세스 경영 도입 이후 부과되는 추가업무, 프로세스 개선작업에 대한 부담감과 변화에 따른 자기 영향력의 감소, 자신의 업무를 항상 감시당하고 있다는 불편함 등의 측면에서 저항을 받을 수 있으며, 이는 결과적으로 프로세스 품질의 저하를 가져오게 된다.

기존의 혁신이라는 명제 하에 진행되었던 경영혁신 운동에 피로감이 누적된 상황에서 현재 도입하고자 하는 프로세스 경영은 일과성의 전사 행사에 다름 아니라는 평가절하에 직면할 수도 있다.

임직원들의 적극적인 참여는 프로세스 경영의 필수조건이다. 임직원들의 적극적인 참여를 위해서는 현 상황에 대한 위기의식과 프로세스 경영으로 인한 기대효과, 그리고 참여에 따른 보상이 전제되어야 한다. 이들 각각에 대해 살펴보기로 하자.

급변하는 디지털 세상에서 "이대로 가면 망할 수도 있다"라는 위기의식은 기업 임직원들로 하여금 새로운 돌파구를 찾고자 하는 촉매제 역할을 한다. 자칫 패배주의로 변질되면 안 되겠지만, 적절한 위기의식의 전파는 새로운 성장기회를 탐색하는 데 효과적인 수단이 된다.

"좋은 프로세스는 기업 경쟁력을 강화시킨다"라는 말은 분명히 검증된 올바른 명제이지만, 전사 임직원들을 동참시키는 데 역부족인 경우가 대다수이다. 프로세스가 개선되어도 지엽적인 효과에 그쳐 투입한 비용 대비 효과가 미미할 것이라는 반대에도 직면할 수 있다.

프로세스 경영의 필요성과 도입을 통한 기대효과는 구체적이면서 정량화되어 공개될 필요가 있다. 예를 들면, 개발 및 양산 납기 단축이 사업의 핵심 역량인 반도체 산업의 경우, 해당 기업 임직원들에게 프로세스 경영을 통한 납기 단축의 구체적인 효과를 명시하는 것이다. 모든 임직원들이 납기 단축을 통한 생산성 향상에 모두 공감하고 있는 상황에서 공감하는 명제에 프로세스 경영이 가져올 기대효과는 임직원들로 하여금 적극적인 참여를 도모함과 동시에, 이후에 예상되는 저항을 대폭적으로 감소시킬 수 있는 유력한 장치가 된다.

보상을 통한 동기부여는 조직이 목표를 달성하는 데 있어서 크게 영향을 미치는 요소이다. 보상을 통한 동기부여는 우선 어떤 목표나 목적에 대한 행동에 변화를 초래하게끔 만든다. 보상시스템은 필연적으로 성과시스템과의 연계를 필요로 한다. 객관적이고 모두가 공감할 수 있는 개인성과의 측정을 바탕으로 개인에 대한 보상수준이 결정되어야 한다.

· 여기서 주의할 점은 정량적 성과측정에 기반한 보상만으로는 부족하다는 점이다. 성과시스템에서의 초기 목표수준 설정의 왜곡이라든지, 성과지표가 전사 전략과 연계가 부족한 경우에는 특정 개인에 대한 보상은 조직의 성과를 저해할 수도 있다. 영업판매가 부진한 상품을 관련 제조부서에서 무분

별하게 확대 생산하는 경우가 좋은 예일 것이다.

또한 물질적 보상 및 승진기회 이외에 수립한 목표를 달성하였다는 임직원들의 자긍심 고취도 보상의 한 형태이다. 이를 위해 CEO 및 관리자들이 현장 요원들과의 잦은 접촉을 통해 관계를 형성하는 것도 중요한 전략의 일환이 될 수 있다.

⫶ 3.2 목적 중심의 프로세스 경영 도입 프로그램 개발

각 기업마다 처한 상황이 다르고 강점과 약점이 다르기 마련이지만, 프로세스 경영을 통해 다양한 편익을 이루어 낼 수 있다. 그러나 경우에 따라서는 독이 되는 처방이 될 수도 있다. 고객과의 친밀도를 높임으로써 고객대응을 강화시키는 것을 핵심과제로 설정한 고객접점 부서에서 무작정 업무처리 속도를 높여 생산성을 향상시키려는 시도는 고객대응 업무의 품질을 저하시키고 고객의 불만을 양산할 수도 있다.

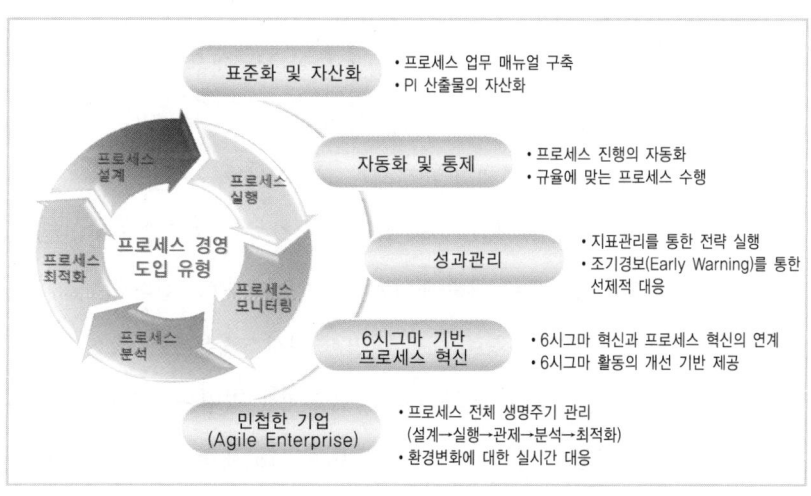

[그림 3-2] 프로세스 경영 도입 유형들

프로세스 경영을 구축하기 위해서는 우선 자사의 비즈니스에 대한 이해와 상위 수준에서의 프로세스 조감도가 필요하다. 이후 기업별로 자사의 상황에 최적인 프로세스 경영 도입 유형을 선택해야 한다([그림 3-2]). 각 도입 유형은 개별적으로만 진행되지 않고 서로 융합되어 복합적으로 진행되기도 한다.

보험업의 경우 핵심 프로세스 중의 하나가 보험 가입 및 심사 프로세스이다. 보험심사 프로세스의 최근 추세는 OP(Operation) 센터를 두고 각 영업점에서 접수한 보험 가입 및 처리요청을 모아 처리하는 것이다. 숙련되고 노하우가 풍부한 센터 직원이 전문적으로 수행하여 업무생산성이 높아질 뿐만 아니라, 본사의 감독 기능을 강화시킬 수 있어 불미스러운 사고를 예방하는 효과를 갖을 수 있다. 이러한 경우에는 대표적인 프로세스 경영 도입 유형이 '자동화 및 통제'가 된다.

6시그마를 추진 중인 기업의 경우에는 산발적이고 지속적인 추진기반 없이 진행되는 6시그마를 전사 차원에서 통합하고, 혁신 과제들간의 연계를 통해 시너지를 창출하고자 프로세스 경영을 도입하는 경우가 많다.

민첩한 기업 완성은 프로세스 경영을 통한 궁극적인 목표라고 할 수 있다. 폐회로(Closed Loop) 형태의 프로세스 선순환(설계 → 실행 → 모니터링 → 분석 → 최적화)을 통해 변화된 환경에 최적화된 프로세스 형태로 지속적이고 지능화된 방식으로 개선해 나가려는 비전을 담고 있다.

프로세스 경영의 도입 유형에 대한 현명한 의사결정은 프로세스 경영의 성패를 좌우할 수 있는 중요한 과제이다. 프로세스 경영을 지원하는 BPM 솔루션의 섣부른 도입도 경계해야 하지만, 이후 프로세스 경영의 추진 방향을 결정하는 도입 유형의 결정 또한 간과해서는 안 될 문제이다.

⟫ 3.3 상향식과 하향식 전개의 조화

프로세스 탁월성을 추진하는 방향은 고객의 요구에서 결과물 전달까지의 종단간 프로세스를 다루고, 운영업무에서 전략적 활동까지의 업무가 연계될 수 있도록 전사적 기업의 DNA를 구축하는 방향으로 추진해야 한다.

비즈니스 프로세스 자체의 특성상 비즈니스 프로세스는 운영업무 중심으로 전개하되, 해당 운영업무로부터 추출되는 정보가 기업의 전략적 활동과 연계될 수 있도록 실행영역이 확대되어야 한다. 반대로 전략적 활동으로부터 생산되는 결과물은 운영영역의 활동까지 관리될 수 있도록 설계되어야 한다.

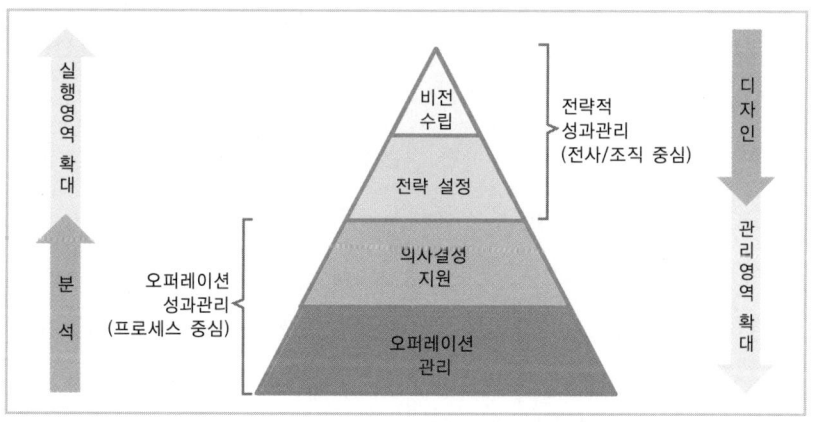

[그림 3-3] 비즈니스 프로세스 관리 추진방향

좀더 구체적으로 설명하면, 비즈니스 프로세스 관리를 도입하는 방식은 구체적인 파일럿 프로세스 구축에서 시작하는 것과 같은 상향식 접근방식과, 전사적인 기업의 전략부터 운영수준의 프로세스까지 전개하는 하향식 접근방식이 있다.

상향식 접근방식은 비즈니스 프로세스가 운영업무 수준의 업무 자동화에 초점을 두면서 시작하는 접근방식을 의미한다. 이때 프로세스에 대한 정의 및 운영정보는 상위 관리계층의 의사결정을 위한 정보가 반드시 추출되어야 한다. 즉 프로세스 운영성과가 가시적으로 보이고 문제에 대한 대처를 용이하게 할 수 있는 방향으로 추진되어야 한다.

일반적으로 상향식 접근방식은 소규모의 프로세스 또는 프로세스에 참여하는 부서가 한정적인 경우가 많다. 이러한 한정적인 성과를 바탕으로 과제가 타 부서 또는 관리계층으로 확산되는 방식이기 때문에, 통제 및 관리의 용이성으로 인해 일정한 수준의 성과에 도달하기는 비교적 용이하다. 많은 비즈니스 프로세스 관리 과제가 위험관리의 이슈로 인해 상향식 접근방식을 취하지만, 전사적인 확산에는 많은 시간이 걸릴 뿐만 아니라, 혁신적인 성과를 얻는 데 한계가 있다.

하향식 접근방식은 최상위 계층 관리자의 강력한 지원을 바탕으로 전략적 수준의 활동부터 운영업무 수준까지 전개되는 방향으로 추진된다. 따라서 비즈니스 프로세스가 전사적인 관점에서 분석되고, 경영전략과 연계되어 관리된다. 예를 들면 BSC, 6시그마 등의 경영활동에서 전략적 목표가 운영수준의 프로세스의 성과와 직접적으로 연계되어 운영된다. 이러한 내용을 위해서 전략적 지표는 운영수준의 지표로 분개되고, 해당 지표들은 책임소재를 명확히 하며, 전략적 목표와 운영성과와의 차이를 극복하기 위한 다양한 활동들이 전개된다. 따라서 하향식 접근방식은 혁신적 성과를 얻을 수 있는 기회가 많지만, 반대로 전사적인 차원의 다양한 위험이 존재한다. 예를 들면, 변화에 대한 전사 조직의 동의를 얻고 지속적인 변화관리를 추진해야 하며, 현장의 현실과는 괴리된 목표를 양산할 수도 있다. 또한 전사적인 범위의 비즈니스 프로세스를 고려해야 하기 때문에, 프로세스들간의 다양한 연관관계 및 인과관계를 고려해야 한다.

최근 LG전자, POSCO 등의 국내 대기업 중심으로 전략과 방향설정은 하향식으로, 실행은 현장 위주의 상향식 접근방식을 추진하는 사례가 늘고 있는 추세이다. 다양한 경험사례를 통해 각각의 접근방식으로는 한계가 있으며, 두 접근방식이 상호보완적임을 간파한 것이다.

3.4 변화관리 프로그램의 개발

변화관리에 대한 위험의 원천은 사람, 즉 조직에 있다. 즉 성공적인 변화관리의 핵심은 끊임없는 사람에 대한 관심이라고 할 수 있다.

다양한 프로젝트 사례에서 공통적으로 검증된 변화관리의 지침을 나열하면 다음과 같다.

1) CEO가 변화관리의 주체

CEO는 가시적인 변화의 주체로서 지속적으로 조직구성원에게 변화를 독려해야 한다. 많은 최고경영자들은 머리 속으로는 이러한 사실을 알고 있으나, 실제 행동을 통해 역할을 제대로 수행하고 있는지에 대해서는 회의적인 시각이 많다. 래리 보시디와 람 차란은 그들의 저서 《실행(Execution)》에서 많은 경영자들이 실행은 자신의 몫이 아니라고 착각하고 있다고 지적한 바 있다.

변화관리는 사실상 조직의 고통을 유발하기 때문에, 조직의 갈등 조정 및 통제를 위해서 핵심 임원의 주도 하에 이루어져야 한다. 또한 최고경영자는 과감한 역할 조정 및 권한 위임을 수행해야 한다. 조직의 변화와 혁신의 추

진은 과거의 관습(조직의 통제구조)에 얽매여 제 역할을 할 수 없는 위험이
크기 때문이다.

2) 체계적인 방법론을 통한 접근

많은 기업들은 다양한 경영혁신 활동을 추진한다. 즉 프로세스를 혁신하
고 그에 맞는 IT를 새롭게 도입한다. 그러나 정작 중요하다고 할 수 있는 새
로운 프로세스에 맞춰 업무를 수행하고 새로운 IT를 활용하도록 하는 조직
구성원의 변화 및 적응 작업에는 상대적으로 많은 관심을 기울이지 못하고
있다. 변화관리를 한다고 해도 기껏해야 교육과 사내보를 통한 홍보 정도가
전부이다.

변화관리는 조직의 저항에 쉽게 직면하게 되므로, 체계적이고 과학적인
방법론과 구체적인 변화관리 도구를 활용해 보다 치밀하게 변화를 유도해야
한다.

3) 시간을 필요로 하는 변화

변화관리는 조직 전 구성원의 마인드를 새롭게 바꾸는 작업이다. 사람의
생각을 바꾸고 조직의 문화를 바꾸는 작업은 단기간에 이루어지지 않는다.
또한 구성원이 수백 명 또는 수천 명이 넘는 대기업에서 이러한 개개인의 생
각 하나하나를 몇 명 혹은 몇 십 명의 변화관리 전담 팀만으로는 절대 바꿀
수가 없다. 물론 변화관리 전담 팀이 변화를 추진하는 중심에 서 있는 것만
은 사실이지만, 최고경영진과 변화의 촉매제 역할을 하는 변화 에이전트 등
전 조직의 광범위한 동참이 필수적이다. 이러한 변화과정에서 중요한 전략
중의 하나는 시간을 재촉하기보다는 조직구성원 모두가 함께 변화를 향해

움직이는 전략을 택해야 한다는 것이다.

과거의 혁신 프로젝트는 소수의 프로젝트 팀이 중심이 되어 그들만의 작업으로 끝나는 경우가 적지 않았고, 이는 실패의 또 다른 원인이기도 했다. 그러나 이제는 모든 조직구성원이 참여하는 혁신작업이 될 수 있도록 변화관리 측면에서 노력하고 있다. 예를 들면, 워킹 그룹 또는 전담 TFT(Task Force Team) 등 다양한 변화 에이전트를 이용해 전 구성원이 공감하고 참여할 수 있도록 하고 있다. 이럴 경우 경영혁신의 성과가 본 궤도에 오르는 데 훨씬 시간이 단축될 수 있다. 혁신을 추진하는 사람들과 이를 수용하는 현업 부서의 인식 차가 없어지기 때문에, 중·장기적인 관점으로 보았을 때는 변화가 더 빨리 더 효과적으로 이뤄지는 것이다.

4) 외부 변화에 대한 고려

일반적으로 프로세스 혁신 활동에 참여하는 관련 조직은 내부 조직을 포함하여 고객 또는 파트너와 같은 기업의 외부 조직을 포함하는 경우가 많다. 즉 기업이 경영혁신 활동을 전개할 경우 변화의 범위는 조직 내부에만 그치지 않는다. 예를 들면, SCM 프로젝트를 추진할 경우는 자신뿐 아니라 공급업체, 고객 기업까지 그 변화를 관리해야 한다. 내부적인 변화관리뿐 아니라 외부적인 변화관리가 요구되는 것이다.

5) 중간관리자의 변화에 초점

기업에서 경영혁신 프로젝트를 진행할 때 그 변화를 유도해 내기 가장 어려운 집단 중의 하나가 중간관리자들이다. 왜냐하면 중간관리자는 이미 우월적 지위를 확보하고 있는 사람들이어서 한 마디로 변화를 거부하는 경향이 짙은 집단이기 때문이다.

　조직의 변화와 관련해 중간관리자는 어떤 행동을 해야 하는지를 나열한 변화 캘린더를 만들어 변화를 강제하는 것도 하나의 방법일 수 있다. 변화 캘린더는 자신의 변화관리를 언제 어떻게 수행했으며, 그것에 대한 평가까지 포함한다. 중간관리자는 이것을 통해 변화를 이해하고, 자신의 조직에 변화를 전파할 수 있게 된다.

3.5 큰 그림 기반의 점진적 확산과 스위트 스팟의 발굴

　전자업종에 속하는 모 기업의 프로세스 경영체계 구축의 검토 결과를 살펴보면, 전사적으로 프로세스의 수가 1,208개에 달했다. 프로세스당 단위업무의 수가 대략 8~12에 이르는 점을 감안하면 방대한 규모라고 하지 않을 수 없다. 기존 프로세스들의 자산화를 통해 중복요소를 제거하고, 이후 표준화를 통해 유사 프로세스로 통합하거나 베스트 프랙티스를 적용하면 프로세스의 수가 감소는 하겠지만, 여전히 방대한 규모일 것이다. 프로세스 경영의 도입 유형이 어찌되었든, 일정 규모 이상의 기업이 갖고 있는 프로세스의 규모는 대부분 방대하다. 현실적으로 기업의 모든 프로세스를 관리의 대상으로 하는 것은 불가능하며, 모두를 관리해서도 안 된다.

　프로세스 경영을 도입하고자 하는 경우에는, 우선 전사 확산을 감안한 큰 그림이 필요하다. 추진 조직의 정비, 프로세스 측면의 성과관리 방안, 상위 수준에서의 프로세스 구성체계 등 프로세스 경영의 추진을 위한 밑그림에 해당되는 것들이다. 부분적 업무 효율성 추구가 아니라, 전사가 추구하는 전략 실행의 이점을 담보하기 위해서 필요한 사항들이다. 이러한 큰 그림 하에서 선택과 집중의 전략이 필요하다. 전사 범위에서 관리해야 할 프로세스 중에는 핵심과 비핵심, 시급한 것과 천천히 해도 되는 것, 쉬운 것과 어려운 것들이 공존할 것이다. 다양하게 공존하는 프로세스들 중에서 소위 '스위트 스팟(Sweet Spot)'이라고 부르는, 프로세스 관리체계의 적용을 통해 가장 실효가 큰 타격 지점이 되는 부분에 프로세스 경영을 우선 도입하는 것이 효과적이다.

스위트 스팟에 대한 결정기법은 기업마다 다를 수 있다. 대표적인 경우가 전략적 중요도와 적용의 용이성 등 평가기준을 동시에 고려하여 전략적 중요도와 적용의 용이성이 모두 높은 영역의 프로세스를 1차 대상으로 지정하는 방법이다([그림 3-4] 참조).

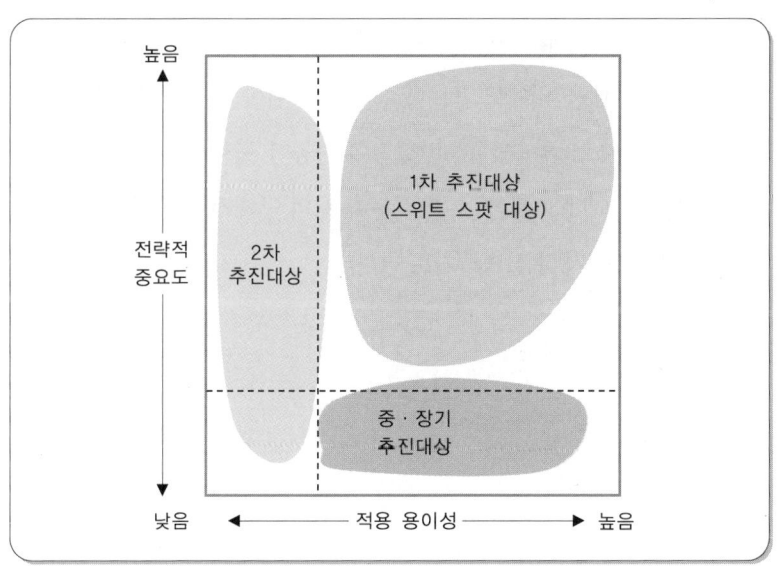

[그림 3-4] 스위트 스팟 결정기법의 예

스위트 스팟에 우선 프로세스 경영을 적용하게 되면 얻을 수 있는 편익들은 다음과 같다.

- 프로세스 경영의 도입 효과를 초기에 검증함으로써 추진동력 확보가 용이
- 타 부문에 프로세스 경영을 도입할 때 참조 모델로 활용 가능
- 확산 시 예상되는 문제점을 사전에 노출시켜 이후 발생 가능한 문제점을 사전에 예방
- 프로세스 경영의 전사 확산을 주도할 인력 양성에 유리
- 프로젝트 진행을 위한 초기투자 비용 절감

많은 비즈니스 프로세스 관리 과제에서 혁신적인 성과를 얻기 힘들고 단편적인 과제에 그치는 이유는, 프로세스 경영에 대한 이해가 부족하거나, 시스템 구축 이전에 정립되어야 할 원칙과 전략이 부족했기 때문이다.

앞에서 언급한 내용 외에도 프로세스 경영을 위한 성공 전략에는 다양한 개념들이 존재한다. 도입 초기에 컨설팅이 가능한 프로세스 전문가의 영입이 그 예이다. 이 외에 프로세스 경영 구축 시의 구체적인 방법론에 대해서는 이후의 장에서 자세히 설명하기로 한다.

4

프로세스 경영 구축 방법론

1 프로세스 경영, 어떻게 수행할 것인가?

프로세스 경영은 기업의 비즈니스를 수행하는 방법으로서의 프로세스를 대상으로 하는 분야이다. 프로세스 경영은 비즈니스 프로세스를 관리하는 규율(Discipline)을 발굴하고 관리하며, 그 프로세스를 어떻게 최적화할지를 연구한다. 일각에서 이해하고 있는 부서업무의 단순 자동화는 프로세스 경영의 일부분에 지나지 않는다.

프로세스 경영은 자사의 비전과 미션은 무엇이며, 이러한 비전과 전략이 발현된 자사의 핵심역량은 무엇인지를 분명히 하고, 비즈니스를 하는 방법으로서의 프로세스가 기업의 비전과 전략을 충분히 반영하였는지를 전사 차원에서 검증하고 보정하는 작업을 총괄하는 것이다. 기업의 비전과 전략을 적절히 반영한 프로세스는 자동화시키면 더욱 우수한 성과를 창출할 수 있다. 예를 들면, 고객대응 프로세스의 경우 자동화는 빠른 대응시간으로 고객만족도를 높여 결과적으로 기업의 경쟁력과 시장가치를 높일 수 있다.

그러나 해당 프로세스의 리드타임이 전사 차원에서 핵심 경쟁력과 연계된 요소가 아니라면 소폭의 개선에 그칠 가능성이 높다. 도요타 자동화의 TPS 시스템의 핵심이 결코 IT 시스템을 기반으로 하지 않는다는 점을 상기해 보면, 프로세스 자동화 이전에 효과적인 프로세스의 설계가 우선되어야 함을 짐작할 수 있다. 프로세스의 자동화는 설계된 프로세스의 효율적 실행을 보장하는 반면에, 효과적으로 설계된 프로세스는 해당 기업의 비즈니스 모델의 변화까지도 불러온다. 이런 프로세스의 효과성은 격변하는 경영환경 때문에 다시 진부해 질 수 있다. 따라서 환경변화에 맞추어 프로세스의 효과성이 제대로 반영되는지 집중 관찰해야 하며, 관찰된 결과에 따라 프로세스가 유연하게 재설계되어 실행될 수 있어야 한다.

이와 같은 이유로, 프로세스 경영 기반의 프로세스 관리는 프로세스 관리체계의 구축과 구축된 프로세스 관리체계 하에서의 프로세스 설계, 설계된 프로세스의 실행, 프로세스 실행 결과를 통한 검증, 프로세스 목표와 결과간의 간극을 해결하기 위한 지속적인 개선 등으로 이어지는 전체적인 접근방식으로 수행되어야 한다. 프로세스 경영은 구체적인 구현방법과 구현 이후의 개선을 위한 체계를 마련함으로써, 격심한 환경변화에서도 지속적인 성장을 가능하게 한다는 점에서 기존 PI(Process Innovation)와 차별화된다.

전통적으로 프로세스 관리의 핵심 요소로는 사람, 프로세스, 시스템을 꼽는다. 따라서 프로세스 경영 구현을 위한 방법론도 이 세 가지 관점에서 조망되어야 할 필요가 있다. 사람은 새로운 프로세스의 구현 및 지속적인 개선을 수행하는 주체이고, 프로세스는 조직의 목표와 전략, 프로세스의 중요성에 대한 조직적 차원의 공감대가 어울려져 프로세스 혁신이 수행되어야 하며, 시스템은 막대한 프로세스와 데이터를 관리하는 현실적인 대안이다. 사람, 프로세스, 시스템 중 하나라도 간과된다면 프로세스 경영 구축은 실패할 것이다. 사람, 프로세스, 시스템에 철저한 계획과 지침을 갖지 않고 시행하는 프로젝트의 경우, 출발점을 찾지 못하고 표류하거나 솔루션만 도입해 놓고는 문제가 해결되었다고 오도할 수 있으며, 재설계된 프로세스가 계획대로 시행되지도 않고 투자 대비 낮은 ROI를 양산하는 등의 결과로 귀착될 것이다.

따라서 이 장에서는 기업 프로세스를 전사 차원에서 관리하고 환경변화에 맞추어 지속적으로 개선하기 위한 구체적인 방법과 절차를 논함에 있어 전략과 조직문화, 임직원의 행동양태를 아우르는 거시적인 측면에서 접근하고자 한다.

기업마다 고유의 특성과 경영환경이 있다. 프로세스 경영 프로젝트의 성공을 위해선 해당 기업별로 각자의 환경과 특성에 맞춘 접근방법이 필요하다. 따라서 보편타당하고 유연한, 각 기업별 편차를 수용할 수 있는 프레임워크의 도입이 필요하다.

이 장에서는 다양한 산업군에서의 프로세스 경영 프로젝트의 경험 및 관련 문헌조사를 통하여 [그림 4-1]과 같은 프로세스 경영 구축 방법론 프레임워크를 제안한다. 이 프레임워크는 총 일곱 단계로 구성되어 있으며, 각 단계들은 기업별 상황 및 도입 시나리오에 맞추어 제외될 수도 있다. 하지만 프로세스 경영에 대한 진지하면서도 전폭적인 도입을 고려하고 있는 기업이라면 단계 전체를 수행할 것을 제안하는 바이다. 특히 과거의 프로젝트 사례들에 비추어, 간과되기 쉬운 비저닝(Visioning)과 프로세스 아키텍처는 적용범위의 차이(예를 들어 전사 vs. 사업부)가 있더라도 반드시 수행할 것을 권유한다. 그리고 이러한 각 단계를 생략할 것을 검토한다면, 그 단계의 필요성과 역할에 대한 충분한 이해를 바탕으로 단계의 생략에 따른 예상 결과를 분석한 후에 생략 여부를 판단해야 할 것이다.

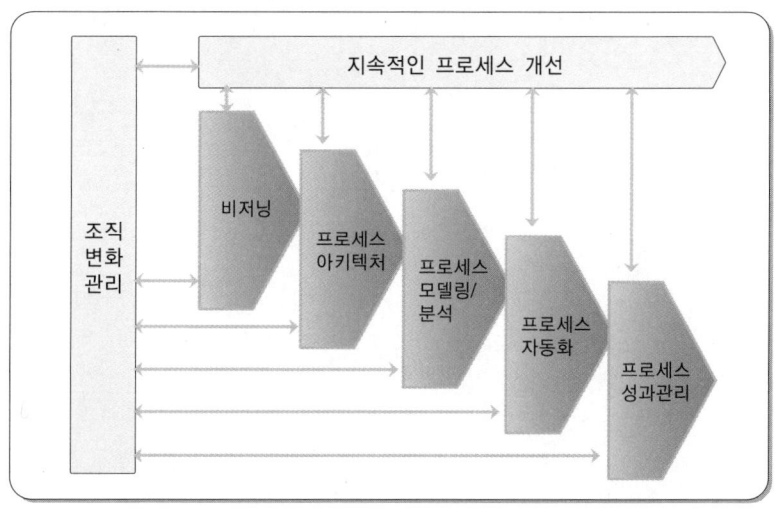

[그림 4-1] 프로세스 경영 구축 방법론 프레임워크

2 프로세스 경영을 위한 전략 : 비저닝(Visioning)

기업에 있어 조직이란 성과를 창출하는 핵심적인 부분이다. 이런 조직의 목표를 구성하는 전략과 프로세스 경영 프로젝트와의 연계성을 강조하는 문헌은 어렵지 않게 찾아볼 수 있다.

IT 관점으로서만 진행되는 프로세스 경영 프로젝트의 경우, 초기 프로젝트 기간 중에 프로세스 경영 프로젝트의 목적과 전략을 공유하지 못하는 경우가 빈번하다. 이러한 프로세스 경영 프로젝트는 이후 프로세스 경영 도입을 위해 수반되는 다양한 변화관리 속에서 구성원들의 참여를 이끌어 내지 못하는 경우가 대다수다. 오히려 조직적인 저항에 직면하기도 한다. IT 기술로만 해결할 수 없는 상황이 된 것이다.

이렇게 프로젝트 과정 중에 발생할 수 있는 다양한 문제점을 사전에 예방하거나 최소화하기 위해선 초기 비저닝(Visioning) 단계에 대한 투자가 필요하다. 투자의 정도와 규모는 프로젝트의 상황 및 참여인력들의 리더십 등에 따라 달라지겠지만, 프로젝트 당사자는 무엇보다도 프로세스 경영 프로젝트가 조직에게 가져올 뚜렷한 가치를 관련자들에게 확신시켜 줄 수 있어야 한다.

비저닝 단계는 육하원칙에 따라서 누가, 무엇을, 언제, 어디서, 왜, 어떻게 비즈니스를 수행하는지를 이해하고 확인함으로써 당사자들이 프로젝트 기간 동안 해야 할 일들을 계획하고, 그것들을 대상으로 우선순위를 정하며, 정해진 순서에 따라 완수할 수 있도록 하는 작업이다.

이와 같은 내용들을 모델화시키고 널리 소개된 것 중의 하나가 자크만 프레임워크(Zachman Framework)인데, 엔터프라이즈 아키텍처에서 주로 소개되는 모델로 전체 프로젝트의 방향을 결정하는 큰 그림(Big Picture)를 정의하는 데 사용하면 유용하다.

[표 4-1]은 자크만 프레임워크를 나타낸 것인데, 비저닝 단계는 첫번째와 두 번째 줄에 해당하는 Scope와 Enterprise Model에 해당한다.

이러한 모델을 도출하기 위해서는 다음과 같은 작업이 수행되어야 한다.

- 대내외 환경 분석
- 기업비전 수립
- 기업전략 탐색
- 전략측정지표 정의

이와 같은 작업 수행을 통해 이후 진행될 작업의 내용을 이해하게 되고, 이후 작업에서 다양한 의사결정에 활용될 평가기준을 확인할 수 있다.

	데이터 What?	기능 How?	네트워크 Where?	사람 Who?	시간 When?	동기부여 Why?
범위 (Planner)	데이터 리스트	프로세스 리스트	로케이션 리스트	조직/ 에이전트 리스트	비즈니스 이벤트 리스트	비즈니스 목표 및 전략 리스트
엔터플라이즈 모델 (Owner)	데이터 분석 모델	비즈니스 프로세스 모델	비즈니스 로지스틱스 시스템	워크플로 모델	Master schedule	Business plan
시스템 모델 (Designer)	논리적 데이터 모델	애플리케이션 아키텍처	분산 시스템 아키텍처	휴먼 인터페이스 아키텍처	Processing structure	비즈니스 룰 모델
기술 모델 (Builder)	물리적 데이터 모델	시스템 디자인	기술 아키텍처	프레젠테이션 아키텍처	Control struture	툴 디자인
컴포넌트 (Vendor)	데이터 정의	Program	네트워크 아키텍처	보안 아키텍처	튜닝 정의	툴 사양
Functional System (Product)	데이터	Function	네트워크	조직	일정	전략

Task 1. 대내외 환경 분석

이번 작업에서는 기업이 내부적 · 외부적으로 처한 상황을 검토하게 된다. 이러한 작업을 통해 내부적으로는 강점과 약점, 핵심역량, 제약상황을, 외부적으로는 경쟁상황 및 환경적 요인을 이해할 수 있게 된다.

대내외 환경분석을 지원하는 유용한 모델들은 다음과 같다.

- SWOT 분석
- 핵심역량 모델
- 5-Forces 모델
- FAW(Forces at Work) 분석

Task 2. 기업비전 수립

기업비전 수립 작업은 기업의 총체적인 방향과 목표 등을 이해하고 확인하는 것이다. 작업의 결과는 공식적으로 배포되고 조직원들에게 공유되어야 한다. 이미 명문화된 기업비전 등이 있다면 새로운 변화가 필요하지는 않는지 확인한다. 프로세스 경영을 수행함에 있어 수정이 필요한 부분은 없는지도 확인해야 한다.

이러한 과정을 통해 "과연 우리가 어떤 비즈니스를 하고 있는가?"라는 근본적인 질문에 대해 명확한 답변을 제시할 수 있다. 기업의 비즈니스를 어떻게 정의하는가에 따라 시장규모와 창출수익이 달라질 수 있다. 정수기 사업을 웰빙 사업으로 재정의함으로써 새로운 번영을 누리는 기업이 좋은 예가 될 것이다.

일반적으로 기업비전에 대한 변화관리는 2~5년 주기별로 시행한다.

비전수립 작업을 통해 정의되어야 하는 요소들을 나열하면 다음과 같다.

- 비전 : 기업이 달성하고자 하는 미래의 모습
- 미션 : 기업이 비즈니스를 통해 수행하는 것
- 가치 제안 : 시장에 제공할 수 있는 경쟁사와 차별화된 요소
- 사명(Goal) : 기업이 계획을 통해 달성하고자 하는 것
- 목표(Objectives) : 기업이 계획을 통해 제공하고자 하는 것

이후 이러한 항목들은 목표달성을 위한 전략, 목표설정과 진행 중의 평가를 위해 사용하는 측정지표인 핵심성과지표(KPI)를 정의하는 데 핵심적인 요소로 작용한다.

Task 3. 기업전략 탐색

기업전략 탐색 작업은 선행작업인 기업비전 수립을 통해 정의된 목표와 미래 청사진을 효과적으로 구현하기 위한 접근방안을 모색하는 단계이다. 기업전략 탐색 작업을 지원하는 유용한 모델로 트레이시와 위어스마가 제안한 가치규율(Value Discipline, 마이클 포터의 경쟁전략을 수정) 모델과 캐플란과 노턴이 제안한 BSC(Balanced Score Card) 모델이 있다.

① 가치규율(Value Discipline) 모델

이 모델에 따르면 기업은 고객가치 창출과 경쟁우위 확보를 위해 세 가지 전략적 선택 중 하나를 선택해야 한다.

- 고객 친밀도(Customer Intimacy) : 고객에게 최고의 토털 솔루션 제공
- 운영상 우수성(Operational Excellence) : 최저 수준의 비용
- 제품 리더십(Product Leadership) : 최고의 제품

트레이시와 위어스마에 따르면, 기업은 이 세 가지 전략적 옵션에서 모두 리더가 되는 것은 불가능하고 이 중 하나를 선택해야만 하며, 그렇지 않으면 마이클 포터가 얘기한 '어정쩡한 상황'에 빠져 종국에는 생존하지 못할 것이라고 한다. 이러한 세 가지 전략적 선택 옵션은 비즈니스 프로세스에 영향을 미친다.

[표 4-2]는 이를 명시화한 예이다.

[표 4-2] 전략적 선택이 비즈니스 프로세스에 미치는 영향

	운영상 우수성	고객 친밀도	제품 리더십
핵심 프로세스	– 주문 수행관리 – 프로세스 엔지니어링	– 수급 – 배달 – 마케팅 커뮤니케이션	– 제품개발 – 테크니컬 서비스 – 마케팅 관리

조직과 기술	– 중앙집중화 된
	  의사결정
	– 공급체인 파트너 관리
		– 영업부서와 후선
		  부서의 상호신뢰
		– 파트너십 기술
			– 제품혁신
			– 하부조직에서의
			  지능적 업무수행

핵심 프로세스 변수	– 낮은 비용 – 짧은 납기	– 유연성 – 스텝에게의 권한 이양	– 유연성 – 제품

관리시스템	– 핵심고객 관계
	– 비용 개선
	– 활동기준 원가
	– 실시간 비용 집계
		– 고객가치 평가
		– 고객만족도, 점유율
		  관리
			– 매출/이익 성장률
			  집중관리
			– 전문화된 일정 목표

② BSC 모델

BSC 모델은 조직의 사명과 전략을 측정하고 관리할 수 있도록 포괄적인 측정지표로 바꾸어 주는 경영모델이다. 즉 과거 재무적인 지표에 치중한 성과관리에서 재무, 고객, 내부 프로세스, 학습과 성장 등 4분야(균형성과지표)로 지표측정을 구분하여 포괄적이고 장·단기의 균형있는 경영성과를 관리하고자 하는 모델이다.

[그림 4-2]는 BSC 실행에 있어 핵심인 전략 맵의 사례로서, 균형성과지표 관점에서 기업의 전략 실행 및 이해관계자들간의 커뮤니케이션을 위한 툴로 이해하면 된다.

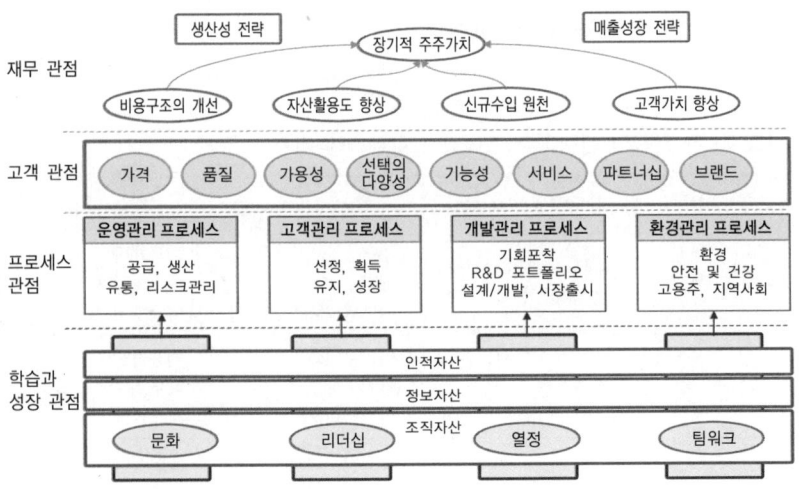

[그림 4-2] BSC의 전략 맵(Strategy Map) 예시

Task 4. 전략측정지표 정의

이번 작업에서는 하이 레벨의 전략측정지표를 정의한다. 이러한 전략측정지표를 통하여 전략실행의 진행과정을 모니터링하고, 중간 관리조직이하로 보다 구체적이고 개인적인 목표를 제시할 수 있다. 이는 다시 전략지표의 달성에 기여한 정도를 파악함으로써 시장에서의 주도권과 프로세스경영 프로젝트의 기여도를 평가할 수도 있다.

비저닝 단계에서의 중점 사항은 도전적인 목표 수준을 설정하고 고객과시장 요구사항을 보다 철저히 반영하는 것이다. 작업을 통한 결과는 경영진을포함한 전사 차원에서 검증되어야 하며, 이후 프로젝트 추진 방향에 대한공감대를 이루는 데 집중해야 한다. 또한 프로젝트 초기 단계로서 프로세스혁신 및 현장상황을 잘 이해하고 이에 열성적으로 참여할 수 있는 요원을 선발하여 프로젝트의 추진을 맡기는 것도 중요하다는 점을 명심해야 할 것이다

롤스로이스사의 사업 재정의 :
비즈니스 혁신은 사업 프로세스 혁신에서

고급 차의 대명사로 알려진 롤스로이스사는 세계 최고의 항공기 엔진 제작사다(1998년 자동차사업부를 매각했다). 롤스로이스는 자사의 항공기 엔진 구매 고객인 항공사의 구매요인이 제품의 기능적 우수성에서 벗어나 엔진 사용과 관련한 프로세스상의 효율성으로 중심이동하고 있음을 간파하고, 고객인 항공사의 최상위 프로세스인 가치사슬(항공기 구매 → 비행 스케줄링 → 판매·마케팅 → 운항 → 유지·보수)을 세부적으로 분석하여 고객의 니즈와 문제점을 파악해 나갔다. 그리고 구매 단계에서 과다한 엔지 구입비용, 스케줄링 단계에서 엔진의 과다·과소 사용으로 인한 생산성 저하 및 비용 상승, 유지·보수 단계에서 고장 등으로 인한 운항 차질 등이 고객의 주된 골칫거리임을 알아냈다.

이러한 고객의 문제점을 해결하기 위해 롤스로이스는 기존의 '엔진 판매'라는 사업모델을 '시간당 동력 판매'라는 컨셉으로 전환시켜 항공사에 엔진을 리스하고 사용 시간별로 대금을 지불받는 모델을 수립했다. 이에 고객은 구매 단계에서의 초기 구입비용 부담을 덜 수 있게 되었고, 더불어 롤스로이스사는 효과적인 비행 계획 수립, 비용 효율적인 엔진 사용방법 등에 대한 전문 컨설팅 서비스를 공급하는 한편, 인력파견을 통해 고객사에 상주하면서 엔진 고장에 대해 즉각적이며 지속적인 유지·보수 서비스를 제공함으로써 시장에서의 경쟁우위를 유지해 나가고 있다.

3

전사가 참여하는 프로세스 청사진 설계 : 프로세스 아키텍처

프로세스 아키텍처 단계는 전사전략에 맞추어 기업의 현재와 미래의 프로세스들이 정렬되고 진행되고 있음을 확인하고 이를 관리하는 프레임워크를 구축하는 단계이다.

프로세스 아키텍처란 구체적인 일상 프로세스들이 이후의 환경변화 속에서도 민첩한 대응과 지속적인 성과창출이 가능하도록 프로세스를 관리하는 체계와 룰, 관리정책 등을 총칭한다.

일반적인 프로세스 경영 프로젝트에서 프로세스 아키텍처 단계가 간과되는 경우가 많다. 특정 부서의 업무 자동화에 국한하여 진행되는 프로젝트가 그렇다. 그러나 이러한 경우라도 타 부서와의 협업 또는 이후의 프로세스 경영 확산을 감안했을 때, 전체적인 시각을 확보하고 이후 구축 단계에서 발생 가능한 문제점을 사전에 식별하여 대응하기 위해서라도 이 단계를 꼭 수행하는 것이 좋다. 단, 이 단계 작업의 범위와 깊이는 프로젝트 상황에 맞게 전사 또는 사업부 단위로 조정할 필요가 있다.

1) 커뮤니케이션 도구로서의 프로세스 아키텍처

프로세스 아키텍처는 전사적으로 비즈니스를 검토하고 협의할 수 있는 좋은 도구가 된다. 자신이 속해 있는 비즈니스에 대한 이해도를 높이거나, 신입 부서원들의 업무 트레이닝 도구로 활용하거나, 타 부서 종사자들에게 자신의 업무를 이해시키고 협의하는 데 활용할 수 있다. 또한 프로세스 아키텍처에는 비즈니스와 IT 관련 사항들이 표현되고 연계되어 있어, 비즈니스 현업과 IT 현업이 비즈니스 요구사항을 솔루션으로 형상화시키는 데 의사소통 도구로서 활용될 수 있다.

이러한 이점들 때문에 프로세스 아키텍처는 비즈니스-IT 갭을 해결할 수 있는 대안으로 자리잡아 가고 있다.

2) 프로세스 아키텍처 정의

프로세스 아키텍처란 기업의 비전과 전략을 달성하기 위하여 일하는 방법으로서 프로세스의 관리방법과 구성체계, 관련 룰 등을 분석하고 구조적으로 정리한 체계이며, 내부적으로는 목표, 프로세스 가이드라인, 프로세스 모델, 원칙 등을 포함한다.

[그림 4-3]은 프로세스 아키텍처를 형상화한 것이다. 구성요소에 대한 설명은 다음과 같다.

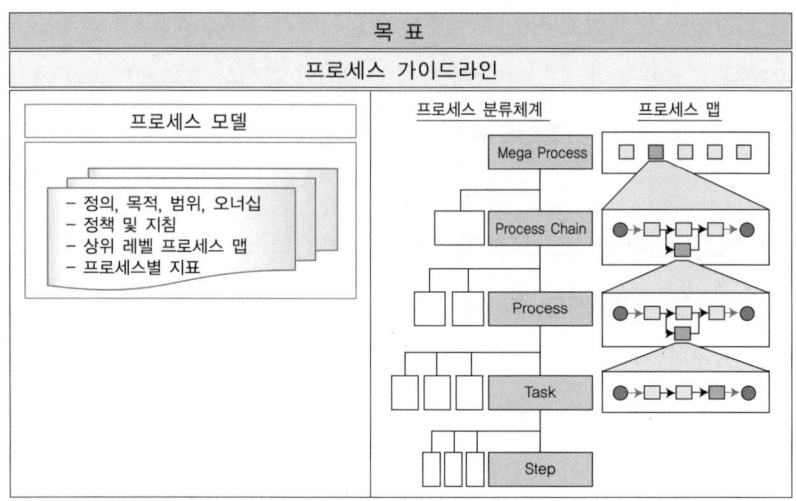

[그림 4-3] 프로세스 아키텍처

- 목표 : 전사전략에 기반한 프로세스 관리의 목표
- 프로세스 관리원칙 : 프로세스에 관한 일반적인 관리요소들과 관리방안. 프로세스를 표기하는 표준, 프로세스 작성방법 및 가이드라인, 관리정책을 포함한다. 관리정책은 프로세스 관리과정에서 발생하는 다양한 이슈들을 등록하여 반영하는 프로세스와 이후의 변화관리 절차 등을 일컫는다.
- 프로세스 모델 : 프로세스를 문서화한 것으로, 프로세스 정의, 프로세스 맵, 프로세스 오너십, 관리지표, 해당 프로세스의 관리지침 등을 포함한다.

프로젝트 상황에 따라서 특정 사업부에 한해 프로세스 경영 프로젝트가 고려되고 수행되는 경우가 있는데, 이 경우에도 전사적인 관점에서 사업부 외적인 요인에 대한 고려가 반드시 반영되어야 한다. 특히 빅뱅(Big Bang) 방식의 전사적 프로세스 아키텍처 수립뿐만 아니라 점진적인 확산을 통해 구축하는 방식도 고려해 봄직하다.

프로젝트 아키텍처는 전사의 비즈니스 상황을 충분히, 그리고 현재의 상태를 정확하게 표현하고 있어야 한다. 이를 위해선 효과적인 변화운영 관리가 필요하다. 여기에는 변화의 동인, 관리정책, 고려사항들이 빠짐없이 검토되어야 하며, 관련 구성원들의 참여가 필수적이고 구성원들의 적극적인 참여가 하나의 조직적 문화로 정착되어야만 한다. 이러한 이유로 많은 전문가들이 프로세스 관리는 최고경영진의 참여와 스폰서십이 필요하다고 강조하는 것이다.

프로세스 아키텍처를 구축하는 단계는 다음과 같은 작업의 순서로 진행된다.

Task 1. 프로세스 전략/목표 수립

앞서 프로세스 아키텍처는 전사전략과 프로세스를 정렬시키는 작업으로서, 전사전략에 맞추어 프로세스를 구성하는 틀이라고 언급하였다. 프로세스 아키텍처 수립 단계의 첫번째 작업은 비저닝(Visioning) 단계에서 도출된 전사전략을 다시금 확인하고, 이를 프로세스 관점에서 해석하여 프로세스 전략/목표로 명문화하는 작업이다. 예를 들면 "일상적 업무활동을 고객중심의 프로세스 기반으로 운영한다"라든지, 글로벌 기업의 경우 해외공장 진출을 위해 "글로벌한 표준 운영 프로세스 체계를 도입한다" 등이 프로세스 전략이 될 수 있다.

구체적이고 현실적인 프로세스 전략/목표를 수립하고, 프로세스 아키텍처가 현실을 체계적으로 구성하기 위해서는 기업의 다양한 비즈니스에 대한 이해가 필요하다.

비즈니스 이해를 위한 주요 정보들은 다음과 같다.

- 회사의 제품과 서비스
- 주요 고객군
- 마케팅 및 가격정책
- 물류 및 협업 채널

이러한 정보들을 확보하고 각각에 대한 맥락을 이해해야 한다. "왜 우리 회사는 이런 제품을 선택하여 시장에 공급하고 있는가", "왜 A고객군에 집중하고 있는가?" 등의 질문에 해당하는 답변을 공식적으로 문서화할 필요가 있다. 문서화되고 공식화된 이 정보들을 통해 개별 프로세스들의 내용들이 전사전략에 부합되고 있는지를 검증하고, 추가 개선기회를 탐색할 수 있는 기초정보로 활용할 수 있다.

모든 문제점에 대한 완벽한 해결책을 제시하는 방법은 대개의 경우 효과적이지 못하다. 프로세스 아키텍처 단계에서도 완벽에 집착한 나머지 모든 문제점을 모델화시키려는 시도는 위험하다. 완벽보다는 간단하면서도 명확하여 실행에 옮기는 데 용이해야 한다. 전체적인 틀과 관점을 제공하되, 필드 관리자들로 하여금 아키텍처의 큰 원칙에서 벗어나지 않으면서 해당 부서의 특수성을 반영할 수 있는 여지를 제공할 수 있어야 한다.

Task 2. 프로세스 관리원칙 수립

프로세스의 관리원칙은 각 프로세스 단계별로 명시되어야 할 요소들을 관리하는 프로세스 스키마(Schema))와 프로세스 관련 담당자를 명시한 프로세스 오너십(Ownership), 지속적인 개선을 위한 운영변화관리 절차 등으로 구성된다.

여기에 포함되는 주요 요소로는 다음과 같은 사항들이 있다.

- 관리대상 프로세스 범위 : 프로세스로 관리되는 대상업무의 범위로서, 조직 단위별 · 사업단위별로 제한할 수 있다.
- 프로세스 오너십 : 프로세스 관련 담당자들로서 이들의 역할과 책임을 명시한다.
- 프로세스 관리지침 : 중점적으로 확인되고 지켜져야 하는 원칙을 가리킨다. 예로는, 전사적으로 수용하고자 하는 ISO 운영기준 등을 들 수 있다.
- 작성 가이드라인 및 도구 사용법 : 프로세스 모델 작성 및 이후의 운영 유지를 위한 도움말 등으로, 표준용어 등의 제정 및 기술방법 등 세부적인 사항까지도 고려해야 한다.
- 운영변화관리 절차 : 동적으로 변화하는 프로세스를 통제하기 위한 방안으로, 변화의 동인을 파악하고 이를 수용하여 프로세스에 반영하는 일단의 절차와 관련 규칙을 기술한다. 프로세스 아키텍처에 접근하는 사용자별 권한 관리와 보안관리 절차도 포함하고 있다.
- 프로세스 서비스 요구 수준 : 프로세스를 통해 나온 결과에 대한 최소한의 요구 수준을 가리킨다. 프로세스 개선활동에서 품질목표 수준 관리에 활용하거나, 아웃소싱 대상 프로세스 경우 계약의 주요 항목으로 활용된다.

Task 3. 프로세스 모델 수립

프로세스 모델 수립 작업은 전사적인 관점에서 프로세스의 분류체계를 도출하고, 도출된 구성체계 내에서 프로세스에 대해 상위 수준의 설명과 그래픽한 도해를 작성하는 작업이다.

주요 산출물들은 다음과 같다.

- 프로세스 분류체계 : 전사 가치사슬에서 세부 프로세스 레벨까지 프로세스들간의 계층관계를 조명한 것이다. 전체적인 프로세스 체계의 파악과 책임과 성과지표를 분배하는 데 유용하다.
- 프로세스 스키마 : 프로세스 분류체계의 각 레벨에서 요구하는 항목들을 정리한 도표로서, 이후 프로세스 모델을 구성하는 설계도라고 할 수 있다.
- 프로세스 콘텐츠 : 프로세스 스키마에 의해 지정된 항목별로 기술한 실제 내용을 가리킨다. 주요 항목으로는 프로세스 맵, 프로세스 설명(Description), 프로세스 오너, 프로세스 엔지니어 등이 있다.

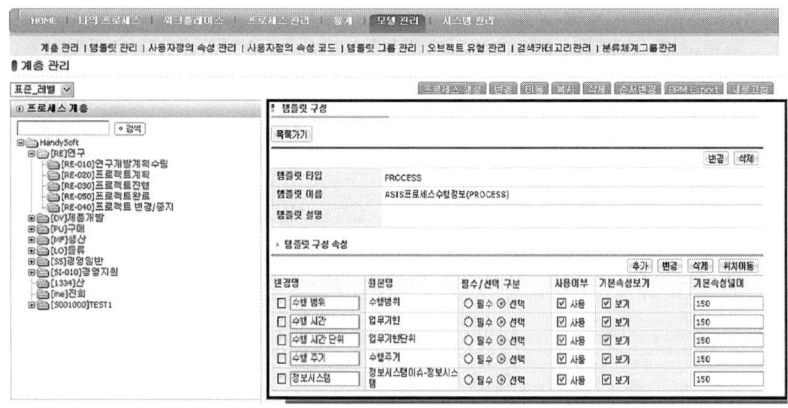

[그림 4-4] 프로세스 분류체계와 프로세스 스키마

프로세스 분류체계는 전사업무의 체계적인 파악과 관리, 프로세스 실행 책임, 성과관리의 통제단위로서 주요한 항목이다. 분류체계는 상위 항목과 하위 항목간의 종속관계가 분명해야 하고, 동일 수준 항목들간의 비중이 균질해야 한다.

전사 프로세스에 대한 분류체계의 도출은 일반적으로 회사의 가치사슬에서부터 출발한다. 마케팅, 기획, 구매, 제조, 물류 등의 가치사슬 모듈에서부터 고객요구에 대응하는 다기능(Cross-Functional)적인 일련의 업무흐름인 프로세스까지 기업환경에 맞추어 계층화함으로써 프로세스 분류체계를 완성한다. 일반적으로 대기업의 경우 가치사슬에서부터 일반 프로세스까지 3레벨(예를 들면, 메가 프로세스 → 프로세스 체인 → 프로세스)로 분류한다. 이후 프로세스는 다시 서브 프로세스와 액티비티로 나누어진다.

프로세스 스키마는 프로세스 분류체계 상의 관리항목으로 분류 레벨별로 상위 프로세스명, 프로세스명, 정의, 목적, 범위, 오너, 프로세스 맵 등을 포함한다.

프로세스 콘텐츠는 정의된 프로세스 스키마 상의 항목별로 앞서 프로세스 원칙 수립 작업에서 정의된 프로세스 모델링 방법론 등에 맞추어 작성한다([그림 4-5]). 작성된 모델의 내용 이해도를 높이고, 전사가 공유함으로써 업무생산성을 극대화하기 위해서는 공통의 언어와 방법으로 기술되어야 하며, 작성된 내용은 공지되거나 공유되기 이전에 관련 인력들의 검토와 승인 절차를 밟아야 한다. 이때 내용의 완성도와 내용들간의 정합성이 점검되어야 하며, 변화에 따른 영향도를 파악하여 관련 프로세스 및 조직의 대응을 주문할 수도 있다.

Process Name		Process ID		
설명				
Process Owner		작성일		Rev.
Total Cycle Time		Total Process Time		
이전 Process		다음 Process		
핵심 성공 요소		관리지표		
Rule				
부서	Input	Flow		Output

[그림 4-5] 프로세스 콘텐츠

3) 프로세스 발견(Process Discovery)

프로세스 아키텍처를 구성할 때 가장 어려운 문제 중의 하나가 "우리 회사에 어떤 프로세스들이 존재하는가"라는 것이다. 관련자와의 인터뷰에서 프로세스를 발견하고자 했을 때, 인터뷰 상대방은 자신이 맡고 있는 모든 업무를 자신이 이해하고 있는 방식으로만 이야기하려고 할 것이다. 2005년 가트너 보고서에 의하면, 성공적으로 완료된 BPM 프로젝트들을 분석한 결과, 총 프로젝트 기간의 40% 이상을 프로세스를 발견하는 데 소요했다고 한다. 그만큼 어렵고 시간이 오래 걸리는 작업이다. 프로세스 발견은 우선 프로세스 아키텍처 상에서 출발하여야 한다. 프로세스 아키텍처가 제공하는 프로세스에 관한 전체적인 뷰를 통해 각 프로세스의 범위와 프로세스간의 상관관계를 파악하기가 용이하기 때문이다. 예를 들면, 기존 프로세스들로 대응할 수 없는 부분을 파악하여 새로운 프로세스로 등록할 수도 있고, 선·후행 프로세스간 중복된 경우 이를 조정하기에도 용이하다.

프로세스 발견을 진행하는 일반적인 절차는 다음과 같다(워크숍 형태로 관련된 부서의 인원들을 모아 진행함을 전제로 한다).

- 프로세스의 목표를 확인한다. 아직 프로세스의 구체적인 내용을 모르는 상황이며, 전략과 이슈 등에서 도출된 목표를 제시한다.
- 프로세스의 전반적인 개요를 설명하고, 동시에 다양한 정보를 들려준다.
- 프로세스의 목표를 수용하는 초안을 가지고 관련자들을 소집하여 워크숍을 진행한다.
- 관련된 다양한 정보 소스를 활용하여 토의한다.
- 검토하고 수정하며 검증한다.
- 프로세스 모델로 등록한다.

마틴(Martyn)은 프로세스 발견을 위한 워크숍을 진행할 때 주의할 점을 다음과 같이 제시하고 있다.

- 관리자급을 참여시키지 않는다.
- 프로세스 모델을 가급적 구체적으로 제시한다.
- 과제를 도전적으로 제시한다.
- 불합리한 요소가 있다면 있는 그대로 묘사한다.
- 관심 있고 도움이 될 만한 요소들을 적극적으로 반영한다.

Task 4. 프로세스 통합

프로세스 통합 작업은 프로세스와 관련된 다양한 비즈니스 엔티티(조직, 성과지표, 정보시스템, 데이터 등)들의 연관관계를 점검하고, 각 비즈니스 엔티티 관점에서의 프로세스 뷰를 작성하는 것이다. 부서 대 관련 프로세스 연관관계 매트릭스 또는 조직-프로세스 흐름도가 그 좋은 예이다. 각각의 뷰에서 프로세스 맵 등의 완결성을 검증할 수 있다.

프로세스 통합의 방법으로는 비즈니스 이벤트를 활용하는 방법이 대표적으로 사용된다. 전사적으로 중요한 외부로부터의 고객 요구사항이라는 비즈니스 이벤트 발생에 대응하여 사내에서 이루어지는 프로세스의 흐름을 추적함에 있어 관련 프로세스의 완결성을 다음과 같은 항목 등으로 검증할 수 있다.

- 중복된 태스크의 존재 여부 확인
- 누락된 프로세스 확인
- 유사 태스크 등을 하나의 프로세스로 표준화
- 프로세스의 전체 맥락(Context) 상 유관 정보의 누락

프로세스 통합 작업의 기초 정보는 프로세스 모델 수립 단계에서 입력된 프로세스 콘텐츠(관련 부서, 담당자, 관련 애플리케이션 등)를 통해 확보할 수 있다. 프로세스 아키텍처를 IT 솔루션으로 구축하면 별도의 통합작업 없이 프로세스 모델 수립만으로 다양한 프로세스 통합 뷰를 확보할 수 있을 것이다.

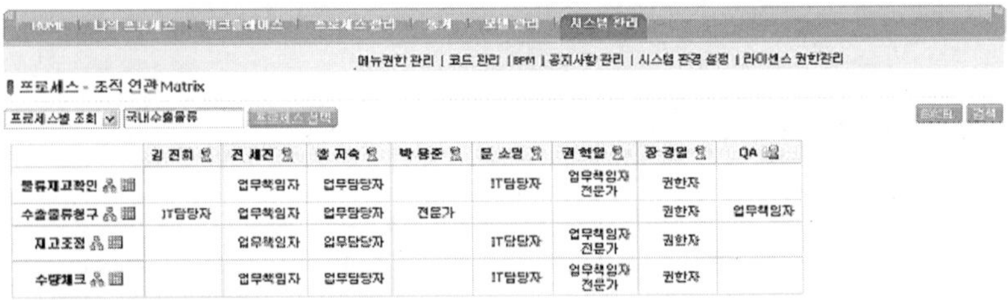

[그림 4-6] 프로세스 vs. 조직 뷰(Organizational Relationship Map)

Task 5. 프로세스 아키텍처 운영

구축된 프로세스 아키텍처는 기업통제 하에 환경변화에 맞추어 지속적으로 개선되어야 한다. 그리고 관련 프로젝트 수행 시 반드시 참조하여 해당 프로젝트의 수행이 프로세스 아키텍처의 원칙에 위배되지는 않는지 점검되어야 한다. 구축된 프로세스 아키텍처의 사상 및 절차에 맞추어 업무가 진행될 수 있도록 강제화할 필요가 있다. 이를 위해 꾸준히 표준 프로세스에 맞게 업무가 진행되는지 모니터링을 하기도 하며, IT 솔루션을 통한 프로세스 자동화로 업무수행을 표준 프로세스에 맞추어 진행할 수밖에 없도록 만들기도 한다.

4) 프로세스 아키텍처 위원회 구성

구축된 프로세스 아키텍처가 전사업무에 효과적으로 반영되고 경영환경 변화에 대응하고 전사전략 실행에 효과적인지를 꾸준히 점검하며 아키텍처의 개선을 주도할 수 있는 전문화된 조직을 프로세스 아키텍처 위원회라고 한다.

프로세스 아키텍처 위원회는 프로세스의 운영 변화관리를 전담하는 조직으로서, 프로세스 관리 정책들을 개정하거나 프로세스 관리 지표들을 모니터링하여 상부에 보고하고, 전사 경영진회의에서 제기된 프로세스 관련 목표/전략을 구체적인 프로세스의 개정으로 집행하는 통제/조정 기구의 역할을 수행한다.

프로세스 아키텍처 위원회를 포함하여 전사 차원에서 프로세스의 운영 변화관리를 표현하면 [그림 4-7]과 같다.

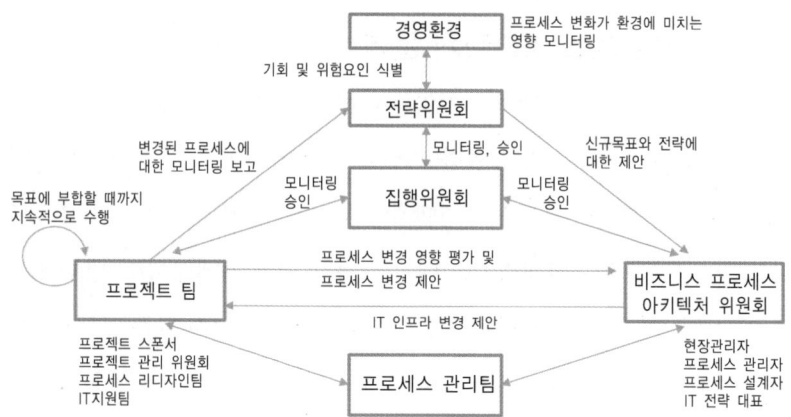

[그림 4-7] 비즈니스 프로세스 운영 변화관리 프로세스

경영환경 변화에 따라 전략위원회(Strategy Committee)는 시장점유율 10% 증가 등의 새로운 전략과 목표를 제시할 것이다. 프로세스 아키텍처 위원회는 전략위원회에 의해 제시된 전략과 목표를 프로세스 관점에서 수용할 수 있는 방안을 모색한다. 이를 위해 프로세스 아키텍처 위원회는 관련 전문가의 도움을 요청하여 전략을 구체화할 방안을 수립한다. 즉 관련 이슈를 도출하고, 도출된 이슈를 바탕으로 구체적인 수행방안을 프로세스 아키텍처에 반영하는 것이다. 프로세스 변경 정도가 일상적 수준을 넘는 경우 프로젝트 팀을 구성하여 관련 프로세스 변경을 집행할 수도 있다. 프로세스 변경 중에는 진행현황에 대한 보고가 경영진에게 이루어져야 한다.

윈체스터 미스터리 하우스 : 아키텍처의 필요성

윈체스터 미스터리 하우스는 미국 산호세 근처에 위치한 건물로, 윈체스터 권총으로 유명한 윌리엄 워트 윈체스터의 미망인인 사라 윈체스터가 건설한 대저택이다. 사라가 집을 지은 이유는 남편인 윈체스터가 폐결핵으로 죽은 후 윈체스터 총 때문에 죽은 많은 영혼들이 윈체스터 가문을 저주하고 있으며, 집을 지어 이들의 영혼을 위로하지 않으면 사라 역시 죽을 것이라는 말을 들었기 때문이다. 그래서 1884년부터 시작해서 죽을 때까지 38년간 하루도 쉬지 않고 집을 지었다고 한다.

처음부터 완성된 설계에 따라 지은 것이 아니고 방이 하나 완성되면, 다음 공간을 짓고 늘리고를 반복해, 총 40개의 침실을 비롯하여 2개의 무도회장을 가진 160개의 방을 가진 대저택이 되었다. 그러나 처음부터 특별한 설계를 하지 않고 방을 계속해서 늘렸기 때문에 일부는 내부 구조가 서로 연결이 되지 않는 아주 독특한 구조를 가지고 있고, 때때로 집 안에서 길을 잃을 정도로 기괴하고 복잡한 구조가 되었다.

윈체스터 미스터리 하우스는 아키텍처에 대한 설계 없이 구축을 했을 경우 나타나는 문제점의 사례로 자주 인용되고 있다.

4

그려보고 확인한다 :
프로세스 모델링/분석

　프로세스 아키텍처 단계에서 정의된 프로세스 관리원칙 및 분류체계 하에서 개별 프로세스와 세부 태스크의 논리적 흐름을 정의하고, 개선기회를 발견하여 최적화시키는 단계이다.

　프로세스를 모델링하는 기법들은 다양하게 존재한다. Functional Deployment Chart, Activity Diagram in UML, Line of Visibility Chart 등이 그것이다. 최근에는 일반 비즈니스 사용자들에게도 이해가 쉬운 BPMN(Business Process Modeling Notation)이 프로세스 경영 프로젝트 현장에서 많이 이용되고 있다.

[표 4-3] BPMN Notation들

구 분	기 호	설 명
흐름의 시작/끝	● / ◉	프로세스 또는 태스크 흐름의 시작과 끝 표시
프로세스/태스크	⬜	프로세스 및 태스크 표시
스텝	⬜	테스크를 이루는 스텝 표시 (최하위 단계의 액티비티)
분기점	◇	판단의 결과에 다른 프로세스 분기 표시
흐름의 방향	→ ◀-----	프로세스 또는 테스크의 진행 방향 표시 (실선 : 업무의 흐름, 점선 : 입/출력물의 흐름)
입/출력물	🛢 / 📄	데이터/문서
	✉ / ⏱	메시지 이벤트/타임 이벤트
외부 프로세스/태스크	⬜	메시지 이벤트/타임 이벤트

　　기본적인 프로세스 흐름을 SIPOC이라고 부른다. 공급(Supply)에서 시작하여 인풋(Input), 프로세스(Process), 아웃풋(Output), 고객(Customer)까지의 흐름을 기본으로 한다. 프로세스의 목적은 고객의 니즈를 어떻게 충족시키는가에 달려 있다. 따라서 프로세스의 흐름은 공급에서 프로세스를 거쳐 고객으로 진행되나, 프로세스의 설계는 고객으로부터 시작하여 프로세스를 거쳐 공급으로 역전되어 진행되어야 한다.

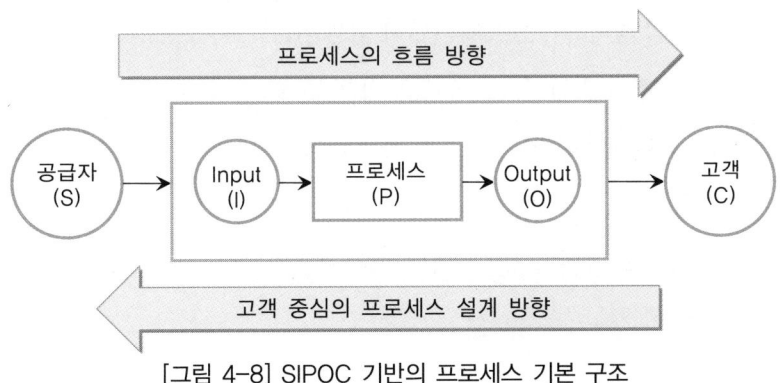

[그림 4-8] SIPOC 기반의 프로세스 기본 구조

이와 같은 프로세스 매핑에 대한 이해를 바탕으로 프로세스 모델링/분석 단계를 기술하면 다음과 같다.

Task 1. 대상 프로세스의 목표와 고객 확인

프로세스 모델링 단계에서 다수의 프로젝트가 실패하는 이유는 무엇일까? 업무를 충분히 이해하고 있지 못하는 인력의 참여, 잘못된 도구의 선택 등이 그 이유가 될 것이다. 그런데 이 못지않게 중요한 이유가 있다. 참여자들이 왜 그 프로세스를 모델링하는지 알지 못하는 경우이다.

해당 프로세스를 모델링하는 이유를 이해하고 있어야만, 보다 명확한 목표와 방향을 가지고 작업의 결과에 대한 구체적인 그림을 그릴 수 있다. 그리고 더 자세한 내용을 추가해야 하는지, 이런 저런 사항들을 포함시킬지 등을 결정할 수 있을 것이다. 프로세스 발견, AS-IS 프로세스 매핑, 신규 프로세스 디자인, 실행모델 구축 등 각 관점에 따라 모델링의 목표가 달라질 수 있다.

Task 2. 프로세스 정보 취합과 태스크 정의

프로세스의 전체적인 그림을 그리기 위해 인터뷰, 자료조사 등을 통해 관련 정보를 취합하고 관련 태스크들을 개략적으로 정의하는 작업이다. 취합 대상 정보는 다음과 같다.

- 고객의 요구사항 및 목적
- 관련 조직 및 참여자 구성(프로세스 오너 포함)
- 프로세스가 기동되는 이벤트

- 타 프로세스와의 연관관계
- 프로세스에 관계되는 역할들(관련자의 직책, 위원회, 고객 등)
- 해당 비즈니스와 관련된 전문용어

　　취합된 정보를 바탕으로 업무를 나열하고 작업자와 산출물 단위로 분리하여 태스크의 초안을 작성한다. 그리고 도출된 태스크의 초안들을 대상으로 표준화 가능 여부를 확인한다. 또한 동일한 흐름, 유사한 이름 및 정의를 가진 태스크들을 대상으로 동일한 태스크로 표준화가 가능한지 확인한다. 정리된 프로세스 정보는 프로세스 오너(Process Owner)를 포함한 담당자들에 의해 물리적인 관찰방법 등으로 1차 검증되어야 할 것이다.

Task 3. 프로세스 맵 작성

　　선행작업을 통해 얻은 프로세스에 대한 이해도를 바탕으로 프로세스 내 존재하는 태스크들간의 업무흐름을 작성한다. 업무흐름의 시작은 정해진 프로세스 범위 내에서 해당 프로세스를 기동시키는 이벤트가 무엇인지 파악하고, 해당 이벤트에서부터 흐름을 가시화하는 것이 좋다. 작성된 업무흐름 위에 선행 태스크의 출력물과 후행 태스크의 입력물 등을 표현한다. Swimlane 방식으로 작성한 프로세스 맵은 역할과 부서간의업무흐름을 파악하는 데 용이한 이점을 가진다.

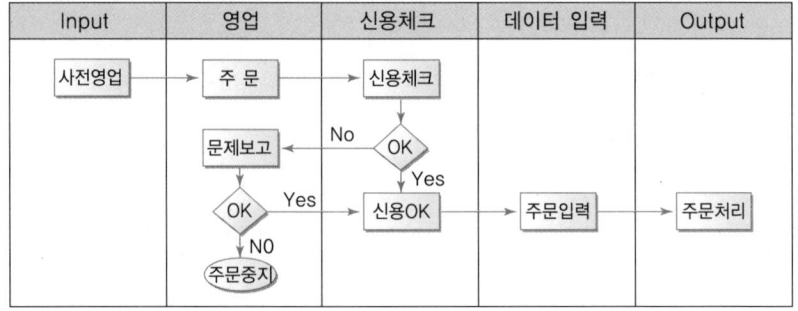

Input	영업	신용체크	데이터 입력	Output
사전영업	주 문	신용체크		
	문제보고 ←No	OK		
	OK →Yes	↓Yes 신용OK	주문입력	주문처리
	NO 주문중지			

[그림 4-9] 주문접수 프로세스 맵

작성된 프로세스 맵을 대상으로 다음과 같은 체크리스트를 확인해야 한다.

● 목적을 가지고 있는가?

● Input과 Output을 가지고 있는가?

● 1회 이상 반복되고 있는가?

● 프로세스의 효과를 측정할 수 있는가?

● 시작과 끝이 존재하는가?

● 프로세스의 각 스텝을 수행하는 작업자가 명확한가?

● 프로세스의 성과와 개선을 책임지는 인력이 존재하는가?

이 중에서 대답이 '예'가 아닌 항목은 시정해야 할 것이다.

Task 4. 프로세스 분석

선행작업의 결과로 도출된 프로세스 맵을 대상으로 개선기회를 도출하는 작업이다. 일반적인 개선기회의 유형들은 다음과 같다.

- 품질향상 : 고객 요구수준 만족을 위해 제품 서비스의 질을 높인다.
- 리드타임 단축 : 업무처리에 필요한 시간을 단축한다. 특히 병목현상이 발생하는 구간의 해결은 리드타임 단축의 효과가 높다.
- 생산성 향상 : 제품의 수율 또는 인당 처리 건수를 높인다.
- 원가절감 : 투입되는 자원의 소모를 줄인다.
- 위험감소 : 업무수행의 결과가 규정에 적합하도록 한다.

이러한 개선기회 유형을 실질적으로 현실화시킬 수 있는 프로세스 맵의 분석에는 다음과 같은 유형의 작업들이 있다.

- 전체적인 비용절감 : 상당한 자원을 소모하는 태스크 및 연계과정을 우선적으로 분석한다. 또는 서로 다른 사람이 동일한 업무를 수행하고 있지는 않는지 확인한다.
- 품질향상 : 재작업은 낭비이다. 잘못된 품질로 에러가 발생하는 공정을 대상으로 선행작업들을 파악하여 잘못된 품질의 원인이 된 공정을 추적한다. 잘못된 품질은 비용증가의 원인으로 작용하기도 한다.
- 리드타임 단축 : 주공정(Critical Path)을 식별한 후, 주공정을 구성하는 업무들을 중심으로 개선 여부를 탐색한다. 이때 고객에게 직접 가치를 제공하는 업무들만 주공정에 포함되도록 구성하는 것이 바람직하다. 예를 들어, 상부보고, 예외상황 처리부분은 가능한 포함되지 않아야 한다. 또한 주공정에 포함되는 업무 중 수행시간 편차가 높은 업무가 우선 개선 대상이 된다.
- 흐름 개선 : 순차적인 업무들을 동시에 병행하여 처리할 수는 없는지 확인한다. 승인작업과 같은 경우, 모든 사안에 대해 승인처리를 하기보다는 80

: 20 파레토 룰에 따라 주요한 사안만을 승인처리하고, 일반적인 사안은 승인작업을 거치지 않고 담당자가 직접 결정하는 프로세스 개선을 검토해 본다.

- 투입자원의 유효성 체크 : 프로세스 진행 중에 생산 또는 제공되는 다양한 정보 및 자원들이 이후 작업들에 의해 의미있게 소비되는지를 확인하여 그 필요성을 확인한다. 필요 없다고 판단되는 요소들은 제거한다. 한 명으로 충분히 수행 가능한 작업을 2~3명이 수행하지 않는지 체크한다.

- 불량의 조기발견 : 불량은 빨리 발견할수록 그로 인한 비용을 줄일 수 있다. 특히 목표로 하는 품질이 나올 때까지 반복되는 프로세스의 경우, 미리 발견할수록 프로세스 반복 횟수를 줄일 수 있다.

- 정보기술의 지원 : 제공되는 정보의 부족, 불편한 유저 인터페이스, 자동화가 가능한 단순반복 판단작업 등이 존재하는지 확인하여 이를 IT 지원을 받아 해결한다.

- 정책 및 룰 검토 : 프로세스 진행과 관련된 정책 및 룰에 대해 '왜'라는 질문을 제기해 본다. 예를 들면, "고객의 신용카드 발급 심사를 하는데, 왜 최근 3년간의 신용기록을 확인해야 하는가?", "왜 사소한 금액의 사무용품 구매에 결재승인을 받아야 하는가?"라는 질문으로 프로세스 진행에 관련된 룰의 개선을 시도하는 것이다.

Task 5. 프로세스 맵 검증 및 워크숍 등을 통한 확정

작성된 프로세스 맵을 대상으로 프로세스 맵 및 태스크 정의의 완결성을 검증하는 단계이다. 프로세스 맵간 태스크 흐름을 연결하거나, 유사한 프로세스와의 상호비교를 통해 태스크의 연계 및 누락 여부를 검증하거나, 태스크간 선·후행 관계가 명확히 정의되었는지 등을 검증한다. 검증된 프로세스 맵은 다양한 성과유형(품질, 생산성, 원가, 시간, 위험)을 부여하여 이후 성과관리 단계에서 다양한 지표발굴에 활용한다. 검증된 프로세스는 관련 부서별 확정 워크숍을 통해 내용을 점검한 후 보완하고 전사적으로 내용을 확정 공표한다.

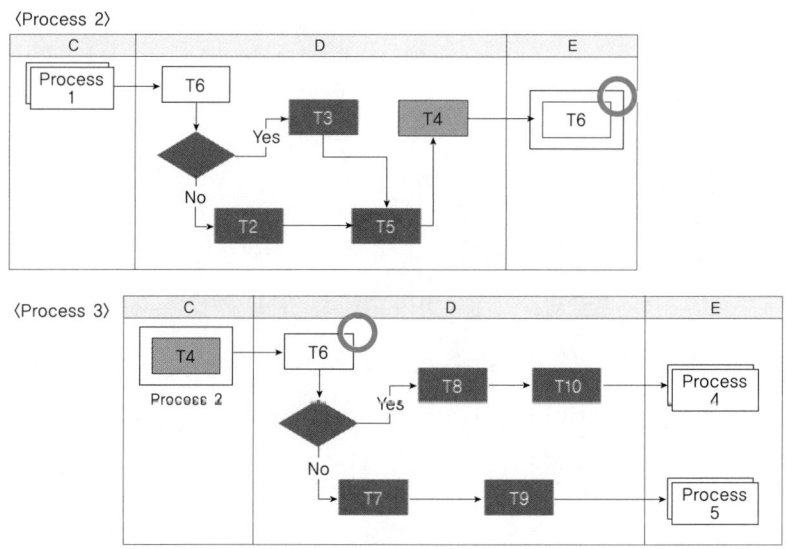

[그림 4-10] 프로세스 맵간 연계 검증

5

프로세스의 실행을 빠르게 : 프로세스 자동화

프로세스 경영 프로젝트에서 반드시 자동화와 관련된 IT 솔루션을 도입할 필요는 없다. 프로세스의 표준화와 자산화 과정을 거치는 것만으로도 상당한 비즈니스 효과를 달성할 수 있음을 많은 사례에서 확인할 수 있다. 프로세스를 자동화시키기 이전에 프로세스의 표준화와 개선을 거쳐야 한다는 점을 기억할 필요가 있다. 빌 게이츠가 언급한 것처럼 "잘 설계된 프로세스를 자동화하면 더욱 좋아지지만, 잘못된 프로세스를 자동화하면 더욱 나빠질 뿐이다." 제대로 된 프로세스의 설계를 전제로 한다면, 빌 게이츠의 언급처럼 자동화의 효과를 무시할 수는 없다.

수많은 기업들의 환경을 들여다 보면 다양한 참여자, 대용량의 데이터, 복잡한 업무수행 등으로 이루어져 있어, 효율적인 프로세스 관리를 위해서는 IT 기술의 배제를 상상하기란 어려운 일이다. 그리고 전문적인 BPM 솔루션을 도입하는 것이 일반적인 커스터마이징 방식에 대비하여 효과적임은 주지의 사실이다.

프로세스 자동화를 수행하는 이유들은 다음과 같다.

- 프로세스 리드타임 및 업무 에러 감소
- 컴플라이언스 적용을 위해 표준화된 업무 프로세스 강제
- 프로세스 수행의 가시화 및 관리통제 용이
- 프로세스 실적 데이터의 실시간 수집/분석 등

[그림 4-11]은 프로세스 자동화를 통해 구현된 시스템 모습이다.

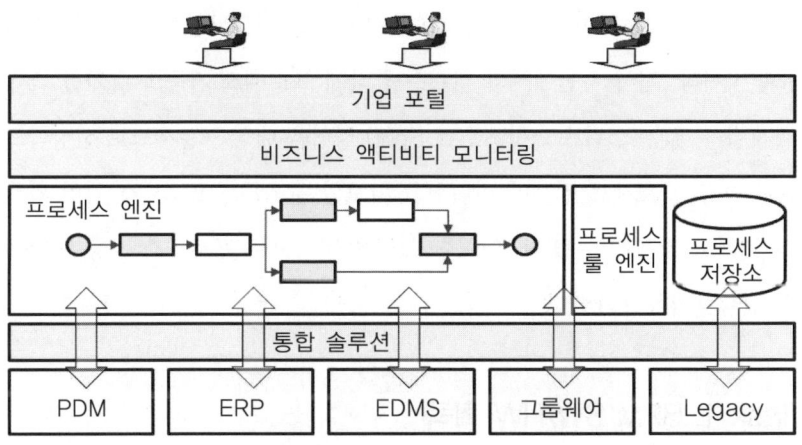

[그림 4-11] 프로세스 자동화 예시

프로세스 자동화 시스템은 크게 업무목록 등 작업자에게 업무수행 공간을 제공하는 엔터프라이즈 포털, 프로세스의 흐름을 관리하는 프로세스 엔진, 기간계 시스템 및 애플리케이션과의 통합을 지원하는 Integration Broker(EAI, Enterprise Application Integration), 프로세스 맵 등의 프로

세스 관련 정보를 저장한 프로세스 저장소(Process Repository)로 구분된다. 최근의 BPM 전문 솔루션의 완성도는 상당히 높아진 수준이며, 기존의 SI 방식에 대비하여 높은 투자대비 효과를 보여주고 있다.

프로세스 자동화는 이후 운영단계에서 성과관리와 지속적인 프로세스 개선을 통해 상당히 많은 변경이 발생할 수 있다. 이러한 변경은 관련된 프로세스 오너를 포함한 비즈니스 현업과 IT 현업의 협업을 요구한다. 원활한 커뮤니케이션이 무엇보다도 이후 프로세스 자동화 시스템의 변경관리 성공을 보장하는 핵심요소이다. 이를 위해 비즈니스 현업과 시스템 구축 인력이 서로 이해 가능한 기술언어로 운영체계를 정립시키는 것이 필요하다.

프로세스 자동화 단계는 선행단계의 결과물을 계승하면서 수행하는 것이 보편적이다. 전사 차원에서의 계획수립 하에 프로세스 자동화 효과를 극대화시킬 수 있는 스위트 스팟(Sweet Spot) 영역을 대상 프로세스로 선정함으로써 이후 프로젝트 진행에 리더십을 확보할 수 있고, 프로세스 경영 확산의 계기로 활용할 수 있다. 이러한 설명을 바탕으로 프로세스 자동화 단계의 진행방법을 소개한다.

Task 1. BPM SW/HW 획득

프로세스 자동화 단계에서의 첫번째 작업은 비저닝(Visioning) 등의 선행단계 결과물을 바탕으로 시스템 구현에 있어 필요한 SW 요소와 HW 요소를 식별하고 이를 획득하기 위한 방안을 마련하는 것이다.

최근 솔루션 벤더들은 BPM 프로세스 자동화를 위한 토털 솔루션이라는 개념으로 BPM 스위트(Suite)의 제품군을 시장에 제시하고 있다. 이런 BPM 스위트를 구상하는 대표적인 모듈들은 다음과 같다.

- BPA(Business Process Analysis)
- Process Engine(Workflow)
- EAI/ESB(Enterprise Application Integration / Enterprise Service Bus)
- BAM(Business Activity Monitoring)
- BRE(Business Rule Engine)

EAI/ESB는 시스템간 연동을 위한 전문 솔루션으로, 연계대상이 되는 시스템의 수가 많지 않은 경우 표준화된 API 작성으로도 가능하여 필요하지 않을 수 있다. BAM 또한 전사 프로세스 관련 이벤트를 실시간 모니터링하는 전문 솔루션으로, 전문적인 모니터링 작업이 필요하지 않은 경우 워크플로(Workflow)에 기본 탑재되는 기능인 단순한 프로세스 통계지표를 활용할 수도 있다. 목적과 자사의 IT 환경을 감안하여 현명한 선택이 필요하다.

SW를 어떻게 확보하는가도 중요한 결정사항이다. 경우에 따라서는 필요한 SW를 사내 전산부서를 통해 제작할 수도 있다. 기존에 유사한 시스템이 존재하는 경우 이를 재활용할 수도 있으며, BPM 전문 솔루션업체에 SW를 구매하는 것도 한 방법이다. 제각기 장단점을 가지고 있으나, 근래에 들어서는 전문 BPM 솔루션을 구입하여 자동화 시스템을 구축하는 것이 보편화된 추세가 되어가고 있다. SW 도입과 함께 필요한 HW의 용량과 제품모델 등을 결정하는 작업도 확인이 필요하다. HW의 용량은 시스템 구축과정에서 솔루션 벤더의 도움을 얻어 도출할 수도 있다

Task 2. 자동화 대상 프로세스 선정

프로세스 자동화는 기존의 업무수행 방법 및 고객, 파트너 기업과의 협업에 많은 변화를 가져오며 많은 투자를 야기시킨다. 따라서 프로젝트의 성공 확률을 높이고 투자의 효과를 높이기 위한 자동화 대상 프로세스의 선별화 작업이 필요하다. 최적의 효과를 단기간 내에 검증할 수 있는 스위트 스팟(Sweet Spot)으로서의 적합한 프로세스를 선정함으로써 프로세스 경영 도입에 따른 효익을 검증하고, 이후 프로세스 경영 적용의 확산의 계기로 삼는 등의 전략적 접근이 필요하다.

데이븐 포트는 대상 프로세스 선정 기준에 대해 해당 프로세스의 ① 전략적인 중요성, ② 개선 요구 정도, ③ 개선 용이성, ④ 관리 가능 규모의 네 가지를 제시했다. 이 외에도 다양한 연구에서 각각의 선정기준을 제시하고 있다. 그러나 보편적으로 적용할 수 있는 표준 선정 방법론은 존재하지 않는다는 것이 업계의 통상적인 견해이며, 기업들이 각 환경에 맞추어 유연하게 적용하면 될 것이다. 이러한 접근방법은 자동화 대상 프로세스 선정 외에 지속적인 개선을 위한 대상 프로세스 선정 등에 다목적으로 활용할 수 있는 이점이 있다.

[그림 4-12]는 주로 사용되는 프로세스 경영 대상 프로세스 선정 기준들이다(최진호 외, 2004).

[그림 4-12] 프로세스 경영 대상 프로세스 평가 기준(예시)

Task 3. 요구사항 정의 및 분석/설계

실행 관점에서 현행 비즈니스 프로세스의 면밀한 분석을 통하여 프로세스의 문제점 및 개선안을 도출하는 과정이다. 도출된 요구사항은 문서화 과정을 통해 이후 테스트 작업 및 인수인계 작업에서 검토의 기준으로 활용한다.

분석/설계의 대상은 크게 업무흐름을 규정하는 프로세스와 프로세스 내에서 활용되는 업무지원 도구로서의 애플리케이션, 그리고 시스템간 데이터를 교환하는 인터페이스 세 가지를 들 수 있다.

● 프로세스 : 프로세스 자동화 단계에서의 프로세스는 실행 가능한 물리적 프로세스 모델로 프로세스 아키텍처 단계에서 정의하는 논리 프로세스와는 구

별된다. 논리 프로세스는 업무의 흐름 파악 및 분석, 업무개선에 중점을 둔 모델인 반면에, 물리 프로세스는 IT 기술 지향적으로 데이터 교환 표준 및 프로토콜, 스크립트 등이 기술되어 BPM 엔진에 의해 직접 실행 가능하다.

- 애플리케이션 : 프로세스 내 특정 액티비티를 작업자가 수행할 때 활용하는 IT 솔루션을 가리킨다.
- 인터페이스 : 프로세스를 실행하기 위해서는 프로세스를 구성하는 선·후 행 액티비티간, 액티비티와 프로세스 엔진간 정보를 공유할 필요가 있다. 이러한 정보를 공유하기 위한 데이터 교환 프로토콜 및 API를 인터페이스 라고 총칭한다.

시스템 개발 이후 산출물로서 제시된 시스템이 사용자의 요구사항과 맞지 않아 마찰이 빚어지는 경우가 비일비재하다. 이러한 상황을 미연에 방지하기 위해서는 프로세스를 오너를 비롯한 비즈니스 현업과 시스템 구축 인력들간의 주기적인 의사소통과 산출물 검토과정이 반드시 필요하다.

시스템의 완성도를 높이고 미래에 발생 가능한 위험요소를 통제할 수 있는 효과적인 방법들을 나열하면 다음과 같다.

- What-IF 분석을 수행한다(다양한 경우의 수를 상정하여 정상 작동여부 확인).
- 시뮬레이션을 시도한다.
- 프로젝트의 범위를 명확히 한다. 때로는 범위 밖인 사항을 기술해 본다.
- 요구사항에서부터 구현기능 확인까지 추적 가능한 문서화를 시도한다.
- 요구성능 수준에 대한 명확한 기준을 제시한다.
- 기존 데이터와의 마이그레이션을 검토한다.
- 표준 수용 여부를 검토한다.

BPM 관련 표준 도입은 이후의 시스템간 상호 운용성 및 외부와의 협업, 폭넓은 기술지원 등을 감안하여 검토되어야 한다. 그러나 WS-*로 대표되는 웹 서비스 관련 표준에서 드러난 바와 같이, 다수의 복잡하고 이해가 어려운 표준은 확산에 있어 한계를 가지게 된다. 따라서 무분별한 표준 수용보다는 수요자 입장에서 자사 상황에 맞고 사업적 편익을 가져올 수 있는 표준이 무엇인가에 대한 검토가 필요하다.

대다수의 기업이 채택하거나 계획 중인 BPM 관련 이슈로는 아키텍처 스타일로서의 SOA(Service Oriented Architecture), XML, 웹 서비스 등이 있다.

BPM과 직접 관련된 영향력 있는 주요 표준들을 나열하면 다음과 같다.

- BPEL(Business Process Execution Language) : 웹 서비스 기반으로 프로세스를 조정하는 XML 실행 언어. 웹 서비스를 통해 프로세스 내 액티비티를 수행하는 애플리케이션을 호출한다. OASIS에서 제정한다.
- BPML(Business Process Modeling Language) : 비즈니스 프로세스를 모델링하는 언어로 BPMI.org에서 제정한다.
- BPMN(Business Process Modeling Notation) : 비즈니스 프로세스를 표기하는 데 사용하는 아이콘과 그래픽의 조합으로 프로세스 모델의 이해를 돕기 위하여 제정하였으며, 다른 모델링 언어에 보완적이다.
- Wf XML : 워크플로 엔진간의 상호 운용성 확보를 위해 제정한 프로세스 모델 교환 표준이다.
- XPDL : 비즈니스 프로세스를 정의하는 언어로 WfMC 단체에서 제정한다.

Task 4. 구현 및 이행

여기에서는 기술 설계문서의 완성에서부터 사용자 교육 등을 포함한 시스템 배포와 안정화에 이르는 내용까지를 수행한다.

수행작업을 자세히 나열하면 다음과 같다.

- 기술적 설계문서를 완성한다.
- 프로그램과 유저 인터페이스를 개발한다.
- 프로그램별로 단위 테스트를 시행한다.
- 통합 시나리오 상에서 연계 테스트를 시행한다.
- 교육 관련 문서와 온라인 도움말을 작성한다
- 사용자 교육을 시행한다.
- 데이터 이관 작업을 시행한다.
- 시스템을 가동한다.

이 작업에서 놓치기 쉬운 중요한 부분이 기존 프로세스/시스템의 데이터 이관 작업이다. 기존 시스템의 불완전한 데이터 입력 및 데이터간 불일치 등으로 인해 신규 시스템으로의 데이터 이관이 난항을 겪을 수 있다. 설계 시점에 데이터 이관에 관한 충분한 계획이 수립되어 있어야 한다.

구현 및 이행 단계는 시스템을 가동한 이후에도 시스템 구축 인력은 2주에서 2개월 정도(경우에 따라서는 그 이상) 잔류하여 시스템 가동 이후 보고되는 이슈 사항들을 해결할 수 있도록 지원하는 것이 바람직하다.

6 평가하지 않고선 개선 되지 않는다 : 프로세스 성과관리

성과관리의 이면에는 업무수행의 결과를 측정함으로써 문제점을 발견하고 미연에 개선하고자 하는 의도가 숨어 있다. 성과관리에 대한 다양한 접근방법이 존재하는데, 그 중 대표적인 것이 BSC(Balanced Score Card), CPM(Corporate Performance Management)이다. 이러한 방법들은 결과 중심적이며, 따라서 과정과 원인 분석이 쉽지 않다.

기업의 모든 업무활동은 특정 목표를 달성하기 위해 조직적으로 수행된다. 이러한 활동들은 특정 부서에 국한되지 않고 여러 부서에 걸쳐 수행된다. 여러 부서의 협업의 결과로 고객에게 더 놓은 가치를 제공하고, 기업은 경쟁력을 도모할 수 있기 때문이다. 고객 AS를 처리하는 업무가 단순히 AS 센터에만 국한되지 않고 생산제조 부서도 개입되면, 고객의 불만이 생산시스템에 반영되어 이후의 고객불만을 획기적으로 감소시킬 수 있는 가능성이 높아지고 기업의 경쟁력은 제고될 것이다.

같은 이유로 업무수행의 결과도 단순 부서 수준에서 관리되지 않고 고객에게 가치를 제공하는 관점에서 프로세스 단위별로 점검되어야 할 것이다. 개선을 위한 측정은 그 대상과 범위가 개선하고자 하는 대상과 일치해야만 개선을 통한 소기의 목적을 달성할 수 있기 때문이다. 기업의 업무활동들이 개별 부서 차원이 아닌 전사 최적화 차원에서 프로세스 관점에 따라 재편되어 가고 있고, 활동의 결과인 성과도 프로세스별로 관리되고 있다. AS센터의 고객불만사항 처리 지표를 센터 내에서만의 단순처리에 그치지 않고, 디자인 · 설계 · 생산시스템까지도 포함하는 배경에는 기업의 업무체계를 보다 고객중심의 목표지향적이고 품질지향적인 체계로 전환시키고자 하는 기업의 의도가 자리잡고 있는 것이다.

프로세스 기반의 성과관리는 개별 부서의 기능 관점이 아닌 프로세스의 End-to-End 관점에서 성과가 어떻게 산출되고 있으며, 어떤 이유로 목표 대비 미진한지, 그리고 어떤 대책을 강구해야 하는지를 밝히는 과정이다. 프로세스 성과관리라는 과정을 통해 기업은 측정된 지표의 결과를 다시 프로세스에 반영함으로써 프로세스 개선의 지표로 삼게 된다.

일찍이 BSC를 창시한 캐플란과 노턴도 "전략의 내용이 좋고 나쁨 자체보다 더 중요한 것은 전략을 실행할 수 있는 능력"이라고 주장했다. 많은 기업들이 수립된 전략을 효과적으로 달성하기 위한 실행수단을 모색하고 있다. 단순히 목표와 결과만을 제시하는 성과관리가 아니라, 전략을 실행하는 관점에서 전략과 목표가 기업의 일상적인 업무활동, 즉 프로세스와 연계됨으로써 전략 실행의 방향을 명확히 할 수 있고 진행과정을 가시화할 수 있다는 데에서 다수의 기업들이 성과관리 체계를 프로세스 기반으로 전환하고자 하고 있다.

1) 프로세스 지표의 개념

프로세스 지표란 프로세스의 성과나 성능을 측정하고 모니터링하기 위한 도구로서, 기존의 결과지표성 차원의 지표 뿐만이 아니라 과정에 대한 모든 지표를 포함하고 있으며, 실제 작업자가 수행하는 업무 단위를 기준으로 관리되는 지표를 의미한다. 경영성과 향상을 위해서 프로세스 또는 프로세스를 구성하는 액티비티의 관리목표를 정량화한 것으로 다양한 유형(원가, 생산성, 품질 등)으로 측정할 수 있다. 특정 부서만의 기능평가가 아니라 과정에 해당하는 프로세스별로 관리되고, 전체 프로세스 내에서 서브 프로세스 수준으로 분해가 가능하기 때문에, 기존 지표에 대비하여 과정과 원인 분석 중심적인 지표라고 할 수 있다.

활동 액티비티들이 모여 서브 프로세스를 구성하고, 서브 프로세스들이 모여 프로세스를 구성한다. 따라서 [그림 4-13]과 같이 프로세스 기반의 성과지표는 액티비티와 서브 프로세스들의 성과지표로 분개될 수 있다.

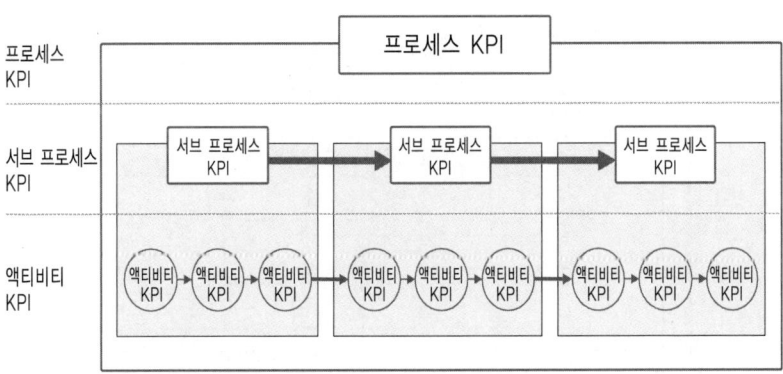

[그림 4-13] 프로세스 상에서의 성과지표 구성

Task 1. 전사 성과관리체계 수립

이 작업은 기업의 비전에서부터 핵심 성공요소를 거쳐 상위 수준의 핵심 성과지표를 도출하는 작업이다. 해당 기업의 전체적인 비전과 미션 등에 기반하여 이를 달성하기 위한 목표를 설정하는 것에서부터 시작한다. 동시에 기업의 경영 전반적인 목표가 기업 내부뿐만 아니라 고객, 파트너 기업을 아우르는 가치사슬을 포괄할 필요가 있다. 그리고 기업의 목표와 전략이 성과지표에 충분히 반영되도록 지표가 설계되어야 하며, 해당 지표는 개별 기능부서의 관점이 아닌, 고객의 관점에서 부서와 부서의 경계를 고려하지 않고 시작과 끝을 모두 포함하는 종단간(Cross-Functional) 범위를 대상으로 한다.

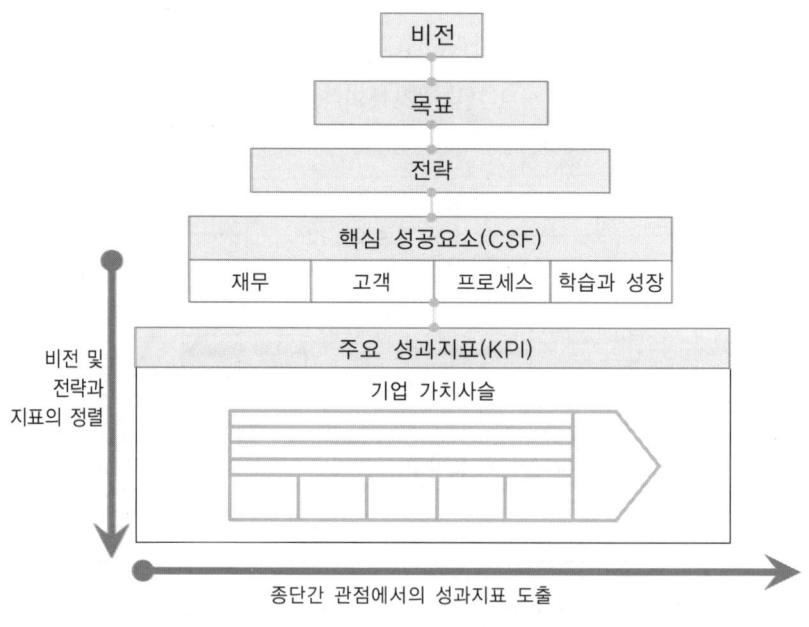

[그림 4-14] 프로세스 성과관리체계 예시

Task 2. 성과관리 대상 프로세스의 선정

목표한 경영성과의 효과적 달성을 위해서는 핵심 프로세스에 집중할 필요가 있다. 이전 작업에서 정의된 전사 성과관리체계 하에서 효과성과 구현 용이성 등의 측면에서 대상 프로세스의 선정작업이 이루어져야 한다. 선정된 대상 프로세스는 면밀한 지표설계 작업 및 이후 전개될 실시간 성과 모니터링 관련 IT 투자 및 시스템 개발에서 최우선 순위로 고려되어야 한다.

Task 3. 성과관리 지표 및 성과측정 모형의 설계

프로세스 성과를 효과적으로 측정하고 전략과 연계한 프로세스 성과관리가 이루어지기 위해서는 프로세스의 성과를 유형별로 정의할 필요가 있다. 대표적인 성과유형으로는 Cost(원가, 수익성 관련 지표), Time(납기 등 내·외부 고객에 대한 리드타임 등), Quality(현행 품질관리, 기술개발 과제 지표 등), Flexibility(변화에 대한 프로세스 대응력, 공정변화 빈도), Risk(재작업, 반송 등 성과 저해요인 및 회계개혁법 관련 내부통제 지표) 등이 존재한다. 이러한 성과유형은 프로세스에 대한 성과측정 목적을 명확히 하고 경영전략과의 연결고리로 유용하게 활용할 수 있다. 이 외에도 지표간의 상하관계, 인과관계 등 연관관계에 대한 종합적인 내용을 포함하며, 전략 수준에서부터 운영 수준의 지표까지 체계적으로 연계될 수 있도록 설계되어야 한다.

지표설계 원칙으로는 측정 가능성, 실행과 연계성, 이해 용이성, 목표지향성, 균형성, 통제 가능성 등이 있다. 자세한 내역은 [표 4-4]에 정리하였다.

[표 4-4] 성과관리지표 – 설계원칙

지표의 요건		
Measurable	측정 가능	해당 지표의 수치화가 가능하고 객관적인 측정 수행을 위한 방법과 데이터가 존재함.
Action-enabling	올바른 행동 유도	실적평가 외에 성과개선을 위한 행동을 유도하는 도구로서 기능을 발휘함.
Knowable	이해 용이	조직원 누구나 지표의 의미와 도출근거에 대해 쉽게 이해할 수 있도록 지표의 내용이 간단명료함.
Easy to set target	목표설정 용이	해당 지표의 과거 데이터, 비교대상 등 객관적인 목표설정을 위한 기준을 찾을 수 있고 측정대상이 정형화가 가능함.
Balanced	지표 유형간 균형	지표의 구성이 각 관점., 업무비중 등에 비춰 균형 있게 구성됨.
Controllable	통제 가능	선정된 지표의 측정내용이 조직의 역할/책임과 일치하며 보유한 권한수준에 비추어 통제 가능성이 일정수준 이상임.

지표명 :

프로세스체계		조직/직무체계		실행책임자	
산출식		산출주기		관리시스템	

1. 지표정의 :

2. 관리목적 :

3. 활용방식 :

성과측정 유형		Cost	Time	Quality	Flexibility	Risk	etc
지표간 연관관계	상위지표						
	하위지표						

[그림 4-15] 지표 정의서의 예

이러한 지표설계 원칙에 맞추어 [그림 4-15]와 같은 정의서에 맞추어 지표를 정의한다.

대표적인 성과지표 기준들로 다음과 같은 것들이 있다.

- 프로세스 수행 속도 수준
- 발생 에러 및 재작업, 백로그 등의 감소 여부
- 시간당 프로세스 처리 건수
- 고객만족도 향상 수준
- 사내 직원만족도 향상 수준
- 프로세스의 비용 대비 편익 수준
- 손익분기점 등을 포함하는 프로세스의 이익 흐름

프로젝트 현장에서 도출된 성과지표들을 분석해 보면, 이후의 실행을 도외시한 채 복잡한 필요 이상의 지표들을 산출하는 경향들을 자주 목격하게 된다. 성과지표 검토 단계에서 충분한 수의 다양한 지표들을 검토하는 것은 바람직하나, 이후 실행을 감안하면 프로세스별, 프로세스 관련 조직별 5~9개 범위 내의 지표에 집중할 필요가 있다.

Task 4. 성과지표 모니터링

선행 단계에서 도출된 프로세스 성과관리 지표는 실시간으로 모니터링되고 분석되어야 한다. 주별·월별로 주기적으로 분석·산출되는 지표는 새로운 매출기회 탐색이나 유용한 관리지표 산출에는 유리하나, 일상적으로 발생할 수 있는 문제상황에 따른 위험을 통제하기가 어려운 경우가 많다. 인터넷 쇼핑몰에서 결제시스템 업그레이드로 인한 시스템 버그로 고객주문이 처리되지 않은 상황은 상황 발생과 동시에 식별되고 대응 프로세스가 가동되어야 한다. 주별·월별 집계로는 기간 중 발생하는 위험을 통제할 수 없다. 프로세스별 성과지표는 시스템적으로 측정할 수 있는 기반이 마련되어 필요한 주기에 맞추어 실시간으로 접근 가능해야 한다.

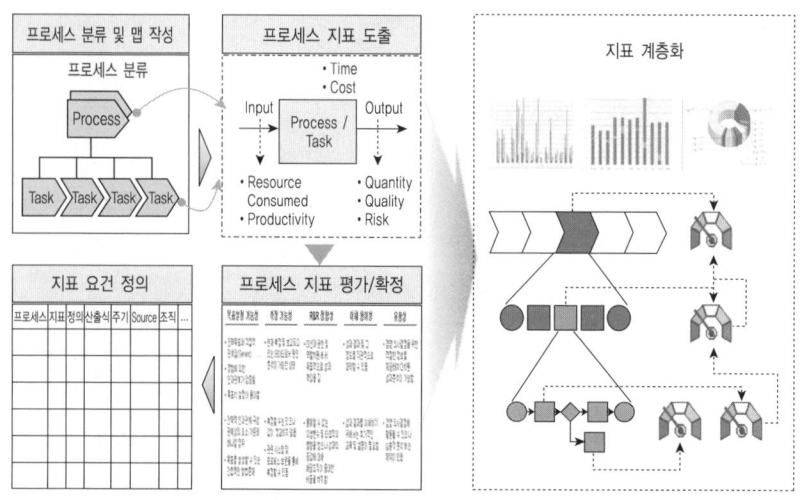

[그림 4-16] 프로세스 기반의 성과관리 시스템 구축 예시

프로세스 성과관리 지표들에 대한 체계적인 설계와 측정은 매우 중요하다. 측정 및 모니터링을 지속적으로 수행하면서 프로세스 상의 병목을 유발하는 문제가 있는 부분이나 비효율적인 부분들을 찾아내는 작업은 시스템 구축 이후 지속적으로 수행되어야 한다. 이러한 부분들에 대해서는 [그림 4-16]과 같이 시스템적인 지원을 받을 수 있도록 환경을 구성하는 것이 필요한데, 이를 위해서 사전에 핵심 성과지표들에 대한 허용수준을 설정해 놓고 허용수준 범위를 이탈하는 경우를 체크한다. 그리고 이 단계에서 가장

중요한 것은 문제점들을 일으키는 근본 원인들을 빠른 시간 내에 자동적으로 찾아내는 것이다.

프로세스의 문제점 파악은 BPMS 등의 전문 솔루션에서 제공하는 기능이나 추가로 개발한 화면을 활용할 수 있다. 예를 들어, 특정 부서나 특정인의 업무생산성이 떨어진다든지, 어느 활동이 병목을 유발시키는지 등의 문제점은 모니터링 화면을 통해 즉각적으로 인지할 수 있다.

1차적으로 프로세스 성과지표는 일상적 활동 수준에서의 성과를 모니터링하고 관리한다. 이러한 특성 때문에 장기간의 누적된 이력 데이터들에서 패턴을 추출하거나, 새로운 대응전략을 수립하는 데 참조하기에는 한계가 있다. 이러한 이유로 경영시스템에서는 데이터웨어하우스 기반의 분석정보를 프로세스 기반의 성과관리 시스템과 함께 활용하는 경우가 많다. 데이터웨어하우스 기반으로 대용량 데이터를 분석함으로써 유의하고 활용도가 높은 지표를 도출하고, BPM에서는 데이터웨어하우스를 통해 도출된 지표를 설정하여 항시적으로 모니터링하는 등의 시나리오를 현장에서 많이 채택하고 있다.

문제점과 근본 원인들이 파악된 다음에는 이를 해결할 수 있는 개선기회들을 도출하는 작업이 필요하다. 개선기회를 도출하는 작업들은 관련된 프로세스 오너 및 전문 컨설턴트들이 함께 할 수 있다. 다양한 아이디어들을 도출한 다음에, 이들에 대한 필터링 및 정제 작업을 거쳐서 최종적인 개선기회를 도출한다. 이에 대한 자세한 내용은 이후의 '지속적인 프로세스 개선' 단계에서 설명하도록 한다.

Task 5. 지속적 성과창출 전략 수립

성과관리는 지속적으로 성과를 창출할 수 있는 메커니즘을 제공해야만 한다. 초기 TFT에 의해 완성된 메커니즘은 다시 비즈니스 현업으로 인계되어 일상적 업무활동으로 전개되어야 한다. 경영환경의 변화에 따라 새로운 프로세스가 생성되고 관련 인력의 변동이 발생하게 되는데, 이러한 변화요소를 충분히 고려하여 설계되어야 한다. 기업은 비즈니스와 프로세스 관련자들(고객, 파트너 등)간의 관계, 진화해 가는 기업의 정책 등을 지속적으로 평가해 나가야 하며, 그들간의 불일치점들을 식별하여 성과지표의 재설계, 성과관리 대상 프로세스의 변경들을 수행해야 한다.

지속적인 성과창출 전략에 포함되어야 할 내용들은 다음과 같다.

- 지속적인 성과창출의 목표
- 지속적인 성과관리의 범위
- 지속적인 성과창출을 위한 이해관계자들의 R&R(Role & Responsibility)
- 기여한 사람에게 주어지는 보상

두 꿀벌 회사의 평가방안의 차이 :
성과평가를 통한 기업 혁신

한 마을에 꿀벌들을 고용한 두 벌꿀회사가 있었다. 그 중 A회사는 각각의 꿀벌들이 하루에 몇 번 꽃밭을 다녀왔는지를 측정하여 보상하였고, B회사는 꿀벌들이 가져오는 화밀(花蜜)의 양을 성과지표로 삼았다. 둘 다 의미있고 좋은 지표로 보이지만, 실제로 이는 두 회사의 운명을 갈라 놓았다.

A회사의 꿀벌들은 비행 횟수를 늘이기 위해 보다 빨리 날고자 했고, 그러기 위해 한번에 꽃으로부터 가져오는 화밀의 양을 줄였다. 회사 근처의 꽃밭에는 이미 화밀이 떨어졌음에도 불구하고 항상 A회사의 꿀벌들로 북적였고, 그만큼 꿀벌들간에 비행 중 충돌도 잦았다.

반면, B회사의 꿀벌들은 '더 많은 벌꿀의 생산' 이라는 조직목표를 염두에 두고 한번의 비행에 더 많은 화밀을 가져오기 위해 노력하는 한편, 업무성과 향상을 위한 정보를 서로 교환하기 시작했다. 어디로 가면 꽃이 많은지, 어떻게 해야 한번에 많은 화밀을 품고 올 수 있는지에 대해 항상 고민하게 되었다.

결국 A회사와 B회사가 어떻게 되었겠는가는 누구나 짐작할 수 있을 것이다. 성과평가의 방향이 어떻게 기업의 운명까지도 바꾸어 놓을 수 있는지 이 이야기에서 확인할 수 있다.

7 개선은 계속되어야 한다 : 지속적인 프로세스 개선

프로세스 경영 프로젝트에 의해 정착된 프로세스 경영은 환경변화에 맞추어 지속적으로 변화해 나가야 한다. 이를 위해 각 부서 차원에서 상시적인 프로세스 개선이 담당자와 관리자의 통제 하에 수행된다. 그리고 때때로 기업은 기존 프로세스의 품질을 높이고 조직 구성원들에게 보다 도전적인 성과기준을 제시하기 위해 프로젝트를 가동시킬 필요가 있다. 이를 위해 널리 활용되고 있는 접근방법이 비즈니스 프로세스 성숙도 모델(BPMM), 6시그마이다.

7.1 비즈니스 프로세스 성숙도 모델

비즈니스 프로세스 성숙도 모델(BPMM, Business Process Maturity Model)은 기업의 요구를 해결하기 위해 연구개발, 마케팅 및 영업, 생산, 사후관리 등과 같은 비즈니스 프로세스뿐만 아니라 재무, 법제, 인사 업무 등과 같이 기업의 지원 프로세스들에 대한 발전 방향과 구체적인 방법을 제시하고 있다.

비즈니스 프로세스 성숙도 모델에서는 모델에서 제시한 성숙단계별로 다음 성숙단계로 발전하기 위해 필요한 개선활동들을 제시함으로써 자연스럽게 기업의 개선활동을 유도한다.

그러므로 비즈니스 프로세스 성숙도 모델이 지향하는 전략은 지속적인 프로세스 개선 전략이라고 할 수 있으며, 이를 적용하는 기업에 다음과 같은 도움을 줄 수 있다.

- 기업의 현재 비즈니스 프로세스 수준 파악
- 기업이 가지고 있는 비즈니스 프로세스 상의 문제점 개선
- 향후 비즈니스 프로세스의 개선활동을 위한 여러 가지 기초 준비
- 기업의 조직문화를 좀더 정량적이고 발전적으로 변화시킴

비즈니스 프로세스 성숙도 모델에서는 5개의 성숙단계를 제시하고 있다([그림 4-17] 참조). 이러한 5개 성숙단계는 조직의 프로세스 성숙도를 측정하거나, 조직의 프로세스 능력을 평가하기 위해 사용할 수 있다. 성숙단계 1을 제외한 다른 4개의 성숙단계들은 해당 단계에서 수행해야 하는 개선활동들을 정의한 프로세스 영역들을 가지고 있으며, 조직의 성숙단계는 이런 프로세스 영역에 포함된 목표(Goal)들을 충족함으로써 자연스럽게 달성할 수 있다.

비즈니스 프로세스 성숙도 모델에서 제시한 성숙단계별 내용은 다음과 같다.

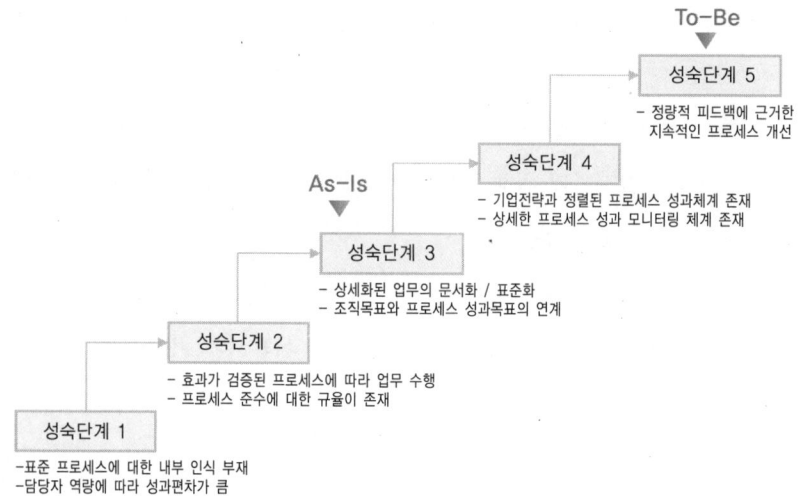

[그림 4-17] 프로세스 성숙도 모델 5개 성숙도 단계

1) 성숙단계 1 - 초기(Initial)

자사의 프로세스 관리체계의 경험이 없거나 처음 시도하고자 하는 대부분의 기업들이 이 단계에 포함된다.

이러한 기업들은 업무구조 자체가 정립되어 있지 않고 유관 업무간 관계가 불명확하여 임직원들이 많은 업무량에 시달리고는 있으나, 투입자원 대비 업무의 성과는 미미한 상태이다. 시시각각 문제들이 돌출하고, 이 문제들이 현장에서 해결되지 못하는 경우가 많으며, 이러한 문제들은 해결사들에 의해 해결되지만 임의적이어서 이후의 문제 예방조치들이 관리되지 못하는 경우가 대부분이다. 결과적으로 1단계에 속한 기업들은 제품이나 서비스가 대부분 납기와 예산을 초과하거나 고객이 요구한 기준을 충족시키지 못하는 경우가 많다.

2) 성숙단계 2 - 관리됨(Repeatable)

성숙단계 2에서는 고객의 요구사항에 대한 적절한 관리가 이뤄지고, 현장의 작업들이 원활히 이루어지도록 환경과 절차 등을 정립하고 있다. 일관성이 있는 업무 수행방법을 찾고자 하며, 주로 비용 · 일정 · 업무량에 초점을 맞추어 작업을 설계하고 환경을 조성해 나가고자 한다. 개별 단위작업에서 다양한 측정활동이 이루어지며, 측정 결과는 업무계획 수립과 요구사항 추적에 유용하게 활용된다.

성숙단계 2에 속하는 조직은 정해진 프로세스 원칙에 기준하여 모든 상황에서 준수될 수 있도록 통제하게 된다.

3) 성숙단계 3 - 표준화(Defined)

성숙단계 3에 들어서면 조직 내에서 암묵적으로 수행되거나 개인적으로 수행되던 업무 중에서 효과가 검증되거나 추천받은 베스트 프랙티스(Best Practice)를 중심으로 조직 전체 차원에서 적용할 수 있는 업무 표준화를 추진한다. 표준화를 통해 업무지식에 대한 공유가 조직 전체로 확산되며, 단위업무의 성과는 더욱 안정화된다.

성숙단계 2에서는 단위작업에 대한 관리에 초점을 맞추었지만, 3단계에서는 유관 작업들간의 기능통합 관점에서 조직 전체의 비즈니스 활동이 수행될 수 있게끔 해야 한다.

4) 성숙단계 4 - 예측 가능(Managed)

성숙단계 4에서는 기업의 비즈니스 프로세스 수행 결과에 대한 예측이 가능해지며, 이는 곧 기업의 프로세스에 대한 정량적 관리가 가능함을 시사

한다. 이를 위해선 각 프로세스가 안정적인 상태를 유지해야 하며, 통계적으로 프로세스의 변동을 발생시키는 인자를 발견하고 통제하는 방법을 파악해야만 한다.

성숙단계 4에서는 이전 단계에서 수립된 조직의 표준 프로세스를 고객의 관점을 중심으로 통합한다. 이때 조직에서 보유한 경험과 이전 산출물들의 재사용에 초점을 맞춘다.

5) 성숙단계 5 – 최적화(Optimized)

성숙단계 4에서는 안정적이면서 예측 가능한 프로세스를 가지고 있지만, 이런 프로세스들이 경영진들이 요구하는 수준의 성과를 창출하지 못할 수도 있다. 성숙단계 5에서는 조직 내 비즈니스 목표와 실제 프로세스의 성과 간의 차이를 줄이기 위한 선제적인 프로세스 개선활동을 수행하게 된다.

이러한 개선활동은 자동화나 프로세스 엔지니어링, 교육, R&D 프로젝트 등을 포함한다. 지속적인 개선활동을 위한 변화관리 활동이 제도화되며, 새로운 비즈니스에 대해서는 해당 비즈니스가 성과나 자원 측면에서 최적의 상태를 유지할 수 있을 때까지 지속적으로 평가된다.

❖ 7.2 6시그마 기반의 프로세스 개선

많은 기업들이 프로세스들을 표준화하고 프로세스 경영 기반의 업무시스템 구축을 통해 기업성과의 향상을 시도하고 있으나, 이와 같은 프로세스 개선활동이 기업전략과 일치하지 못하고 프로세스 개선의 결과물들을 체계적으로 관리하지 못하고 있다. 이러한 문제의 해결을 위해서는 측정된 프로세스 성과를 바탕으로 발생된 문제의 원인을 분석하고, 분석 결과에 기반하여 개선안을 도출하며, 도출된 개선안을 실행하고, 개선 결과를 자산화시키는 과정을 통해 지속적인 프로세스 개선 체계를 구축해야 한다([그림 4-18] 참조).

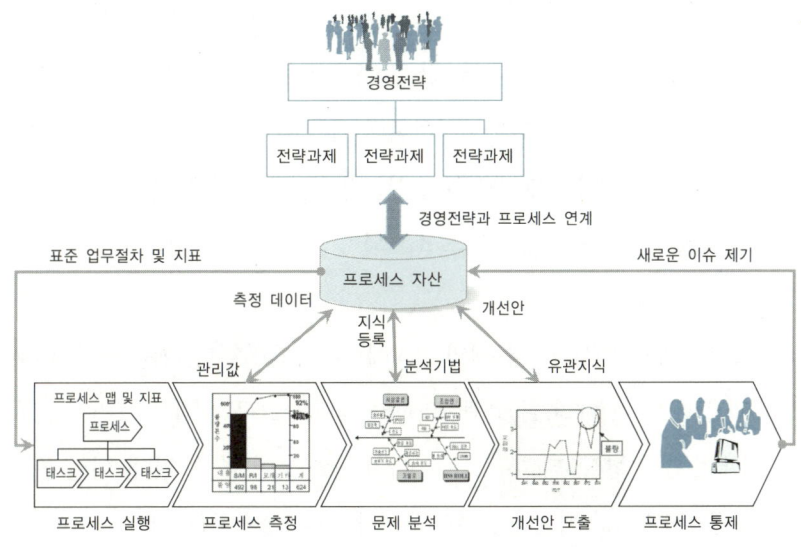

[그림 4-18] 6시그마 기반의 프로세스 개선 절차

프로세스 경영에 6시그마를 연계함으로써 프로세스의 문제 인식 → 해결 → 실천이 순환되는 지속적인 개선활동을 체계적으로 수행할 수 있다.

6시그마는 프로세스의 산포를 줄임으로써 프로세스를 개선시키는 것을 목적으로 한다. 고객의 소리, 내부의 핵심 이슈 등을 중심으로 문제의 정의와 통계기법 등을 통해 문제점을 찾아 개선하고, 개선의 결과를 유지할 수 있도록 관리할 수 있는 구체적인 가이드라인을 제공한다. 특히 6시그마는 개선목표를 재무성과로 환산함으로써 실질적인 개선이 이행될 수 있도록 지원하고 있다. 프로세스 경영과 6시그마와의 연계를 통해 프로세스 경영은 구체적인 개선 수행안을 보완할 수 있고, 6시그마는 단기과제 중심의 지엽적 시각에서 벗어나 종단간(End-to-End)에 걸친 비즈니스 문제점의 파악과 전사 수준에서의 혁신안 도출이 가능하다는 편익을 얻을 수 있게 된다.

6시그마 기반의 프로세스 관리는 프로세스 관리지표 모니터링을 통해 프로세스 아키텍처 상의 문제 프로세스를 식별하며, 해당 프로세스를 기준으로 2~3개 정도의 측정지표를 선정하여 문제의 원인과 개선안을 도출하고, 개선안을 다시 프로세스에 반영하는 선순환 체계를 구축할 수 있다. 6시그마 프로젝트는 보통 1~6개월 정도 소요되며, 일반적으로 DMAIC이라는 일정한 패턴을 따른다.

프로세스 개선의 시작은 문제의 인식에서부터 출발한다. 예를 들면, 업무상의 과제(대기지연에 따른 고객불만), 타 부서의 요구, 현재 두드러진 문제점, 현재 수준의 향상, 타 부문으로부터의 불만 등이 될 수 있다. 이런 문제 인식을 통해 DMAIC 패턴에 맞추어 프로세스 개선을 시도한다.

DMAIC에 대한 정의는 다음과 같다.

- D(Define) : 프로세스에 관한 고객의 요구사항을 정의한다.
- M(Measure) : 현재 측정 지표의 수준과 고객의 요구사항을 비교한다.
- A(Analyze) : 대상 프로세스를 분석한다.
- I(Improve) : 대상 프로세스를 개선하고 실행한다.
- C(Control) : 실행 결과를 통제함으로써 개선의 결과를 유지한다.

[그림 4-19]는 DMAIC 패턴에 맞추어 이루어지는 프로세스 개선의 세부 활동들을 제시해 주고 있다.

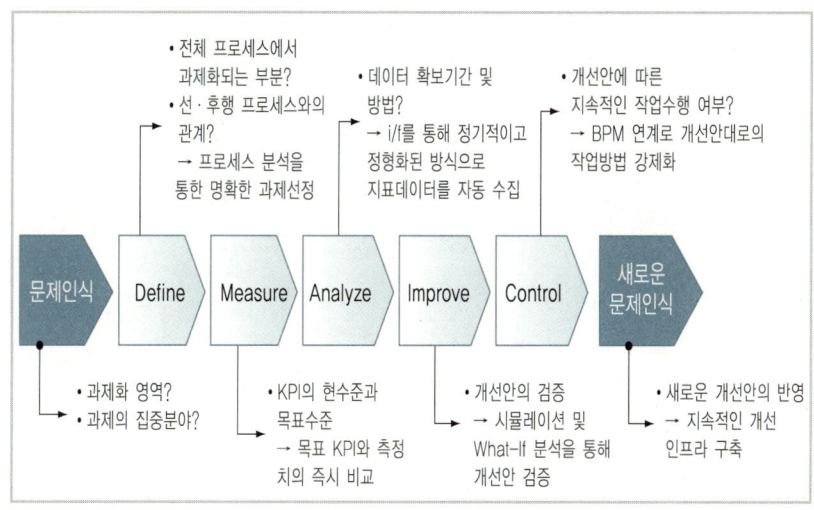

[그림 4-19] 6시그마 기반의 프로세스 개선

1) Define

이 단계에서는 전략적 이슈, BSC 전략 KPI 등을 대상으로 개선과제를
도출하고, 개선대상인 프로세스를 정확하게 정의한다. 개선과제의 대상인
프로세스에 대한 정확한 이해가 수반되어야 하는데, 프로세스 아키텍처를
구축해 놓으면 이러한 과정을 수월하게 진행할 수 있다. 프로세스 아키텍처
에 등록된 프로세스 맵과 다양한 프로세스 콘텐츠를 활용함으로써 프로세
스에 대한 정확한 이해와 개선 이후의 예상 결과에 대한 공감대를 공유할
수 있다.

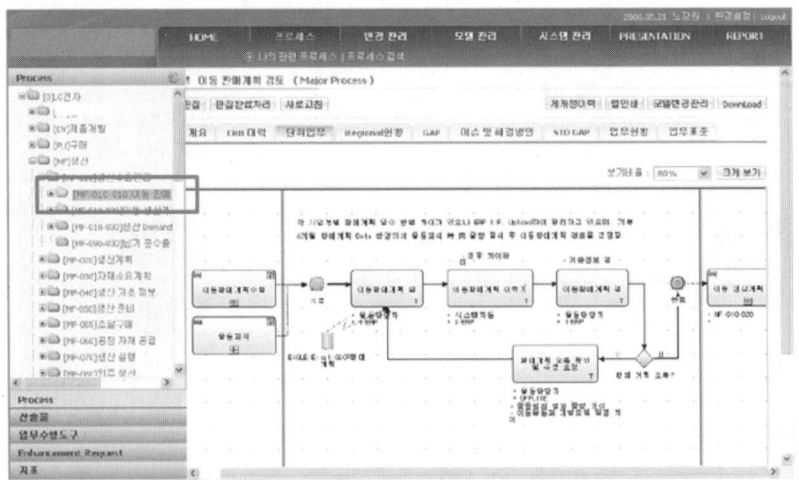

[그림 4-20] 프로세스 아키텍처를 이용한 Define

프로세스 아키텍처 상에서 정의된 주요 관리요소는 6시그마에서 이용하는 CTQ(Critical to Quality)로 활용할 수 있으며, 아키텍처에서 관리하는 프로세스 분류체계 상의 레벨은 개선과제의 규모와 필요 자원량을 추정하는 데 도움을 준다.

인력, 비용 등을 포함한 기업의 자원은 항상 부족하다. 자원의 효율적인 사용을 도모하고 제한된 자원으로 최대의 경영성과를 도출하기 위해서는 우선 문제의 해결이 급한 핵심 프로세스에 집중할 필요가 있다. 이러한 상황에서 개선 대상 프로세스를 선정하는 문제는 복잡한 부서간 이해 등 복합적인 양상을 띠게 된다. 이와 같은 문제를 해결하기 위한 접근법으로 자동화 단계에서 소개한 '프로세스 경영 대상 프로세스 선정기준'을 추천한다.

2) Measure

Measure 단계는 핵심 요구사항을 충족시키기 위해선 어떻게 해야 하는지를 밝혀줄 수 있는 측정지표를 개발하는 단계이다. 조지 에크스에 의하면, 다음과 같이 측정단계에서 원칙적으로 견지되어야 할 것들이 있다고 한다.

- 고객에게 중요한 것만을 측정한다.
- 개선시킬 수 있는 프로세스의 산출물만을 측정한다.
- 고객 불만족에 관한 이력 데이타를 갖고 있지 않은 사항에 대해서는 측정하지 않는다.

이와 같은 원칙 내에서 프로세스의 효율과 효과성을 측정할 수 있는 방안을 모색해야 한다. 프로세스 아키텍처 상에서 정의된 지표 맵을 통해 관련 지표들간의 인과관계를 확인할 수 있으며, 확인된 관계를 바탕으로 측정지표를 도출할 수 있다.

일반적으로 6시그마 기반의 프로세스 개선 시 활용되는 측정대상은 크게 세 가지이다.

- Input : 문제의 발생이 프로세스의 입력과 관련되어 있지 않은지 확인해야 한다. 제조공정 프로세스의 경우 공정에 투입되는 자재가 입력이 될 수 있다.
- 프로세스 측정지표 : 일반적으로 비용, 사이클 타임, 가치, 투입인력 등을 포함한다.
- Output 또는 고객만족지수 : 가깝게는 고객설문을 통한 만족지수를 평가할 수도 있다. 보편적으로는 이후 후행 프로세스로부터 관련 데이터를 취합함으로써 측정 데이터를 확보할 수 있다.

프로세스 아키텍처를 구축하게 되면, 주요 프로세스 지표의 경우 IT를 활용한 데이터의 상시 수집을 통해 실시간 프로세스 분석이 가능할 뿐 아니라, 주요 프로세스의 시그마 수준을 상시 관리할 수 있어 기업의 경쟁력 진단 및 전략실행 현황을 상시적으로 파악할 수 있다.

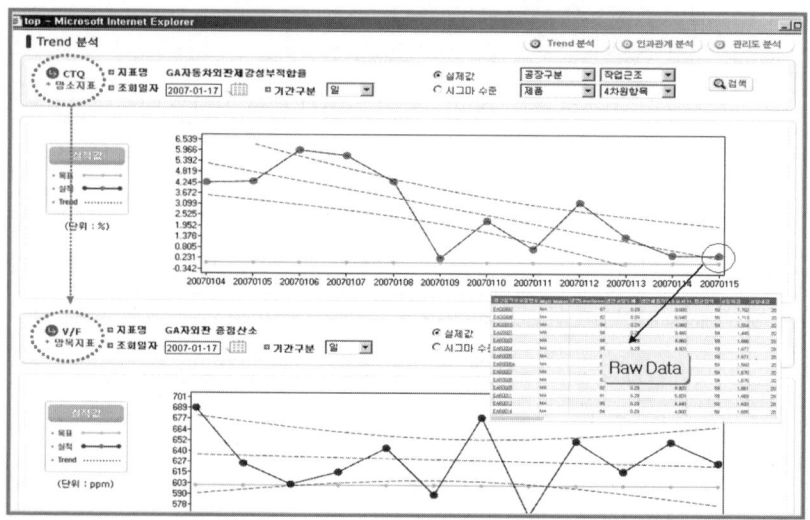

[그림 4-21] 프로세스 아키텍처 상의 지표 맵 예

3) Analyze

일단 대상 프로세스의 측정 데이터를 확보하게 되면, 대상 프로세스의 문제점을 파악할 수 있는 분석방법은 다양하다. 효과적인 데이터 분석방법 중의 하나가 준비된 프로세스 맵을 가지고 프로세스 내의 각 태스크별로 지표를 설정해 보는 것이다. 전체 프로세스에 각 태스크들이 얼마나 가치를 제공하는지 추정해 본 것이다. 이러한 분석을 통해 각 태스크들은 다음 세 가지로 구분된다.

- 고객에게 직접적인 부가가치를 제공하는 작업

- 부가가치를 직접 제공하기 위해 필요한 작업

- 전혀 부가가치를 제공하지 않는 작업

세 번째로 언급된 부가가치와 전혀 상관없는 작업이 분석의 결과로서 제거 또는 수정되어야 한다는 것은 쉽게 짐작할 수 있을 것이다.

보다 체계적인 프로세스 분석방법으로는 Cause-Effect 분석이 있다. 문제해결을 위한 일반적인 분석방법은, 우선 문제에 대해 넓은 시각에서 원인요소에 대해 탐색하고, 가능한 한 데이터를 수집하고 통계 소프트웨어 등을 이용하여 검증하는 것이다. 이러한 절차가 실험이라는 명칭으로 설계되어 진행된다. 6시그마에서는 이러한 문제의 원인이라고 추정되는 요소들을 식별하는 방법으로 Cause-Effect 또는 피시본 다이어그램을 많이 사용한다.

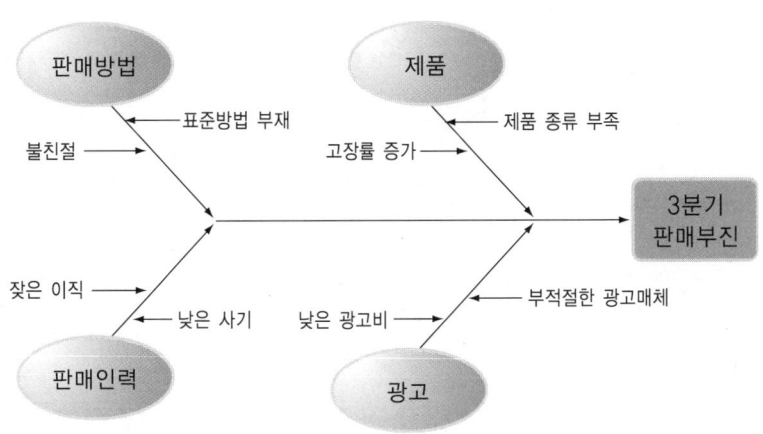

[그림 4-22] 판매 프로세스의 Cause-Effect 다이어그램 예

Cause-Effect 다이어그램을 통해 도출된 추정 원인들 중 통제 가능한 범위 내에서 주요 추정 원인를 선별하여 실험을 수행하고, 실험 결과를 통계 툴로 분석함으로써 추정 원인이 통계적으로 유의한지, 유의하다면 어느 수준에서 문제해결에 근접하는지를 파악할 수 있다.

4) Improve

문제의 원인을 파악함으로써 보다 구체적인 문제개선에 접근할 수 있는 단계이다. 분석된 문제의 원인요소와 문제해결에 근접하는 원인요소의 수준을 파악하고, 파악된 결과를 바탕으로 해당 프로세스의 맵을 작성한다. 관련 프로세스 맵, 관련 규칙, 유의사항들을 문서화 과정을 통해 구체화시켜 나가야 한다. 이렇게 구체화된 개선안은 현장에서 활용됨으로써 실질적인 경영성과의 향상으로 연계될 수 있다.

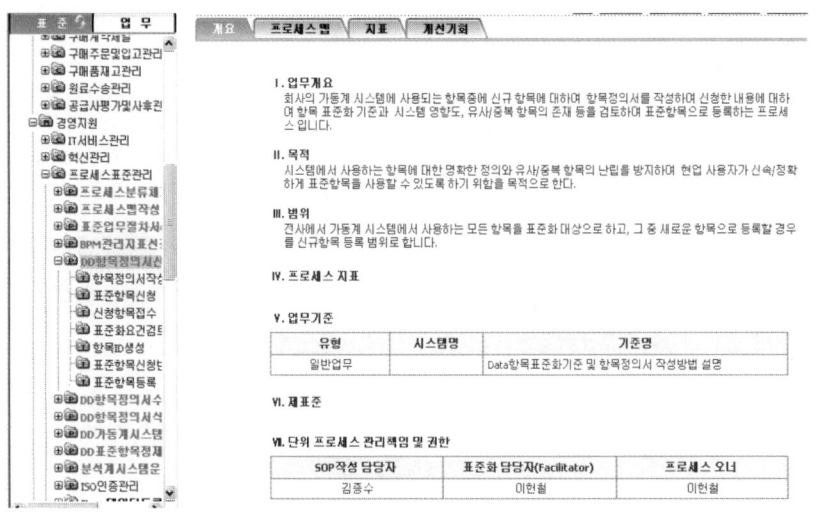

[그림 4-23] 프로세스 개선안의 구체화 예

5) Control

도출된 개선안이 현장에 적용이 되도록 관리하고, 개선안대로 프로세스가 진행되고 있는지와 프로세스의 성과를 확인하는 단계이다. 또한 새로운 프로세스 개선의 기회를 발견하는 단계이기도 하다. 이를 위해 개선된 프로세스의 내용들이 전사적으로 공유되고, 일상적 업무활동에서 참조될 수 있어야 하며, 관리자들은 주기적으로 프로세스를 모니터링하고 평가해야 한다.

도출된 개선안대로 현장작업이 진행된다는 보장은 없다. 현장에서 다양한 사연 때문에 개선안의 시행이 늦어지기도 한다. 또한 개선안대로 시행되더라도, 일단 프로세스의 목표가 달성되면 개선안대로 작업을 수행해야 한다는 생각은 관심 밖으로 밀려나기도 한다. 따라서 약속되고 합의된 개선안대로 프로세스가 진행되도록 프로세스 관리자들의 주의와 관심이 필요하다. 관리와 통제는 관리자의 핵심 업무이며 주기적으로 수행되어야 한다. 프로세스 관리자들은 고객만족을 주기적으로 체크함으로써 자신이 관리하는 프로세스가 자체 목적을 달성하고 있는지 확인해야 한다.

예외상황의 발생에 대한 대응도 프로세스의 품질을 높이는 데 주요한 부분이다. 일각에서는 프로세스 관리자들의 관리통제를 효과적으로 수행하기 위한 방안으로 Response Plan을 작성할 것을 추천하기도 한다. Response Plan은 프로세스의 지표가 심각할 정도로 편차를 보이는 경우 관리자가 수행해야 할 행위들을 나열한 계획서이다.

8

모든 일의 중심에는 사람이 있다 : 조직변화관리

    조직변화관리 및 인사관리 등에 있어서 지금까지 다양한 이론과 프랙티스가 제시되어 왔고 지금도 제시되고 있는 중이지만, 이러한 이론과 프랙티스들을 현장에 적용하는 것은 그 이론과 프랙티스들을 아는 것과는 별개의 문제인 경우가 많다. 하나의 이론을 실행함에 있어 그 방법에 있어서도 상황별로 수많은 최적안들이 존재할 뿐만 아니라, 과연 실행방법이 효과적인지를 실행에 앞서 누가 검증할 수 있겠는가 하는 점에서도 실행방법의 어려움을 짐작할 수 있다. 이러한 점 때문에 엄밀하면서도 이론적으로 완전한 솔루션을 채택하기보다 간결하면서도 실용적인 대안을 추구하는 경향이 조직과 인사관리 측면에서 뚜렷한 하나의 트렌드로 자리잡고 있다.

    일하는 방식의 변화, 더불어 수반되는 조직구조의 변화 등을 야기하는 프로세스 경영 프로젝트에서도 조직경영 및 변화관리 부분은 간과할 수 없는 중요한 문제이다. 프로젝트와 관련된 다양한 이해관계자들의 동기부여와 참여 등이 성공적인 프로젝트 수행의 관건이 되곤 하기 때문이다. 역으로 현업의 외면 속에서 프로젝트 팀 단독으로 진행되는 프로젝트는 대부분 실패하고 만다. 프로젝트를 진행하면서 참여자들간의 이해충돌, 변화에 대한 저항, 부서 이기주의 등의 문제점들이 노출되는데, 프로젝트 초기에서 이에 대한 적절한 예측과 해결방안이 강구되어야 하며, 그 해결방안들은 프로젝트 진행의 과정에서 유연하게 적용되어야 한다..

찰스 핸디는 그의 저서 《조직의 이해 (Understanding Organization)》에서 조직의 행동과학에서는 기존의 물리학의 법칙과 같은 절대적인 지식과 확실성을 추구할 수 없다고 서술하고 있다. 심지어 조직 관점에서 사람에 대한 연구는 관련 변수의 방대함과 충분치 못한 데이터, 변수간 복잡한 상호관계 등으로 조직관리 문제에 대한 확실한 통제방안을 강구하기가 불가능하다고 전하고 있다. 그가 언급한 조직원들의 행동방식을 규정하는 변수들은 문화, 기업성장, 경영 스타일, 조직구조, 가상 기업화 정도, 세계관 등 광범위할 뿐만 아니라, 변수들간의 상호관계도 예측 불가한 경우가 많다.

초기의 BPR이 실패할 수밖에 없었던 이유 중의 하나가 변화의 초점을 작업 프로세스, 신기술 등에만 두고 정작 그런 변화를 수행할 사람들에게는 관심을 두지 않았다는 점일 것이다. BPR을 제창한 마이클 해머도 비슷한 맥락에서 아이디어를 도출하는 작업은 쉬우나, 그것을 이행하는 것은 어려운 문제라고 밝히고 있다. 결과적으로 프로세스 경영 프로젝트는 초기 프로젝트 계획 단계에서부터 관련 인력의 참여 단계, 프로젝트 종료 이후의 운영 단계를 포괄하는 범위에서 사람과 조직에 관련된 다양한 이슈들이 제기되는데, 이러한 이슈들을 해결할 수 있어야 한다. 이러한 이슈들을 해결하는 데 있어 기준이 되어야 할 원칙들을 제시하면 다음과 같다.

- 최고경영진이 변화관리의 주체가 되어야 한다.
- 체계적인 방법론을 가지고 접근해야 한다.
- 변화는 시간을 필요로 한다.
- 외부 변화를 고려해야 한다.
- 중간관리자의 변화에 초점을 두어야 한다.
- 객관적인 평가와 보상이 뒷받침되어야 한다.

프로세스 경영 프로젝트를 진행하면서 다양한 과정상의 쟁점들에 봉착하게 된다. 쟁점에 봉착하는 매 순간 정확한 정보들이 제시되고 만족할 만한 수준의 산출물들이 제시되지 않으면 예산삭감 및 작업중단이라는 극단적인 상황에 처하기도 한다. 각 프로젝트의 특성에 맞추어 다양한 쟁점들이 존재하고, 그 쟁점들의 해결 방안도 제각기 다르겠지만, 여기에서는 대표적인 쟁점들을 나열하고, 효과적으로 대응할 수 있는 방안을 제시하고자한다.

1) 프로젝트 팀 구성 및 일정계획 수립

프로세스 경영은 프로세스 변화를 주도해 나갈 팀원의 구성에서도 일반 프로젝트와 다른 점들이 많다. 프로세스 경영은 단순한 기술 또는 경영기법의 도입이 아닌 조직과 문화에 영향을 미치는 작업이기 때문에, 프로세스 경영 대상 업무에 대한 지식과 경험을 보유했는지의 여부만이 아니라, 프로세스 경영에 따른 조직의 변화형태를 예측하고 관련하여 조직 깊숙이 전파할 수 있는 역량 등을 종합적으로 검토하여 인원을 선발해야 한다. 다음은 프로젝트 팀 구성 및 조직과 관련한 기준들을 나열한 것이다.

- 프로세스 전체를 아우르는 여러 부서들이 참여하는 종단간(Cross-Functional) 프로젝트 팀을 구성해야 한다.
- 합의, 인식, 결정, 피드백 등을 유도하기 위해 워크숍을 활용한다.
- 원활한 프로세스 경영 구축을 지원하기 위해 해당 업무영역의 전문가들을 활용할 수 있어야 한다.
- 새로운 기술과 직무능력을 개발하기 위해 트레이닝 세미나를 도입한다.
- 변화와 학습을 두려워하지 않고 주도하는 프로젝트 팀을 구축한다.
- 여러 개의 결의를 담은 사명문(Value Statement)를 작성한다.
- 다양한 미디어를 활용하고, 의사소통 과정을 관리하며, 말보다는 실천이 앞서도록 한다.
- 전체적인 프로젝트 일정을 수립한다.

2) 프로젝트 관리자의 역량

프로세스 경영 프로젝트의 성공을 위해서는 다양한 경험과 프로세스 경영 구축 프로젝트 경험을 가진 프로젝트 매니저와 관련 인력이 필수적이다. 프로세스 경영 프로젝트 관리자는 일반적인 프로젝트 관리 능력뿐만 아니라, 프로세스 경영만의 고유한 특성을 반영한 능력과 경험이 필요하다. 원활한 프로세스 경영 구축 프로젝트 진행을 위해 프로젝트 관리자가 수행해야 할 조직관리 관점의 작업을 나열하면 다음과 같다.

- 현실과 타협해야 하는 경우 상황을 객관적으로 관리할 수 있어야 한다. 기존의 기능적 부서체계 상의 관리체계와 프로세스 경영이 강조하는 횡단간 프로세스 관리체계간의 충돌은 그 좋은 예이다. 많은 기업에서 두 체계간의 현실적인 융합점을 찾으려고 노력한다. 이러한 결정은 상당한 반향을 불러

올 수 있는데, 결정의 결과로서 관련자들의 소속과 역할 등에 큰 변화를 가져오기 때문이다. 이러한 결정에서 기존의 현실에만 안주한 채 큰 변화를 모색하지 못한다면, 투자 대비 적정 수준의 효과를 얻지 못하는 프로젝트로 전락할 수 있음도 명심해야 할 것이다.

● 진행 프로젝트가 분명한 비즈니스 목표 달성을 가시화시켜 나가면서 진행되고 있음을 외부에 확인시킬 필요가 있다. 프로젝트 진행의 당위성은 결국 모두가 동의할 수밖에 없는 구체적인 비즈니스 목표를 프로젝트를 통해 효과적으로 달성할 수 있다는 점일 것이다. 타 부서원들의 협조와 적절한 예산지원 등을 보장받기 위해서는 현재 수행 중인 프로젝트의 진행성과를 외부에 공개할 필요가 있다.

● 프로젝트 계획상으로 인력 변화관리, 조직문화적 요소가 충분히 반영되어 있음을 상기시킬 필요가 있다. 조직마다 고유의 문화가 존재하고, 이는 그 조직 구성원들의 사고방식을 결정하는 주요한 변수이다. 또한 프로세스 경영 프로젝트의 결과로 야기되는 업무방식 등의 변화는 이를 담당한 조직원들의 기술과 지식의 변화를 요구한다. 비정형적인 관리요소인 사람과 조직문화에 대한 정확한 이해는 참여자들의 동기부여를 자극하는 긍정적인 요소가 될 수 있다.

● 관련 이해당사자들이 지속적으로 참여하고 있고, 자신들의 요구가 충실히 충족되고 있음을 확인시켜 줄 필요가 있다. 기업의 프로세스는 다양한 이해관계자들의 상호관계 속에서 이루어지는데, 상호관계 와중에 부서별·개인별 입장의 차이가 발생하기도 한다. 특정 개인 또는 부서에 편중한 프로세스의 개선은 상대방의 반발을 자극하곤 한다. 특정 개인/부서에 편향된 결과물이 아닌 전사 측면에서 최적의 결과물이 도출되기 위해서는 관련 이해

당사자들의 적극적인 참여만이 아니라, 그 당사자들의 이해가 충분히 검토되고 반영되고 있음을 상기시킬 필요가 있다. 물론 많은 경우에 개인의 입장에서 기존의 편익에 상반되는 결과가 도출될 수도 있다. 이러한 경우엔 결과도출의 배경과 타당성을 이해시킬 준비가 되어 있어야 한다.

3) 이해관계자에 대한 정의 및 이해

현재 진행하고자 하는 프로세스 경영 프로젝트의 이해관계자들이란 누구인가? 이해관계자는 프로젝트 진행에 긍정적이거나 부정적인 영향을 미치는 개인이나 그룹을 말한다. 예를 들면, 팀 매니저, 스탭, 벤더, 타 사업부, 공급자, 소비자, 커뮤니티, 목표시장 등 다양할 수 있다. 이러한 이해관계자들에 대한 정의와 더불어 심도있는 이해가 필요하다. 이해관계자들에 대한 정의 및 이들에 대한 관리가 중요한 이유는 다음과 같다.

- 핵심 당사자들을 프로젝트 영향력 안에 두지 못하면 프로젝트 진행을 위한 예산확보가 어렵다.
- 프로세스 경영은 기존의 부서중심의 업무수행이 아닌, 종단간(End-to-End) 방식의 프로세스 구축을 의미한다. 이러한 점 때문에 특정 부서의 관계자뿐만 아니라, 부서의 경계를 넘어 여러 부서의 관계자들 모두를 대상으로 프로젝트를 수행할 수 밖에 없다.
- 다양한 이해관계자들의 지원이 없이는 프로세스 경영으로 달성 가능한 비즈니스적 가치를 구현하기 힘들다.
- 프로세스 경영 프로젝트는 PI 팀원, 컨설턴트뿐만이 아니라, 실제 프로세스와 관련된 다양한 이해관계자들의 참여를 통해서 목표달성을 위한 최단의 노정을 찾고자 함이며, 이들의 의견이 충실히 반영됨으로써 시행착오에 따

- 른 비용발생을 방지할 수 있다.
- 특정 외부 관계자들의 경우(예를 들면 주요 거래처), 이들의 의견이 프로세스 경영 프로젝트 수행 방향 설정에 큰 영향을 미치는 경우가 있다. 따라서 이해관계자 식별의 범위를 회사 내부에 국한하지 않고, 회사 및 조직이 위치하고 있는 비즈니스 생태계 전체를 대상으로 해야 하며, 이들의 의견 및 참여를 보장할 수 있는 채널을 구축해야 한다.

4) 이해관계자 분석 및 참여 유도

프로젝트 초기에 반드시 수행되어야 할 작업 중의 하나이다. 이 분석의 내용은 다음과 같다.

- 각 이해관계자별 리더십 스타일(솔선수범형, 권한위임형 등의 여부는 당사자의 참여도를 짐잘할 수 있는 중요한 단서임)
- 각 내부 이해관계자들의 조직 내에서의 위치(프로세스 경영 추진을 협조할 수 있는 위치에 있는지 등을 파악함)
- 내부 이해관계자들의 조직 내에서의 수행업무 및 각자의 개인적인 업무추진 동기

이해관계자 분석을 통해 프로젝트 상황이 프로젝트 목표와 부합하는지 평가되어야 한다. 프로세스 경영을 통한 변화의 범위와 깊이가 크고, 관련된 이해당사자들의 환경이 변화를 지원하기엔 역부족인 경우, 해당 프로세스 경영 프로젝트는 성공하기 어려워진다. 이해관계자 분석을 통해 상황이 여의치 않다고 판단되면, 상황의 호전을 예상할 수 있는 추가적인 비용과 시간 등의 투자가 필요하다.

또한 파악된 이해관계자들을 대상으로 이들이 프로젝트에 직·간접적으로 참여할 수 방안을 모색해야 한다. 이해관계자들의 원활한 참여를 기하기 위해서는 다음과 같은 사항들이 제시되어야 한다.

- 효과적인 프로젝트 수행과 관련하여 각 이해관계자들이 어떠한 역할을 담당하는지 제시되어야 한다.

- 식별된 각 이해관계자들의 욕구를 적극적으로 활용하여 이해관계자들의 관심을 성공적인 프로세스 지원으로 전환시킬 수 있는 방안이 강구되어야 한다. 포함된 이해관계자들간에는 다양한 인원이 포함된 만큼, 서로의 편익 측면에서 상반된 견해를 가질 수가 있다. 이러한 견해의 충돌은 이후 프로젝트 수행의 결과가 현장에 정착하지 못하는 주요한 원인이 되며, 결과적으로 시도된 프로세스 개선은 다시 기존의 상태로 복귀하게 된다. 이러한 문제점들을 해결하기 위해서는 우선 문제와 이슈 사항을 정리하고, 그 내면에 자리잡고 있는 이해관계자들의 내적인 욕구를 파악할 필요가 있다. 그리고 나서 이견을 가진 이해관계자들간에 상호 납득할 수 있는 목표를 제시하고, 이를 달성할 수 있는 해결책들을 브레인스토밍 등의 발상법을 통해 도출해야 한다. 도출된 해결안 등은 이해관계자들의 설문 및 평가를 통해 채택 여부를 판단할 수 있다.

- 공식적이거나 비공식적인 미팅에 상관없이, 프로젝트 매니저는 이해관계자들을 만날 때마다 지속적으로 이해관계자들의 참여 및 지원방안들을 검토해야 한다.

5) 변화의 크기 분석

프로젝트 초기 단계에서 프로젝트 팀은 변화의 크기를 예상하고, 이에 따라 이해관계자들이 어떻게 변화해야 하는지에 대한 결정과 문서화 작업이 필요하다. 본격적인 프로세스 혁신 작업이 완성되어 가면서 변화의 크기에 대한 정확도가 높아지겠지만, 이해관계자들의 적극적인 참여와 지원을 보장받기 위해서는 프로젝트 초기 단계에 변화에 대해 궁금해하는 이해관계자들의 질문에 충분한 정보를 제공할 필요가 있다. 따라서 변화의 크기에 대해 전체 프로젝트 팀원들은 확실한 이해를 바탕으로 프로젝트 출발의 베이스라인과 향후 변화의 이미지, 필요한 조직 차원의 작업들, 변화로 인한 영향, 다양한 이해관계자들의 요구사항들을 수렴할 방안에 대해 지속적으로 당사자들에게 이해시키는 커뮤니케이션 과정을 수행해 나가야 한다.

6) 변화에 대한 조직역량 진단

프로세스 경영 프로젝트는 다양한 변화를 수반하며, 그 변화의 폭과 깊이도 프로젝트의 성격에 따라 다양하다. 프로세스 경영 프로젝트가 목표로 하는 변화의 폭과 깊이는 그 조직이 수용할 수 있는 범위 내에서 결정되어야 한다. 조직의 변화 수용능력을 외면한 일방적이고 파괴적이었던 초기의 BPR이 대부분 실패를 맛본 경험을 상기할 필요가 있다.

조직의 변화에 대한 대응능력은 프로젝트 초기 단계에 결정되어 목표로서 제시되어야 한다. 활용 가능한 역량의 범위를 벗어날 정도의 심각한 변화는 결국 프로젝트로 인한 조직의 대응능력을 초과함으로써 프로젝트의 성공을 위협하는 요소로 작용하기 때문이다. 이 경우 프로젝트 관리자는 프로젝트 스폰서로 활동하는 경영진을 방문하여 프로젝트의 진행 여부를 심각하게 토의할 필요가 있으며, 프로젝트를 강행하고자 할 경우에는 조직의 변화 대응능력 및 프로세스 관리 성숙도 등을 제고시킬 수 있는 방안들이 프로젝트 계획에 반영되어야 한다.

7) 프로세스 지향적 조직 설계

프로세스 지향적 조직이란 조직의 기능방식이 프로세스에 대해 초점에 맞추어져 설계된 조직구조로, 기업 내의 핵심 프로세스가 최고의 효율성으로 운영되며, 조직의 전략이 효과적으로 달성되고 있음을 의미한다. 프로세스 지향적 조직의 설계에서 중점 고려되어야 할 사항은 다음과 같다.

- 핵심 프로세스별로 프로세스 오너를 두고 프로세스 성과를 분석하여 프로세스 관리와 개선을 책임지게 한다.
- 프로세스 지향적 운영과 기능지향적 운영의 균형이 필요하다([그림 4-24] 참조). 갑작스런 프로세스 지향적 조직의 운영은 조직 내의 혼란을 야기하고, 향후 기능적 전문지식의 축적을 저해할 수 있기 때문이다.

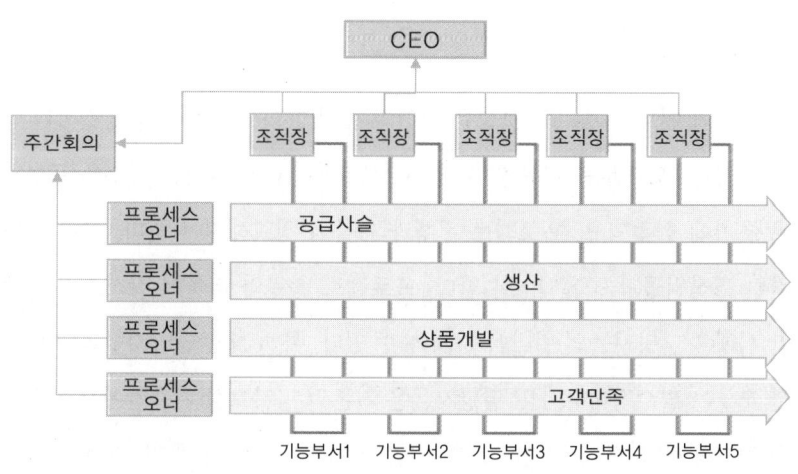

[그림 4-24] 기능 전문성을 감안한 프로세스 지향적 조직설계의 예

기능의 전문성을 감안한 프로세스 조직을 설계할 때 주의할 점은 조직원들이 겪게 되는 소위 'Who-Is-My-Boss' 증상이다. 이 경우 기능 관점의 부서장과 프로세스 관점의 프로세스 오너 사이에서 명령체계의 혼란이 예상될 수 있다. 이러한 문제점을 해결하기 위해서는 우선 매트릭스 형태의 조직구조를 단순화시켜야 하며, 기능적 부서 조직과 프로세스 조직간의 수행업무를 중재할 수 있는 업무협의체의 구성이 바람직하다. 초기 프로젝트 상황에서는 프로세스 참여자들로 태스크포스 형태의 팀 구성도 시도할 만하다.

8) 평가와 보상의 기준 마련

프로세스 경영 프로젝트를 통해 도출된 성과관리는 기존의 직능 관점이 아니라 프로세스 관점에서 이루어지게 된다. 업무의 진행방식의 변화뿐만 아니라, 조직원 개인이 수행한 업무에 대한 평가기준도 심각한 변화를 겪게 된다. 참여인원들의 동기부여를 긍정적으로 자극하는 유효한 수단 중의 하나가 평가와 보상이다.

이 뿐만 아니라 평가와 보상은 개인의 편익과 회사의 성과를 정렬시켜 나갈 수 있는 도구로도 활용할 수 있다. 객관적이고 합리적인 기준은 프로젝트 초기에 설정되고, 프로젝트 진행과 더불어 정교해져야 한다. 그리고 관련된 조직원들과 공유되어야 한다. 프로젝트 종료와 더불어 갑작스런 기준안 시행은 담당자들의 반발을 가져올 수 있다. 특히 HR, 담당자들과의 면밀한 교류는 필수적이다. HR 담당자들은 기존의 평가보상 기준안에서 프로세스 경영체계에서의 기준안으로의 원활한 이행을 지원해 주며, 새로운 보상 체계 내에서 각 담당자들이 균등한 기회를 보장받기 위해 필요한 기술 세트와 역량을 준비하도록 교육 프로그램 등을 기획하는 데 도움을 줄 것이다.

9) 변화에 대한 저항 그리고 해결

앞에서 설명한 바와 같이 프로세스 경영 프로젝트는 이후의 조직적인 변화, 업무방식의 변화 등을 수반한다. 그런데 다양한 산업현장에서 변화는 달갑지 않은 현실이다. 현장에서 프로젝트 수행의 결과로 야기되는 변화에 종업원들이 저항하는 경우를 종종 목격하게 된다. 왜 변화에 대해 저항하는 것일까?

중요하게 꼽히는 이유들과 해결방안을 나열해 보면 다음과 같다.

- 두려움 때문이다. 변화는 종종 불명확하고, 불편하며, 예측하기 힘들기 때문에 관련자들에게 두려움을 준다. 지속적인 커뮤니케이션과 정직함이 두려움이라는 문제를 해결할 수 있는 효과적인 방안이 될 수 있다.
- 힘의 중심에서 소외되고 있다고 느끼기 때문이다. 프로젝트 팀이 충분한 인원을 참여시키지 못하는 경우, 당사자들은 자신들이 조직에 기여할 수 있는 능력이 없기 때문이라고 생각하기도 한다. 이를 해결하기 위해서는 다양한 당사자들을 참여시키고, 본인들이 프로세스 변화에 직접적인 영향력을 행사하고 있다고 느끼게끔 만들어 주어야 한다.
- 적정 수준 이상의 노력과 희생을 요구하기 때문이다. 대부분의 사람들은 즐거움만을 쫓고, 고통과 희생은 회피하려고 한다.
- 개인적 관심의 부재 때문이다. 사람들은 프로세스 경영 프로젝트에서 무슨 일이 진행되는지 등의 여부나, 더 이상 상황이 나쁘게 전개되지 않을 것이라는 점을 이해할 필요가 있다. 참여자들의 프로젝트에 대한 관심도를 높여야 하는데, 이때 변화에 대한 당위성을 이해시키는 작업이 진행되기도 한다.

변화의 종류(조직변화, 업무변화, IT 시스템 등)와 수준은 프로젝트 진행 중에 결정이 되어야만 한다. 프로젝트 팀원 및 프로젝트 스폰서를 맡고 있는 경영진들은 현장에서 변화에 대해 저항이 이루어지고 있지는 않은지, 그 저항의 원인이 무엇인지 등을 계속 주목해야 한다.

경영진들로부터의 스폰서십은 변화에 대한 저항을 약화시킬 수 있는 효과적인 방안 중의 하나이다. 최고경영진들의 직접적인 관심의 표출은 일반 직원들의 건전한 긴장감을 불러오고, 프로젝트에 대한 관심과 프로젝트 참여도를 높이는 효과를 갖는다. CEO 메시지 등의 형태로 최고경영진들이 지속적으로 프로젝트에 대한 관심을 표출하게 되면, 저항을 잠재울 수 있을 뿐만 아니라, 프로젝트 진행 도중에 터져 나올 수 있는 부서간·개인간 의견충돌을 해소할 수 있는 경우가 많다.

마지막으로 변화에 대한 저항을 해결하기 위해서는 작은 승리에 만족할 필요가 있다. 단기간 내에 모든 요소를 해결한다는 생각보다는, 장기간에 걸쳐 변화의 과정과 프로그램을 설명하고 점진적으로 문제를 해결해 간다는 사고가 보다 효과적인 경우가 많다. 동일한 맥락에서 본격적인 프로세스 경영 프로젝트를 시행하기 전에 파일럿 성격의 프로젝트를 통해 성공에 대한 가능성과 더불어 변화에 대한 두려움을 해소할 수 있는 계기로 삼는 것도 현명한 대응방법 중의 하나일 것이다.

개구리 요리 : 준비되고 점진적인 변화관리의 필요성

프랑스에는 유명한 개구리 요리가 있다고 한다. 이 요리는 손님이 앉아 있는 테이블 위에 버너와 냄비를 가져다 놓고, 손님이 바라보는 바로 앞에서 개구리를 산 채로 냄비에 넣고 끓이는 것이다. 뜨거운 물 속에 개구리를 넣는다면 개구리가 갑자기 뛰쳐 나와 사방을 난장판으로 만들겠지만, 처음 냄비 속의 물의 온도가 개구리가 좋아할 정도로 미지근하여 개구리는 가만히 엎드려 있다고 한다. 미지근한 물에 기분 좋은 개구리는 점점 뜨거워져 가는 물의 온도를 감지하지 못하고, 자신이 점점 삶아지고 있다는 사실도 모른 채 죽어간다.

조직에서 이루어지는 변화도 천천히 데워지는 냄비 속의 물과 같아야 한다. 변화에 대한 저항을 해소할 수 있는 충분한 준비가 필요한 것이다. 냄비 속의 점진적인 물 온도의 변화를 통해 우리는 맛있는 개구리 요리를 먹을 수가 있다.

5

프로세스 경영을 위한 **지원 도구**

초기의 BPM이 프로세스 자동화를 목적으로 하였지만 그 의미가 비즈니스 프로세스를 기반으로 기업가치 창출이 가능한 경영학적 방법론으로 확장되고 있는 것처럼, 프로세스 경영을 지원하는 IT 도구들도 비즈니스 프로세스 관리 수명주기의 전체 영역을 지원할 수 있도록 다양해지고 있다. 초기 BPM은 BPM 자체가 이를 지원하는 IT 도구를 의미하기도 하였으나, 명확한 구분을 위해 BPM을 지원하는 IT 도구를 BPMS(Business Process Management System)로 부르기도 하였다. 그러나 현재는 프로세스 자동화를 포함한 프로세스 관리 수명주기 전체 단계를 지원하는 IT 도구 집합이라는 의미로서 'BPM Suite'이라는 용어가 일반적으로 사용되고 있다.

실제로 BPM의 범위는 비즈니스 프로세스의 전략 수립, 분석 및 설계, 구축 및 운영, 개선 및 최적화에 이르는 전체 수명주기에 대한 지원을 포함해서 전사 범위의 비즈니스 프로세스 아키텍처 수립, 워크플로 수준에서 시스템 트랜잭션 수준의 프로세스 구현, 경영전략과의 연계된 성과관리, 지속적인 개선체계 구축 등 계속해서 확장되고 있다. 즉 프로세스 경영의 다양한 측면을 지원하기 위한 IT 도구들이 지속적으로 제시되고 있다.

BPM 스위트에 대하여 상세하게 기술하기 전에 반드시 유의할 점은 BPM 수행을 단지 IT 관점에서 진행하면 안 된다는 것이다. 즉 BPM 스위트를 도입했다고 해서 프로세스 경영 시스템이 자동으로 구축된다는 것은 아니라는 점이다. BPM 스위트 도구들은 좀더 효과적이고 체계적으로 BPM 수행을 IT 관점에서 지원할 뿐이다.

이 장에서는 각 도구들이 스위트 관점에서 어떻게 BPM을 지원하고 있는지에 대해서 기술할 것이다. 또한 점점 더 다양해지고 있는 BPM 구현 방법에 대한 시장의 요구에 대해서 각 도구들의 역할을 조명해 본다.

1 BPM 스위트 아키텍처

⁂ 1.1 BPM을 위한 다양한 도구의 필요성

현재 BPM을 지원하는 IT 도구의 발전 경향은 BPMS에서 BPM 스위트로의 진화라고 요약할 수 있다. 기존의 BPMS는 프로세스 자동화라는 국한된 기능에 집중해 있었다. 이러한 BPMS는 플로차트 형식의 모델링 도구를 통해 프로세스를 추상화하고, 추상화된 모델을 프로세스 엔진을 통해 기간계 애플리케이션과 통합시켜, 동일 프로세스 내에서 업무를 수행하는 참여자들간의 업무흐름을 자동화시키는 것을 핵심 기능으로 하여 시장에 제공해 왔다.

물론 이러한 프로세스 자동화 기능이 비즈니스 프로세스 관리의 중요한 기능인 것만은 분명하지만, BPM이 지향하는 프로세스 혁신, 그리고 혁신을 통한 고객가치의 증대라는 목적을 달성하기 위해서는 기업의 목적 및 상황에 따라 다양한 측면의 프로세스 관리가 이루어져야 한다. 예를 들면, 현재 기업들이 추진하고 있는 PI 과제는 전사 범위로 프로세스 분석이 이루어지고 있으며, 이러한 프로세스 분석의 결과물에 대한 관리는 프로세스 자동화를 추진하지 않는다 하더라도 그 자체로 충분한 가치가 있다. 결과적으로 이것은 BPM이 제공해야 하는 비즈니스 프로세스 관리의 한 측면이며, 자동화에 국한된 BPMS의 한계인 것이다.

예측 불가능한 경영환경의 변화 속에서 기업은 이미 구축되어 있는 프로세스를 환경변화에 맞추어 계속 진화시켜 나가야 한다. 프로세스의 구축은 일시적이어서도 안 된다. 문제 있는 프로세스의 발견, 기존의 제품·서비스와 차별화되는 신제품 출시, 기업간 인수합병, 신규 법률에 맞춘 컴플라이언스 구축, 경쟁기업의 공격적 시장진출, 신규분야의 고객대응 등 어제의 프로세스가 재정의되어야 할 이유는 우리 주변에서 쉽게 찾아 볼 수 있다.

일회성 프로세스 실행에 그치지 않고 다양한 변화요소가 감지되는 시점에 신속히 이를 프로세스에 반영하기 위해서는 프로세스에 대한 전략 수립 → 프로세스 분석 및 설계 → 프로세스 운영 및 실행 → 프로세스 운영 결과에 따른 프로세스 개선 및 최적화 → 프로세스 전략에 대한 반영으로 이어지는 프로세스 생명주기 전체를 Closed Loop 방식으로 통합 지원하는 BPM 시스템이 필요하다. 즉 BPM 스위트가 필요하게 된다.

❖ 1.2 BPM 스위트의 형태

BPM의 개념이 확장되고 발전함에 따라 다양한 형태의 솔루션이 시장에 출시되어 있다. 사실상 대부분의 솔루션들이 BPM이라는 이름을 내걸고 있지만, 지원 기능이나 특징은 매우 다양하다. 이는 각 솔루션들이 특정한 형태의 비즈니스 프로세스를 지원하면서 발전한 것과 무관하지 않다. 현재

BPM에서 비즈니스 프로세스가 의미하는 개념은 추상화 정도에 따라서 시스템 트랜잭션 수준에서 사람 중심의 단위업무 수준, 그리고 가치사슬 수준으로 분류할 수 있으며, 나아가 기업과 기업간의 B2B 거래까지 포함하고 있다. 결과적으로 프로세스 관리라는 종국적인 목적은 동일하나, 솔루션의 태생 및 해당 벤더가 집중하고자 하는 산업군에 따라 세부적인 면에서는 차이가 많이 난다.

기존에는 관리형 BPM(Administrative BPM), 협업 중심의 BPM, 패키지 기반의 BPM, System-to-System BPM, Pure Play BPM 등 다양한 종류로 분류했다. 관리형 BPM은 전통적인 워크플로 작업 중심의 포털 솔루션들로 Integration 기능이 부족하고 화면 폼(Form) 중심의 애플리케이션을 구성한 반면, 협업 중심의 BPM은 역시 Integration 기능이 부족하면서 문서/양식 데이터의 공유에 중점을 두는 등, 각 분류별로 특징이 상이하다. 또는 각 벤더들이 제공하는 BPM의 초기 모습에 빗대어 워크플로 중심의 BPM, EAI 중심의 BPM, 또는 플랫폼 중심의 BPM으로 분류하기도 하였다.

그러나 최근에 스위트의 개념으로 BPM의 기능이 확장되고 범용화되어가는 추세가 뚜렷하다. 이러한 추세에 맞추어 사람 중심의 BPM(Human-Centric BPM)과 시스템 통합 중심의 BPM(Integration-Centric BPM)으로 양분화가 이루어지고 있다.

사람 중심의 BPM은 사람의 판단을 필요로 하는 경우에 적용이 된다. 해당 업무를 수행하는 사람은 업무수행을 위한 애플리케이션 소프트웨어, 관련 데이터베이스, 다른 사람과의 업무 지원, 관련된 문서 및 지식들을 활용하여 의사결정을 하고 업무를 완료하게 된다. 또한 사람은 모든 프로세스 수행의 중심에 있다. 즉 최종적인 일은 사람에 의해서 이루어지고, 그 사람의 경험, 지식과 규칙, 필요한 정보의 적절한 확보 여부, 그리고 얼마나 효율적으로 수행하는가에 따라서 관련된 프로세스들의 결과가 결정이 된다. 이를 지원하는 사람 중심의 BPM은 기업의 경쟁력을 확보하는 데 있어서 매우 중요하다.

시스템 통합 중심의 BPM은 애플리케이션과 애플리케이션 사이의 가교 역할을 수행하는 데 중점을 둔다. 이러한 경우는 과거 전통적인 EAI에서 진화해 왔는데, 데이터의 추출, 변환, 매핑, 트랜잭션 관리 등이 핵심 기능이다. 이러한 EAI가 이제는 프로세스를 기반으로 진화하기 시작했다. 애플리케이션간의 연결, 데이터 변환 및 매핑, 트랜잭션 등의 수행을 프로세스 기반으로 활용할 수 있으며, 이를 프로세스로 표현하고 관리할 수 있도록 성장하였다.

	사람 중심의 BPMS	시스템 통합 중심의 BPMS
지원 서비스 범위	SOA+Non-SOA - 기존 EAI와의 연동을 포함 - XPDL 등의 표준지원으로 문서흐름 및 현장 작업 중심의 워크플로 지원 - 기존 워크플로 업체에서 제품 출시	SOA 위주 - BPEL 표준 중심의 시스템 프로세스 통합 지원 - 기존 EAI 벤더에서 제품 출시
프로세스 특성	사람작업 중심의 장기 프로세스 위주 - 다양한 Semantic 레벨의 프로세스 통합 지원 - 풍부한 Process Specialty 지원(작업종류, 룰, 소식/역할 및 속성 지원, 회수/반송)	시스템 Logic 중심의 Microflow 위주 - 시스템 통합을 위한 컴포넌트 조합 지원 - 데이터 인터페이스 위주
구축목표 및 전개	현업주도의 Business Agility 최대화 비즈니스 전략달성 하의 Top-down 전개	Application 구현 측면의 Agility 향상 TCO 절감의 Bottom-up 전개

[그림 5-1] 사람 중심의 BPMS와 시스템 통합 중심의 BPMS 비교

앞으로의 BPMS는 어떻게 진화될까? 컨버전스가 경제·사회·문화 등에서 화두가 되고 있으며, 고객의 요구에 의해 또는 고부가가치의 상품의 필

요성에 의해 컨버전스가 이루어지고 있다. BPM 분야도 마찬가지다. BPM 에 대한 고객들도 사람 중심의 프로세스와 시스템 통합 중심의 프로세스의 컨버전스를 요구하고 있다. BPM이 관리하고자 하는 프로세스의 특성이 종 단간(End-to-End)이라는 점을 상기하면, 사람 중심의 프로세스와 시스템 중심의 프로세스가 연계될 수밖에 없고, 사람이 진행하는 작업에 다양한 데 이터 제공, 시스템간의 연계가 필요한 점에 비추어 보면 당연한 귀결이다.

현재는 스위트의 형태로서 다양한 솔루션들이 BPM의 영역으로 집결한 수준이지만, 향후는 단지 솔루션들의 집결 수준이 아닌 BPM의 모든 서비스 가 플랫폼과 연계된 서비스들의 집합으로 제공될 것으로 예측된다.

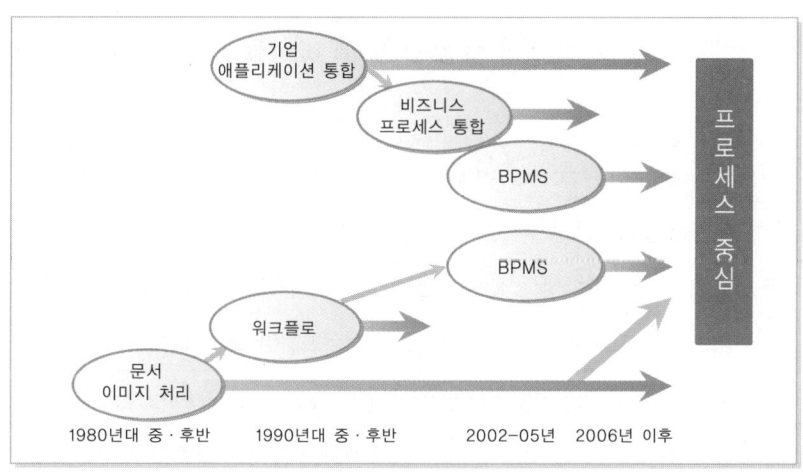

[그림 5-2] BPMS의 발전 추세

※ 1.3 BPM 스위트 구조

BPM 스위트는 내부 구성요소인 BPA와 BPE, EAI & ESB, BRE, BAM 간에 프로세스 모델, 데이터, 메타데이터 등을 서로 교환하면서 상호작용을 통해 프로세스를 지속적으로 개선시키고 비즈니스 성과를 창출하게 된다. 주요 시스템별로 간략한 설명을 첨부하면 다음과 같다.

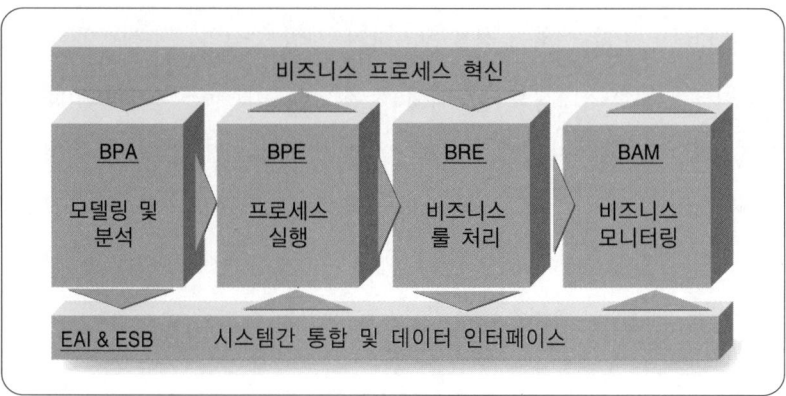

[그림 5-3] BPM 스위트 아키텍처

● BPA(Business Process Analysis) : 비즈니스 프로세스를 발견 · 식별하고, 모델링된 결과물이 요구사항에 수렴하는지를 분석하는 솔루션

● BPE(Business Process Execution, 전통적 워크플로 기반 솔루션) : 설계된 비즈니스 프로세스 모델에 근거하여 자동화하여 실행하는 솔루션

● EAI & ESB(Enterprise Application Integration & Enterprise Service Bus) : BPM이 프로세스 기반의 애플리케이션 통합을 구축할 때 사용하는 연계 솔루션

● BRE(Business Rule Engine) : 비즈니스 애플리케이션 상에서 IT 처리 로직과 혼재되어 있던 비즈니스 룰 부분을 별도로 관리하고 비즈니스 사용자가 직접 참여하여 설계 · 실행시킬 수 있도록 지원하는 솔루션

● BAM(Business Activity Monitoring) : 비즈니스 프로세스를 실행 및 운영하는 상황에서 관련 이벤트를 수집하여 프로세스 현황을 감시 · 통제하고 올바른 의사결정을 유도하는 솔루션

이후부터는 각 시스템별로 상세한 설명을 하고자 한다. 단, 사용자/조직도 관리, 싱글사인 온, 서버 관리와 같은 IT 솔루션의 일반적인 기능은 편의상 제외하였다.

2 프로세스 정의 및 분석 : 프로세스 분석 도구

2.1 프로세스 분석의 정의 및 필요성

비즈니스 프로세스를 분석한다는 것은 단어의 의미대로 비즈니스 프로세스를 식별하고 추상화하여 모델링하는 비즈니스 프로세스 정의, 그리고 현재 상태를 이해하고 문제점을 찾아서 개선하는 과정을 의미한다. 이러한 과정을 통칭해서 BPA(Business Process Analysis)라고 한다. 결국 비즈니스 프로세스를 어떻게 추상화하고 모델링할 것인가 하는 비즈니스 프로세스의 정의가 BPA의 핵심 관건이다.

일반적으로 BPM 솔루션 구축과 이행은 많은 인력과 비용이 소모되는 작업이다. BPA는 이러한 솔루션 구축 및 이행 작업 이전에 개발 대상인 프로세스를 정확히 정의하고 승인하는 단계로서 성공적인 BPM 구축을 위해 필수적인 작업이지만, 중요성에 비해 과소평가되는 경향이 있다.

BPA는 또한 일반적인 프로세스 자동화의 계획이 없더라도, 기업의 임직원을 포함한 관련자들이 프로세스를 이해하고 공유하는 것뿐만 아니라, 프로세스를 개선하고 최적화시키는 데 필수적인 작업이기도 하다. BPA는 전사 차원으로는 해당 기업의 비즈니스를 수행하는 수행체계를 정의하는 작업이며, 개인별로는 단위작업의 수행방법을 참조할 수 있는 업무 매뉴얼로도 활용이 가능하다.

거대 선박을 제조하는 과정을 상상해 보자. 거대 선박의 경우 대개 주문생산 방식으로 제작되는데, 이렇게 제작된 선박이 첫번째 테스트에서 실패해 원점으로 돌아가 다시 제작해야 한다면 제작업체에겐 엄청난 손해가 불가피할 것이다. 이러한 결과를 막기 위해서 제작업체는 우선 정확한 요구사항을 수렴하고, 이를 지면으로 디자인할 것이다. 그러고 나서 소형의 시제품을 제작한 다음, 실제 운영환경을 모사한 테스트 실험에서 배의 기능 및 성능을 검증할 것이다. 만약 테스트 실험을 통과하지 못한 경우, 선박 설계에 수정이 가해지고 다시 시제품 제작과 테스트가 시행될 것이다. 이러한 반복적인 과정을 선박의 모델링 및 분석 과정이라고 칭하는데, 이 과정은 디자인이 완성되고 선박의 성능이 고객의 요구사항을 충족시킬 때까지 반복된다. 모델링 및 분석 과정이 완료되었을 때에서야 선박 제조업자는 실물 선박의 제조를 시작한다. 이렇게 선박의 요구사항을 정의하고, 지면으로 모델링하며, 성능을 검증할 수 있는 시제품을 제작하는 부서는 실물 선박을 제작하는 부서와 구별된다.

비즈니스 프로세스도 선박의 제조 과정과 비슷하게 요구사항 식별, 모델링, 분석의 과정을 거친다. 이러한 모델링 및 분석 과정을 거치는 이유는 다음과 같다.

- 비즈니스 프로세스는 대부분의 경우 복잡하다. 따라서 개발을 진행하기 전에 사용자들의 요구사항을 정확히 식별하고 이해하는 것이 무엇보다도 중요하다. 이러한 작업에 소홀히 하면 대개의 경우 BPM 프로젝트는 실패한다.
- BPM 솔루션을 구축하는 작업은 상당한 비용 및 인력투자를 필요로 한다. 잘못된 설계와 불충분한 성능을 가진 BPM 솔루션의 실행은 경제적 비용지출의 낭비뿐만 아니라 조직 내 갈등을 양산하기도 한다. 효과적인 BPA 작업은 실패의 위험성을 줄이고 잘못된 사항을 사전에 감지하여 조치하게 함으로써 도입비용을 줄일 수 있게 한다.
- BPA를 통해 만들어진 산출물들은 이후 비즈니스 사용자와 IT 전문가가 IT 시스템 및 자원에 관해 협의할 때 커뮤니케이션 도구로 사용할 수 있다. BPA의 산출물인 프로세스 아키텍처와 프로세스 맵 및 관련 문서를 바탕으로 비즈니스 사용자들이 자신들의 요구사항을 정의할 수 있고, IT 전문가들은 비즈니스 요구사항을 IT 솔루션으로 전환하는 데 사용할 수 있다. BPA가 없었다면 비즈니스와 IT간의 Alignment는 더욱 어렵고 복잡할 것이며, 양자 간의 불협화음으로 더욱 고비용의 IT 구조를 가져가게 될 것이다.

2.2 비즈니스 프로세스 분석 기능

BPA의 내용은 크게 두 가지로 정의할 수 있다. 첫번째는 비즈니스 프로세스에 대한 현재 상태를 이해하고, 이에 따른 비즈니스 프로세스를 정의하는 것이다. 비즈니스 프로세스의 정의에는 비즈니스 프로세스의 그래픽 모델, 프로세스 속성, 프로세스 아키텍처 등에 대한 기술을 포함한다.

두 번째는 정의된 비즈니스 프로세스를 바탕으로 다양한 관점으로 프로세스를 분석하는 것이다. 이러한 분석에서 가장 중요한 것은 현재 상태의 프로세스의 개선점을 찾을 수 있도록 지원하는 것이다. 이를 위해서 대부분의 BPA 도구들은 정의된 프로세스 모델 요소들간의 상관관계 분석, 인과관계 분석 등을 포함하여 시뮬레이션 등의 최적화 기능을 제공한다.

비즈니스 프로세스를 정의하는 것은 공식화된 형식으로 비즈니스 프로세스를 모델링하는 것으로 볼 수 있다. 비즈니스 프로세스를 공식적으로 정의하는 이유는 정의된 비즈니스 프로세스 모델이 다음과 같은 역할을 할 수 있기 때문이다.

- 비즈니스 프로세스의 현재/개선 상태 프랙티스에 대한 기술서
- 프로세스의 측정과 분석을 위한 도구
- 조직의 노하우에 대한 저장소
- 계획을 위한 템플릿
- 구현과 실행을 위한 매개체
- 프로세스 개선의 기저선

해당 역할의 수행 정도는 비즈니스 프로세스를 어떻게 정의하는가에 달려있다. 예를 들면, 프로세스 측정을 위해서는 측정에 필요한 데이터가 속성으로서 정의되어야 한다.

과거로부터 프로세스를 정의하기 위한 많은 방법들이 고안되어 왔다. 이러한 방법들에는 [그림 5-4]와 같이 플로차트, 데이터 플로 다이아그램, 페트리 네트(Petri net) 등이 있다. 이 방법들은 컴퓨터 공학에서 프로그램의 알고리즘 분석, 제조 분야에서 제품의 제조순서 분석, 또는 건설 분야에서 건축이 이루어지는 순서 분석 등에서 많이 활용되어 왔다. 또한 방법에 따라서 다양한 표기법이 사용되기도 하였지만, 최근의 프로세스 모델링 표기

법은 프로세스 관련 국제표준 조직인 BPMI(Business Process Management Initiative)에서 제시한 BPMN(Business Process Management Notation)이 국제적인 표준으로 자리잡고 있다.

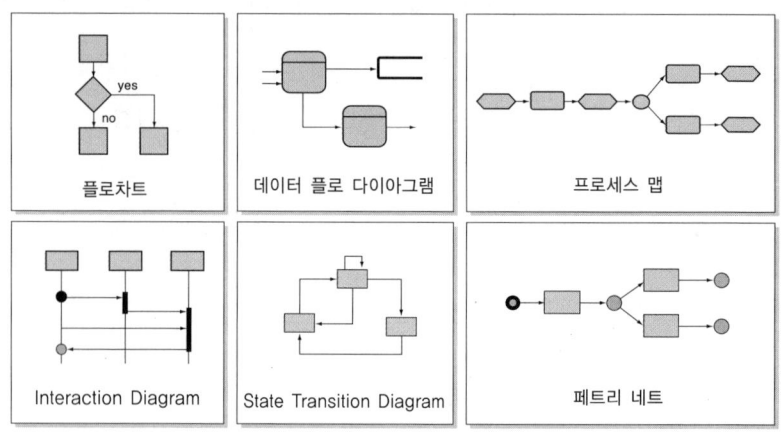

[그림 5-4] 프로세스 모델링 기법들

비즈니스 프로세스 정의는 이러한 과거의 프로세스 분석 기법과 비즈니스의 특성, 즉 단위업무를 수행하는 조직, 단위업무에 투여되는 비용과 산출물, 단위업무에서 활용하는 자원 등과 같은 비즈니스를 분석하기 위한 속성들이 추가된 것으로 볼 수 있다.

결과적으로 비즈니스 프로세스 모델은 기본적인 '단위활동들로 구성된 일련의 흐름'을 표현하는 모델을 중심으로 프로세스에 참여하는 조직, 프로세스에 투입되는 자원과 산출물 등 관점별 모델들로 구성된다. 이러한 이유로 BPA는 엔터프라이즈 모델링 도구로 여겨지기도 했으며, 현재 많은 EA 도구들이 BPA 도구로부터 발전해 왔다. 사실상 다양한 관점의 모델을 제공하는 것은 좀더 정확하게 프로세스를 이해하고자 하는 이유도 있지만, 프로세스의 개선이 단지 프로세스의 흐름만을 대상으로 하는 것이 아니라 프로세스에 참여하는 조직의 변화, 투입 자원의 변화, 비즈니스 규칙의 변화 등을 통해서도 달성할 수 있기 때문이다.

이를 예제를 들어 설명하기 위하여 온라인 쇼핑몰에서 이루어지는 고객 요청 처리 프로세스를 가정해 보자. 온라인 쇼핑몰에서는 고객의 요청을 접수하고, 요청 내용을 분석한다. 만약 자체적으로 답변이 가능하다면 답변서를 작성하여 고객에게 전달한다. 그러나 고객 문의가 택배사와 같은 협력사의 문제라면, 해당 협력사에 고객 요청을 전달하고, 해당 협력사는 답변서를 작성하여 온라인 쇼핑몰에 답변하며, 쇼핑몰은 다시 해당 답변을 고객에게 전달하는 과정으로 구성되어 있다.

일반적으로 프로세스의 정의는 먼저 단위업무들과 이러한 단위업무들을 연결시켜 단위업무의 흐름을 식별하는 순서로 진행된다. 이러한 과정을 거친 산출물은 [그림 5-5]와 같다.

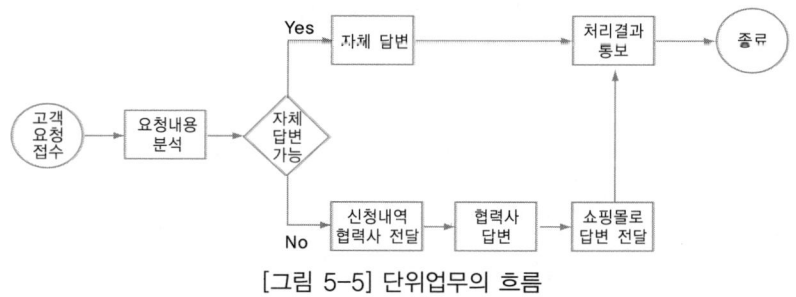

[그림 5-5] 단위업무의 흐름

두 번째로 고려해 볼 수 있는 사항은 예제에서 언급한 '고객 요청 사항', '답변 내용'과 같은 데이터 또는 문서들이다. 이러한 내용은 프로세스 모델링에서 데이터 또는 정보 등으로 표현되어 프로세스 모델에 추가될 수 있다. 실제로 [그림 5-6]은 이러한 정보가 추가된 프로세스 모델이다.

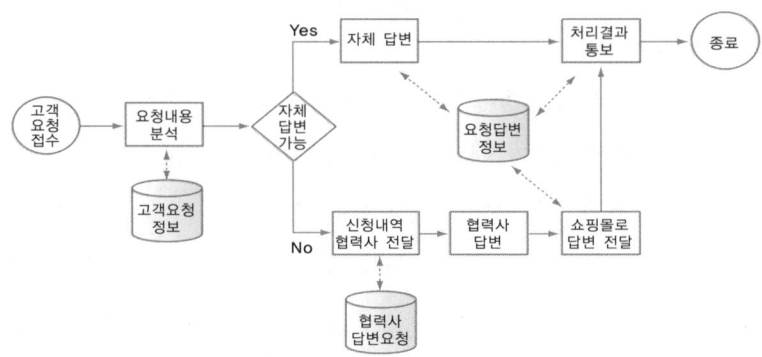

[그림 5-6] 데이터 또는 정보의 추가

세 번째로 고려해 볼 수 있는 사항은 단위업무를 수행하는 수행 주체이다. 수행 주체는 주로 조직을 의미하지만, 특정한 자동화 시스템(예를 들어 웹 서비스)이 될 수도 있다. [그림 5-7]의 예에서는 쇼핑몰의 고객센터와 협력사가 Swimlane 형식으로 추가되었다.

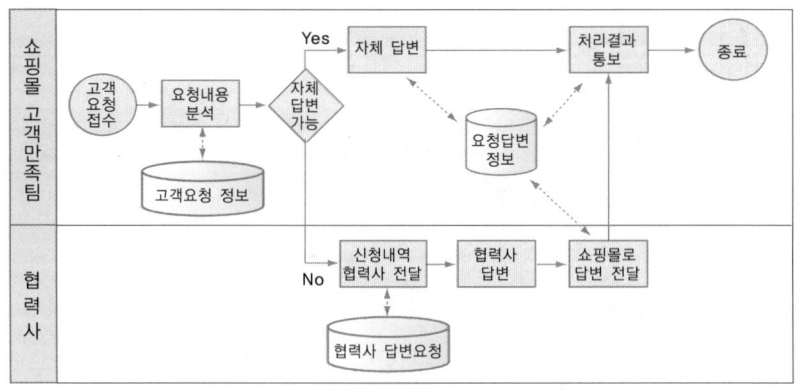

[그림 5-7] 조직의 추가

지금까지 비즈니스 프로세스의 정의에 '단위업무의 흐름', '정보', '조직'이 추가된 모습을 보았다. 방법론에 따라서는 '비즈니스 규칙', 'IT 시스템', '정책' 등의 요소가 추가될 수도 있으며, 프로젝트 환경 또는 분석의 목적에 따라서 모델링 요소를 추가하여 작성하면 된다.

이렇게 비즈니스 프로세스의 정의는 비즈니스 프로세스를 중심으로 업무, 조직, 정보, 시스템 등의 엔터프라이즈를 구성하는 각 요소들의 통합 관점에서 이루어진다.

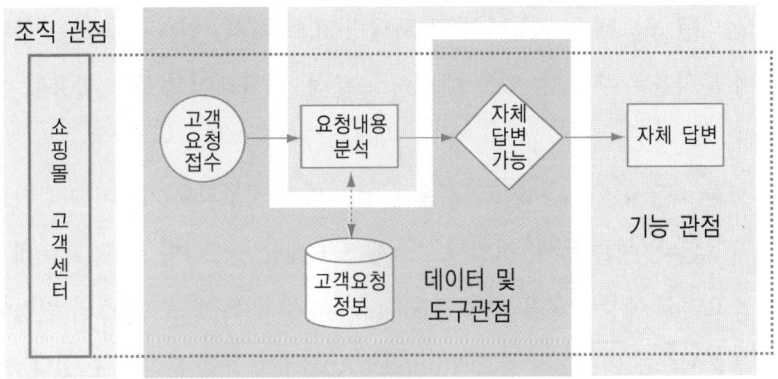

[그림 5-8] 관점의 통합에 따른 프로세스 모델 구성

전사 범위로 다양한 프로세스가 존재하기 때문에, 각 프로세스에는 중복적으로 조직, 데이터 등이 각 관점별로 중복되어 포함될 수 있다. 따라서 각 관점별로 통합모델을 작성하는 방법을 통해 모델링 요소의 중복을 피하고 복잡성을 줄일 수 있다.

지금까지 기술한 기본적인 프로세스 모델의 속성 외에 최근의 프로세스 분석에서는 프로세스를 통해 관찰할 수 있는 측정치를 추가로 기술하기도 한다. 이러한 측정치는 일반적으로 프로세스 핵심지표(Process KPI)로 불리며, 해당 프로세스의 성과, 성과 결과에 따른 위험요소 및 대응방법 등을 기술한다. 따라서 BPA 도구는 이러한 성과 측정치를 정의하는 템플릿 또는 기능을 제공하고 있다.

BPA의 프로세스 분석은 정의된 비즈니스 프로세스로부터 개선점을 찾기 위해 수행하는 작업을 의미한다. 비즈니스 프로세스 실행 도구에서 수행하는 비즈니스 프로세스 분석은 프로세스 실행의 결과로 축적된 데이터로부터 개선점을 찾기 위해 수행하는 작업이다. 따라서 BPA의 분석은 정의된 프로세스 모델에서 각 모델링 요소들간의 인과관계 또는 상관관계 분석을 수행할 수 있는 매트릭스 분석, 시뮬레이션 등을 활용할 수 있다.

또한 사용자의 효과적인 분석을 위해 다양한 정보검색 기능이 필수적으로 요구된다. 예를 들면, 정의된 프로세스가 예상 리드타임, 전체 프로세스의 소요자원 예상량 등을 추정(Prediction)하거나, 특정 프로세스의 변경이 타 프로세스에 미치는 파급효과(Impact Analysis) 등을 분석할 수 있다. 또한 동일 프로세스에 대해 시뮬레이션을 통해 설계된 두 대안간의 통계학적(Stochastic) 우열을 비교해 볼 수도 있다.

2.3 시장에서의 비즈니스 프로세스 분석 도구들

비즈니스 프로세스는 개념적 설계에서부터 응용시스템과 통합하여 프로세스를 실행하는 수준까지 그 범위가 넓게 존재한다.

역사적으로 비즈니스 프로세스 분석 도구는 다음과 같은 두 개의 주요 그룹에 의해 사용되어 왔다. 한 그룹은 분석 및 설계 방법론을 활용해 응용시스템을 모형화하고자 하는 IT 개발자들이고, 나머지 한 그룹은 비즈니스 프로세스에 대해 보다 더 잘 이해하기 위하여 비즈니스 아키텍처의 개념을 갖고 비즈니스 수준의 프로세스를 분석하고 설계하고자 하는 기업 분석가 또는 비즈니스 컨설턴트들이다.

먼저, IT 개발자들에게 친숙하면서 비즈니스 수준의 프로세스 모형화가 가능하도록 발전해온 대표적인 것이 UML(Unified Modeling Language) 지원 도구이다. 비록 초기 UML이 시스템 개발 방법을 위한 표기법으로 고안되었지만, UML의 저자 중 한 사람인 야콥슨은 비즈니스 사례에 충분히 적용 가능하다는 것을 보여주었다.

[그림 5-9]는 UML의 단위활동 다이아그램을 통해 비즈니스 프로세스를 모형화한 사례이다.

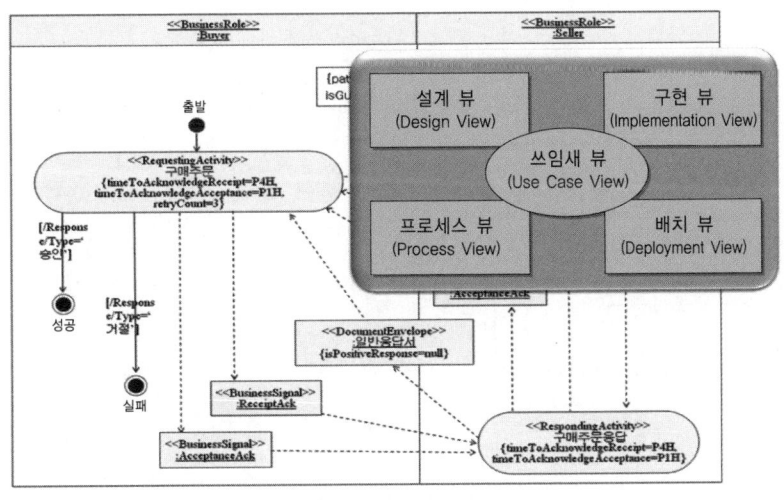

[그림 5-9] UML 중심의 BPA 도구

UML을 통한 프로세스 분석은 패키지 형태의 BPM이 아니라, 사용자 또는 프로젝트 환경에 맞는 고유한 형태의 BPM을 구축하는 경우에 특히 유용하다.

이와는 반대로 기업 분석가 또는 컨설턴트들에게 친숙한 형태로 발전해 온 대표적인 BPA 도구 중의 하나가 엔터프라이즈 아키텍처(EA, Enterprise Architecture) 솔루션들이다. 초기 프로세스 분석 방법론이 정립되지 않았던 시기에 EA 도구들은 프로세스 모형을 중심으로 조직 모형, 기능 모형, 데이터 모형이 통합된 형태로 제공되는 방법론인 "House of Business Engineering" 등을 제시하면서 기업 분석가들에게 큰 호응을 받았다. 현재 BPA의 모델링 기법은 매우 다양하게 발전하고 있지만, 비즈니스 프로세스를 중심으로 다양한 관점의 모델을 통해 기업을 분석하고자 하는 방법은 변하지 않고 있다.

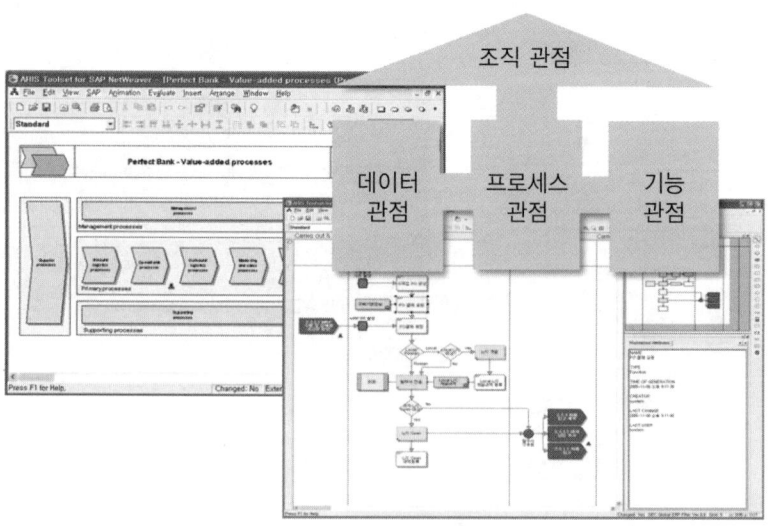

[그림 5-10] EA 도구의 프로세스 모델링 예

특히 EA 솔루션의 모델링 도구가 BPA의 대표적인 제품으로 발전하게 된 계기는, 당시 기업혁신 도구의 대표적인 것으로 인정받았던 ERP 제품과의 연계 기능을 제공하면서 기업분석을 위한 대표적인 도구로 시장에서 크게 확산하게 되면서부터이다.

최근 BPM의 확산과 더불어 비즈니스 수준에서 운영 수준까지 프로세스를 일관되게 기술하고 연계하고자 하는 요구가 지속되고 있다. 결국 BPA 도구들도 이러한 사용자들의 요구사항에 맞게 시장에 공급되어 왔으며, 현재 시장에는 이러한 특성에 따라 다양한 BPA 도구들이 공급되고 있다.

특히 프로세스 분석이 IT 개발자 또는 기업 분석가의 전유물이 아니라 비즈니스 현업의 몫이며, 이들의 적극적인 참여를 유도하기 위한 요구사항이 지속적으로 증가하고 있는 추세이다. 예를 들면, 비즈니스 프로세스를 표준화하여 자산화하고, 이를 지속적으로 개선하는 체계가 현업의 참여를 바탕으로 추진되고 있는 것이다. 이러한 시장의 요구사항에 맞게 시장에 출시되고 있는 제품들의 특징은 기존의 BPA 기능과 함께 비즈니스 현업의 활발한 참여를 유도하기 위하여 용이한 사용자 접근, 사용자에 의한 변화관리 체계, 사용자에 의한 프로세스 정의 등이 이루어질 수 있도록 하고 있다.

이러한 대표적인 제품이 핸디소프트의 HANDY PAL이다. HANDY PAL에는 프로세스 아키텍처, 프로세스 모델링, 변화관리 등의 기능이 제공되고 있다.

[그림 5-11]은 HANDY PAL의 사용구조를 표현한 것이다.

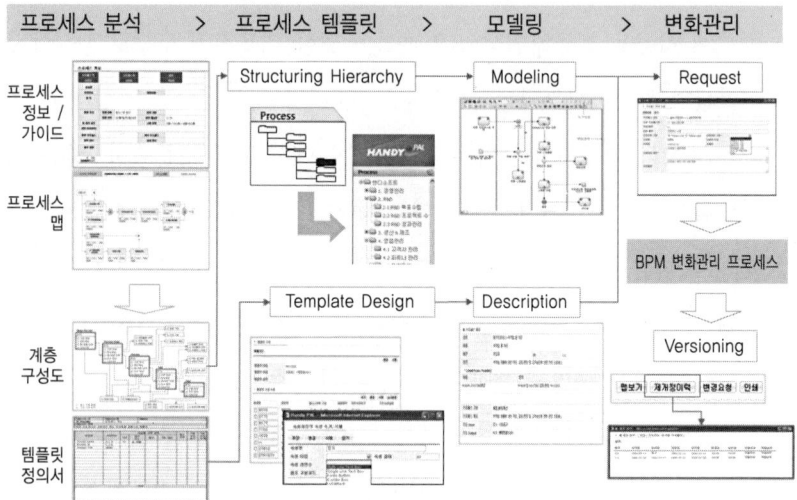

[그림 5-11] HANDY PAL

결론적으로 시장에서는 다양한 형태의 BPA 도구들이 제공되고 있으며, 효과적인 BPA 도구의 사용은 프로젝트의 환경 또는 목적에 따라 선택되어야 한다는 것이다.

3 프로세스 자동화 도구

3.1 비즈니스 프로세스 자동화의 정의 및 필요성

비즈니스 프로세스를 자동화한다는 것은 정의한 프로세스에 따라 업무가 자동으로 흘러가도록 한다는 의미이다. 프로세스 분석을 통해 정의한 프로세스를 대상으로 시스템 운영 환경에서 실행 가능한 코드로서의 프로세스 정의를 관리하고, 프로세스별로 사람 · 자원 · 정보를 연결시켜 통합 관리할 수 있도록 지원하는 것이다.

결과적으로 프로세스 자동화 도구는 실행 수준의 비즈니스 프로세스 관리를 위해 제공되는 서비스 및 도구를 총괄하는 개념으로 정의할 수 있다. 예를 들면, 프로세스 정의, 실행, 모니터링, 그리고 관리 등이 포함된다. 따라서 BPM 실행 도구는 프로세스 실행 서비스를 제공하는 엔진을 중심으로 실행 프로세스 정의와 모형을 위한 도구, 프로세스의 진행 상황을 파악할 수 있는 모니터링 도구, 그리고 프로세스 진행 이력 자료를 바탕으로 문제점 분석이나 각종 통계자료를 제공해 줄 수 있는 분석도구가 포함된다.

또한 프로세스 실행 엔진을 통해 외부 시스템과의 통합을 지원할 수 있어야 한다. 초기의 BPM이 프로세스 자동화에 초점을 두었기 때문에, [그림 5-12]와 같이 BPM을 지원하는 BPMS가 자동화에 한정되어 있는 것처럼 보이지만, 설명의 용이성을 위해 시장조사기관인 델파이 그룹의 자료를 인용하였다.

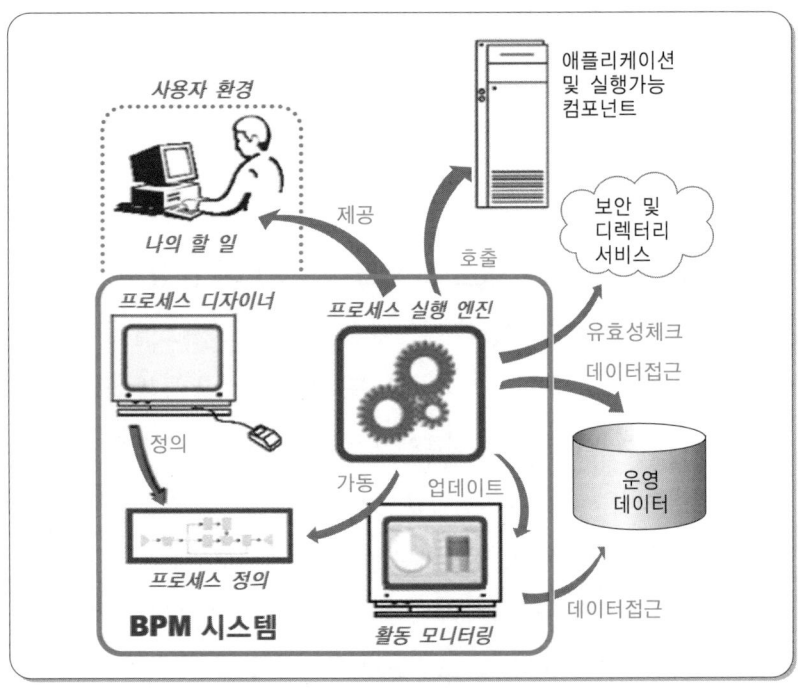

[그림 5-12] BPM의 개념적 모형

프로세스 자동화 도구의 구조를 개념적으로 설명하면, 먼저 프로세스 설계자에 의해 실행 가능한 수준으로 프로세스가 정의된다. 정의된 프로세스는 사용자의 요청 또는 외부 시스템의 요청에 따라서 프로세스 실행 엔진에 의해 실행되면서 프로세스 인스턴스가 생성하게 된다. 프로세스 정의는 '구매 프로세스'와 같이 조직 내에서 이루어지는 다양한 구매 형태를 추상화한 형식으로 묘사할 수 있는 반면, 프로세스 인스턴스는 '홍길동' 고객에 의해 시작된 '5번 상품' 구매 프로세스와 같이 실제 구매가 이루어지는 프로세스를 의미한다.

프로세스가 실행되면 프로세스 실행 엔진은 업무흐름에 따라 업무목록 (Work List)과 작업항목(Work Item)를 생성하고, 이를 해당 업무를 담당하는 참여자에게 전달 또는 통보한다. 또한 해당 업무 수행에 특정한 시스템을 이용하는 경우, 프로세스 실행 엔진은 해당 시스템과의 연계를 통해 업무 담당자에게 필요한 작업환경을 제공한다. 해당 업무가 시스템에 의해 수행되는 업무라면 해당 시스템이 담당 업무를 수행하도록 한다. 예를 들면, 구매 결과를 고객에게 통보하는 이메일 작업이라면, 프로세스 실행 엔진은 상황에 맞는 콘텐츠를 생성하여 이메일 시스템과의 연계를 통해 이메일 보내기 작업을 수행하도록 한다. 이러한 수행 결과는 프로세스 저장소에 저장되고, 모니터링 도구를 통해 실행 중인 프로세스 데이터와 저장된 프로세스 데이터를 모니터링하고 결과를 분석할 수 있다.

프로세스 자동화 도구들은 제품에 따라서 지원하는 기능의 수준 차이가 있다 하더라도 개념적으로는 지금까지 설명한 기본 기능을 크게 벗어나지는 않지만, 실행 프로세스의 추상화 수준에 따라서 프로세스의 정의에 대한 형태적·의미론적 모형에는 차이가 난다. 쉽게 설명하면, 비즈니스 프로세스는 계층적으로 사람의 업무 중심으로 구성된 워크플로와 시스템 수준의 트랜잭션 중심으로 구성된 프로세스로 나누어 볼 수 있다. 일반적으로 전자의 경우 전통적인 워크플로 솔루션을 통해 프로세스를 실행할 수 있으며, 후자의 경우는 BPEL, EAI 등의 솔루션을 통해 구현할 수 있다. 대부분의 BPM 스위트는 두 솔루션을 모두 제공하며, 상호보완적으로 연계할 수 있는 기능을 제공하고 있다.

프로세스 실행을 위한 패키지 형태의 전문 솔루션을 도입하지는 않았지만, 실제 현장에서는 다양한 e-비즈니스 시스템의 자체 시스템 내에 워크플로를 내장한 경우를 볼 수 있다. B2B 시장에서 '구매요청 → 구매발주 → 구매승인 → 배송주문' 등으로 이루어지는 데이터 교환과 화면이동을 정형화시킨 것이 대표적인 예이다. 그러나 이러한 경우는 해당 산업군에서 정형화된 프로세스를 애플리케이션 로직으로 구현하였기 때문에, 요구사항 변화에 따른 프로세스 변경이 어려운 경우가 태반이다. 이러한 경우는 전문 BPM 도구가 프로세스의 신속한 적용, 용이한 프로세스 개선, 그리고 다양한 비즈니스 룰 적용 및 태스크/작업자 분배가 가능한 것에 비해 기능 및 유연성이 크게 부족하다. 여기에서 기술하는 내용에서는 특정 영역에서만 적용 가능한 프로세스 자동화 솔루션은 제외하였다.

⁂ 3.2 프로세스 자동화 기능

프로세스 자동화는 패키지 제품을 도입한다 하더라도 일반 패키지와는 달리 별도의 고객 환경에 맞는 구축 과정을 거쳐야 한다. 프로세스 자동화 구축을 위한 제품 패키지에는 워크플로 엔진을 중심으로 프로세스 자동화를 위해 필요한 내용들에 대한 저작 도구 및 분석 도구가 포함되어 있을 뿐이며, 실행 프로세스에 대한 콘텐츠, 즉 고객 고유의 프로세스, 운영 환경에 대한 커스터마이징, 업무처리 도구 등은 별도의 구축 프로젝트를 통해 구현되는 것이다. 이러한 특성은 같은 산업군의 고객들이 동일한 BPM을 구축하였다 하더라도, 고객들마다 자신들의 고유 프로세스를 자동화하는 것이기 때문에 서로간에 차별화가 가능하다.

사실상 프로세스 자동화 패키지는 비록 패키지 형태를 갖추고 있지만, 패키지와 일반 SI(System Integration)성 작업을 동반한다. 일반 패키지는 설치하면 곧바로 해당 시스템을 운영할 수 있는 것에 반해, 프로세스 자동화 구축 과정은 비즈니스 프로세스 분석을 통해 정의된 프로세스를 상세하게 실행 수준으로 정의하는 설계 과정, 타 시스템과의 연동작업, 단위업무 전산화에 필요한 소규모 애플리케이션 제작 과정 등을 거쳐야 한다. 이를 좀 더 상세하게 살펴보면 다음과 같다.

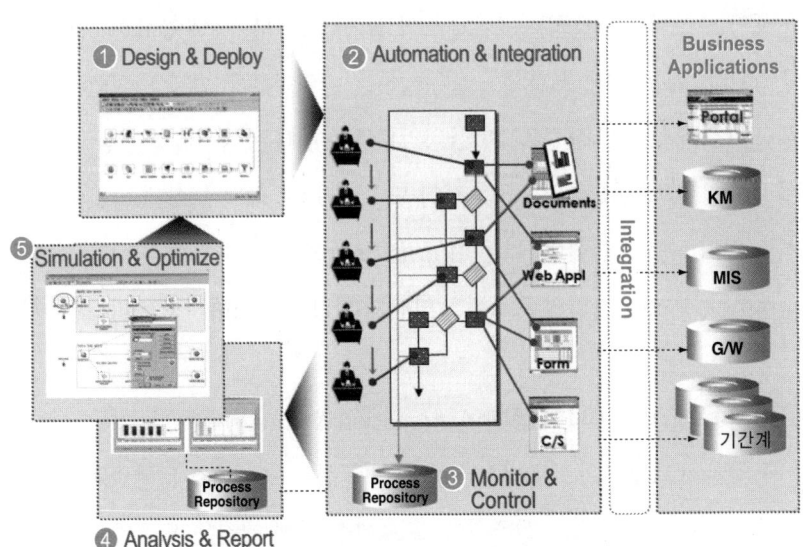

[그림 5-13] 프로세스 자동화 구축 및 운영 과정

1) 프로세스 정의(Design & Deploy)

비즈니스 프로세스 분석(BPA)에서의 프로세스 정의는 비즈니스 사용자가 작성하는 개념 모델이었던 반면에, 프로세스 자동화를 위해 정의하는 프로세스는 실행 가능한 형태를 말한다.

이상적인 환경에서는 비즈니스 사용자가 정의한 개념 모델만으로도 실행이 가능할 수 있으나, 대개의 경우 다수의 시스템과 통합하고 개념을 구체적인 로직으로 표현하는 문제 때문에 IT 전문가의 개입이 아직까지는 일반적이다. 다수의 벤더들이 개념 모델로 정의된 것(예를 들면, BPMN으로 표기된 프로세스 모델)을 자사의 프로세스 정의 모델로 전환하는 것을 지원한다. 물론 이 경우에도 실행 모델로 전환하기 위해서는 추가작업이 보편적으로 필요하다.

해당 프로세스의 정의는 프로세스의 실행과 분석을 위해 필요한 정보들로 구성된다. 예를 들면, 프로세스를 구성하는 단위업무들, 해당 단위업무를 수행하는 단계의 흐름과 규칙, 각 단위업무를 수행하는 참여자의 역할, 단위업무 수행을 위해 필요한 자원 및 작업 도구, 그리고 해당 프로세스에 대한 분석 측정치 등을 포함한다. 이는 기업의 프로세스 자체에 대한 지식과 정보를 축적하는 것으로, 기업의 프로세스 자산의 확보를 의미하기도 한다.

2) 프로세스 자동화와 통합(Automation & Integration)

정의된 프로세스는 프로세스 실행 엔진을 통해 프로세스 모형으로 관리될 뿐만 아니라 실질적으로 실행된다. 프로세스 실행 엔진은 프로세스가 정의된 업무규칙에 맞게 수행되도록 관리하고, 업무수행 중 요구되는 정보를 적절하게 제공하거나 필요로 하는 기록을 수행할 수 있도록 사람과 사람, 사람과 시스템, 시스템과 시스템을 지휘(Orchestration)한다. 이것은 조직 구성원과 시스템들이 정의된 프로세스에 맞게 업무를 처리할 수 있도록 지원한다는 것을 의미한다. 이를 위해서는 크게 단위업무 처리에 필요한 응용시스템 개발과 프로세스 내에 참여하는 타 시스템과의 연동작업이 필요하다.

대부분의 프로세스 자동화 솔루션은 비슷한 기능을 갖지만, 자동화 대상이 되는 프로세스의 형태는 크게 두 가지 종류로 구분할 수 있다.

첫번째는 전통적인 워크플로 형태의 프로세스를 지원하는 것으로서, 프로세스를 구성하는 단위활동이 참여자가 수행하는 최소 단위의 업무로 정의된다.

두 번째는 시스템 통합에 초점을 둔 프로세스를 지원하는 것으로서, 단위활동이 시스템이 수행하는 트랜잭션 형태로 구성되어 있다.

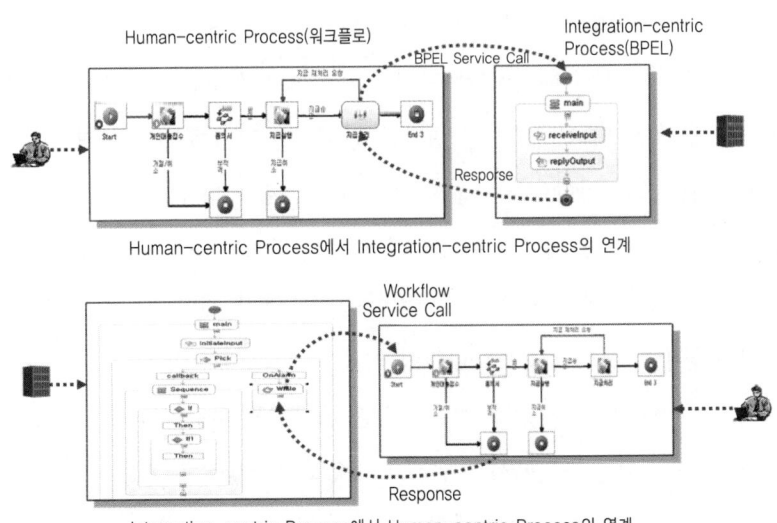

[그림 5-14] 프로세스 통합

결과적으로 전자의 프로세스는 주로 현업 또는 분석가에 의해 설계가 이루어지며, 후자는 IT 개발자에 의해 주로 수행된다. 또한 두 형태의 프로세스는 각자 서로 다른 출발선에서 발전해 왔기 때문에, 프로세스를 정의하는 표준이 전자는 XPDL, 후자는 BPEL을 따르고 있다.

프로세스 자동화에서 두 가지의 형태의 프로세스는 실제 프로세스의 처리 내용, 설계자, 참여자 등이 다르기 때문에 서로 구분하여 설계 및 구축이 이루어지는 것이 효과적이다.

그러나 두 프로세스가 물리적으로 다르게 구현되었다 하더라도, 논리적으로 하나의 프로세스로 표현된다면 [그림 5-14]처럼 서로 연계하여 하나의 프로세스처럼 동작하도록 할 수 있다.

3) 모니터링과 통제(Monitoring & Control)

프로세스 자동화 솔루션 내에서 정의되고 실행되는 프로세스는 정보 저장소에 저장된 관련 데이터들로부터 프로세스가 정의된 대로 수행하도록 관리할 수 있으며, 프로세스의 성과를 일정 수준에 맞추기 위하여 필요한 조치를 취하도록 한다. 예를 들면, 프로세스 전체 혹은 단계별 업무수행이 완료되어야 할 시점, 업무의 수행 수준 및 수행 과정의 규칙, 또는 특정 측정치에 해당하는 값이 일정 수준에 도달할 수 있도록 통제할 수 있다. 또한 진행되는 상황을 실시간으로 모니터링해 볼 수 있으며, 수행된 기록을 통해 이력을 추적해 볼 수도 있다. 이는 업무를 수행하는 관점에서, 그리고 프로세스를 관리한다는 측면에서 모두 의미가 있는 것이다.

대부분의 프로세스 자동화 솔루션이 비교적 간단한 모니터링 기능을 제공하고 있지만, 최근의 BPM 구축 과제에서 요구되는 모니터링 기능은 자동화된 프로세스를 포함하여, 자동화되지는 않았지만 표준화된 프로세스 전체를 대상으로 하며, 단순한 진행 상황에 대한 모니터링을 넘어서 성과관리, 위험관리, 나아가 전략활동과의 연계 등을 요구할 정도로 범위가 확장되고 있다. 이것이 BAM(Business Activity Monitoring) 솔루션이 BPM 스위트에 포함되는 이유이기도 하다. 따라서 BPM 구축 프로젝트에서 모니터링 기능은 상황에 맞게 적절한 도구를 선택하는 것이 효과적이다.

4) 프로세스 분석 및 보고(Analysis & Report)

프로세스가 실행되는 과정 중 발생한 정보들을 이용하여 다양한 관점에서의 분석이 가능하다. 예를 들면, 프로세스 수행과 관련된 자원(조직)과 비용, 그리고 시간 등의 관점으로 분석할 수 있으며, 업무적인 필요성에 따라 오류나 클레임 발생률과 같은 비즈니스 관점에서 측정해야 할 기준을 미리 정의한 KPI(Key Performance Indicator)나 측정치로 측정할 수 있는 것이다. 이것은 기업이 프로세스에 대하여 현재의 수준을 아는 데 절대적으로 기여한다. 측정된 결과는 프로세스를 분석하거나 개선하기 위한 입력자료로 활용될 수 있다.

프로세스 분석을 위하여 구체적인 목표 수준을 정하고, 보다 우수한 프로세스로 개선하기 위한 정보를 수집해야 한다. 동일한 성과를 얻어내는 타 프로세스를 검토해 보는 방안도 있을 수 있고, 사내·외 그리고 동종업계에서 다양한 정보와 데이터를 수집하여 참고할 수도 있을 것이다. 이를 위하여 BPM이 가지고 있는 프로세스 정보와 사내·외 다양한 정보의 원천들로부터 데이터를 수집하여 다양한 관점에서의 분석을 수행한다.

5) 시뮬레이션 및 최적화

분석을 통해 발견된 문제점 또는 개선기회를 통해 해당 프로세스가 최적화 상태로 실행될 수 있도록 개선작업을 수행한다. 사실상 개선작업은 기존의 프로세스를 수정하는 것으로서 선순환적으로 프로세스를 정의하는 작업이 시작됨을 의미한다. 프로세스를 최적화하기 위한 메커니즘은 경험적인 지식 또는 그래프 이론과 같은 이론적 지식이 활용될 수 있다. 그러나 프로세스의 실행은 사람, 시스템, 업무 등과 같은 복잡한 변수를 포함하기 때문에, 가상으로 프로세스를 실행시켜 문제점을 도출하고 분석할 수 있는 시뮬레이션 방법은 매우 효과적인 최적화 방법일 수 있다.

프로세스의 개선 또는 최적화에서 가장 중요한 것 중의 하나는, 경험적인 지식 또는 이론적인 지식을 활용한다 하더라도 프로세스 실행을 통해 축적된 데이터에 기반해야 한다는 것이다. 특히 KPI를 설정하여 분석한 경우, 해당 KPI의 목표 값과 현재 값에 대한 차이(Gap) 분석을 통하여 전략의 수정 또는 프로세스의 개선을 추진해야 한다.

지금까지 프로세스 자동화를 위한 기능들을 간략하게 살펴보았다. 프로세스 자동화에 대한 사례가 증가하는 추세에 따라 공급업자들은 그들의 풍부한 사례 경험을 통해 도구의 기능을 발전시키고 있으며, 가트너나 포레스터 등 세계적인 시장조사기관들도 BPM에 대한 표준화된 기능평가 항목을 제공하고 있다. 결과적으로 대부분의 공급업자들이 제공하는 프로세스 자동화 도구들은 기능적으로 수렴이 이루어지고 있는 상태이다. 또한 프로세스 자동화가 대규모 트랜잭션이 발생하는 기업의 핵심업무에 적용되기 시작하면서 기능보다는 안정화 및 성능이 더욱 더 중요해지고 있는 추세이다.

4 시스템 통합 소프트웨어 : ESB(EAI의 확장모델)

BPM 스위트에서의 ESB(Enterprise Service Bus)의 역할은 비즈니스 프로세스를 구성하는 단위활동들 속에서 이루어지는 데이터 및 애플리케이션 연동 또는 관련 서비스의 호출 등을 중개하는 것이다. 단순한 애플리케이션 연동이나 데이터 교환은 별도의 개발 작업을 진행하기도 하지만, 자동화하고자 하는 프로세스에서 처리해야 하는 시스템 통합 내용이 많다면 전문 ESB 도구를 활용하는 것이 효과적이다.

기존에는 이러한 역할을 맡는 솔루션을 EAI(Enterprise Application Integration)라고 총칭하였다. 그러나 최근의 기술적 동향 중 가장 두드러진 흐름 중의 하나인 SOA(Service Oriented Architecture)의 확산은 기존의 애플리케이션간 연동을 위한 EAI라는 솔루션 도메인에 대한 개념을 서비스 지향적으로 변화시켜 나가고 있고, 시장에서는 서비스 지향적으로 EAI가 확장된 개념을 ESB라고 총칭하고 있는 추세이다.

※ 4.1 ESB의 정의

ESB는 소닉 소프트웨어(Sonic Software)가 원래 XML이 가능한 SonicXQ MOM(Message Oriented Middleware) 제품이라는 의미로 이 용어를 사용하였으나, 이후 갈수록 많은 기업들이 자신들의 EAI나 MOM 제품을 ESB라고 판매하기 시작하면서 이 용어가 일반적으로 아키텍처 형태보다는 하나의 제품 분야로 여겨지고 있다. 결과적으로 벤더들마다 ESB에 대해 다양한 정의를 내리고 있지만, 여기서는 SOA 구현을 가능하게 하는 핵심 기반 기술로서 ESB를 소개하고자 한다.

ESB는 표준에 기반한 미들웨어 기반 기술로, 이벤트 및 표준에 기반한 메시징 처리 및 연동과 관련된 복합 소프트웨어이다. 일반적으로 ESB는 전사 차원 메시징 시스템의 실행을 기반으로 추상화된 계층을 제공함으로써 별도의 코딩작업 없이 메시징 처리와 관리/추적을 가능케 한다. 기존의 전통적인 EAI가 허브-앤드-스포크(Hub-and-Spoke)식의 중앙집중화되고 획일적인 방식만을 제공했다면, ESB는 메시지가 처리되는 네트워크가 분산화될 수 있고 필요한 경우에는 분산화된 네트워크가 서로 조화롭게 상호 운영될 수 있도록 지원하며, 무엇보다도 애플리케이션간 연계/조정에 있어 상호간의 결합도를 최소화한 서비스 개념을 도입했다는 데에 그 특징이 있다.

ESB가 SOA 전체를 구현한 것은 아니지만, SOA를 구현할 수 있는 기능들을 제공한다. 일반적으로 시장에서는 ESB는 웹 서비스 기반이어야 한다고 인식되고 있지만, 반드시 웹 서비스 기반일 필요는 없다. 단, ESB는 표준에 기반해야 하고, 유연하면서 다양한 전송수단을 지원해야 한다. 기존의

EAI보다는 SOA의 패턴에 기준하여 전송수단과 호출되는 서비스들간의 결합도를 가능한 최소화시켜야 한다. 최근 대부분의 ESB 벤더들은 SOA를 구체화하는 핵심 도구로서 ESB의 중요성을 부각시키고 있는 상태이다.

4.2 ESB의 필요성

일반적으로 기업 또는 조직에서 운영 중인 비즈니스 프로세스를 구성하는 단위업무는 해당 업무를 처리하기 위하여 다양한 IT 시스템들을 활용하는 경우가 많다. 결과적으로 프로세스를 자동화하기 위해서는 해당 IT 시스템들과의 연계가 필수적으로 요구된다. 이러한 시스템 통합 또는 연동 작업을 효과적으로 수행하기 위해 필요한 것이 시스템 통합을 위한 기반 기술로 여겨지는 EAI 또는 ESB이다.

시스템 통합 기술은 기업에서 이루어진 수많은 IT 투자의 결과로 발생한 시스템간의 데이터 중복, 개별적인 시스템 구축으로 인한 단절된 정보서비스 등의 문제를 해결하고자 발전해 왔다. 초기의 시스템 통합에서 이루어진 내용은 전사적으로 고려되어 일관되고 체계화된 접근이 아닌, 단위 프로젝트 성격으로 개별적으로 진행되어 왔다. 이러한 방식을 Point-to-Point 방식이라 하는데, 이 방식은 시스템간 독립성이 보장되지 못하고, 비즈니스 로직의 재사용이 어려우며, 시스템 변경 시 과다한 수정사항이 발생하게 되는 등의 문제점을 안고 있다.

이러한 문제점을 해결하기 위한 대안으로 출현한 것이 EAI이다. EAI는 시스템 통합에 따르는 과다한 비용요소를 제거하고, 여기저기 흩어져 있는 정보자원을 효율적으로 사용할 수 있게 한다. 기업 내 잔존해 있는 다양한 전송수단을 중앙집중적으로 관리 통제하고, 이질적인 메시지 포맷을 상호

호환할 수 있도록 변환하며, 메시지 전송을 보장하는 메커니즘을 제시함으로써 연동에 관한 복잡도와 비용을 획기적으로 감소시킬 수 있다.

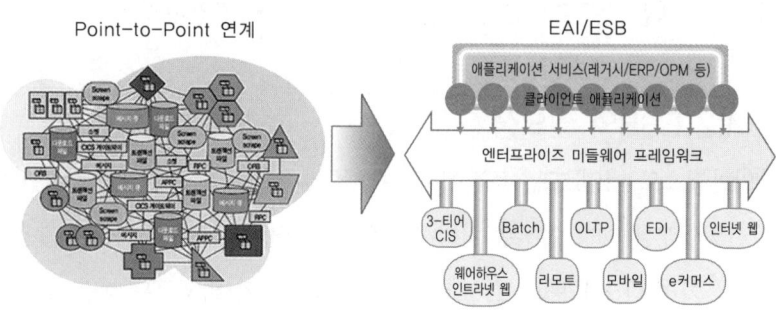

[그림 5-15] 시스템 통합 구조

ESB는 EAI의 기능 위에 SOA의 사상이 가미된 개념이다. 기존의 EAI가 가지는 허브-앤드-스포크 방식은 다양한 전송수단을 지원하고 이질적인 네트워크를 통합하는 데 효과적이지 못했다. 그래서 ESB는 EAI의 기능 위에 표준화를 통한 비용절감과 분산화를 통한 이질적인 통합 네트워크의 관리를 목표로 한다.

현대 기업에서 가장 필요한 IT 특성 중의 하나는 민첩성이다. 이를 위해 재사용성을 확대하고, 시스템간 통합에서 문제가 되는 결합도를 최소화시키며, 모든 프로그램 코드들을 컴포넌트 기반으로 구축하고자 한다. 이러한 노력이 SOA로 정리되고 있으며, SOA를 이루는 핵심 기술이 ESB이다. ESB를 통해 시스템의 기능들을 서비스로 조직화하여 전사 차원에서 공유할 수 있으며, 이렇게 서비스화된 기능들은 타 시스템에서 유연하게 참조할 수 있다.

그런데 시스템 통합에서 가장 중요한 문제 중의 하나는 통합 대상 시스템 및 통합 범위 등을 결정하는 것이다. 과거의 EAI처럼 단순한 일회성의 프로젝트 성격으로 시스템 통합 자체에 대한 초점보다는, 비즈니스 프로세스를 기반으로 시스템 통합의 효과를 가시적으로 보여줄 수 있는 범위로 통합이 이루어지는 것이 효과적이다. 이것이 BPM 스위트에 시스템 통합 도구가 포함되는 이유 중의 하나이다.

시스템 통합을 위한 EAI 또는 ESB가 프로세스 자동화에 효과적으로 활용될 수 있다는 것은 분명하지만, 도구를 사용하는 만큼 비용이 증가하게 된다. 따라서 자동화하고자 하는 프로세스의 형태에 따라 시스템 통합 도구에 대한 사용 여부를 결정해야 한다.

4.3 ESB의 기능

ESB는 전체 솔루션의 기반 기술로서 다양한 기능을 포함하고 있지만, 여기에서는 ESB를 이해하기 위한 주요 기능들만을 간략하게 설명하고자 한다.

- 메시지 송·수신 : ESB의 기본 기능은 같은 또는 다른 컴퓨터 상에 있는 프로세스들 사이에서 데이터를 전송하는 것이다. MOM과 같이 ESB는 송·수신자 사이에 있는 소프트웨어를 사용해 이들간의 통신을 중개한다.

- 주소 간접 참조와 인텔리전트 라우팅 : ESB에는 런타임 시 서비스 주소들을 확인하는 데 사용되는 일종의 저장소가 포함되어 있다. 또한 일반적으로 사전 정의된 기준들을 토대로 메시지의 전송 루트를 결정하고, 해당 루트를 따라 전송할 수 있다.

- 기본 웹 서비스 지원 : SOAP과 WSDL을 비롯한 기본적인 웹 서비스 표준들과 TCP/IP나 XML 같은 기본 표준들을 지원한다.

- 메타데이터 관리 : ESB는 대개 서비스 인터페이스와 메시지 구조를 설명하는 메타데이터를 유지 관리한다. ESB 프로그램은 이러한 메타데이터를 기준으로 관련된 인터페이스를 자동화시키거나, 관련 메시지 처리를 자동화시킬 수 있다.

- Composite Application : 컴포넌트의 형태로 구축된 서비스들은 ESB의 BPEL(Business Process Execution Language)에 의해 프로세스 형태로 연결되어 사용자의 요구사항에 맞게 조합될 수 있다. 이렇게 프로세스 형태로 조합된 서비스들은 또 하나의 애플리케이션으로 기능할 수 있는데, 이것을 Composite Application이라고 하며, SOA의 확산과 더불어 새로운 애플리케이션 구축의 패턴으로 자리잡아 가고 있다.

5 현업이 주도하는 비즈니스 로직 : 비즈니스 룰 엔진(BRE)

⟫ 5.1 비즈니스 룰 엔진(BRE)의 정의 및 필요성

비즈니스 룰이란 업무수행에 있어서 요구되는 각종 조건들과 이에 부합하는 행위에 대한 것을 총체적으로 의미한다. 따라서 비즈니스 룰을 정의하기 위해서는 조건과 행위, 그리고 이를 표현하기 위한 비즈니스 구조 요소가 필요하다. 예를 들면, 비즈니스 룰은 보편적인 형태로 "IF 고객의 신용등급 = "우량", THEN 대출액 >= ₩10,000,000"의 형식으로 표현할 수 있다. 여기에서 '고객', '신용등급', '대출액' 등은 비즈니스 구조를 표현하기 위한 요소들이고, IF/THEN 구문은 이러한 요소들로 구성된 조건과 행위를 규정한다. 결국 비즈니스 룰은 비즈니스 구조와 이에 대한 행위를 기술하는 것으로서, 포괄적인 비즈니스 분석의 대상이 되기도 한다.

비즈니스 룰 엔진(BRE, Business Rule Engine)은 이러한 비즈니스 룰을 관리하고 자동화하는 것을 지원하는 솔루션으로서, 환경변화에 따라 조직,

상품, 업무절차 등에 관한 비즈니스 룰이 영향을 받기 때문에 이러한 비즈니스 룰을 프로그램으로부터 분리하여 개발 및 유지보수를 효과적으로 수행할 수 있도록 한다. 이러한 비즈니스 룰은 일상적인 업무규칙(예를 들면, 상위 부서장의 결재를 득해야 한다)에서부터 회의상의 정책 및 내규(1회 지불금액이 10만 원 이상인 모든 고객에게는 10%의 할인율을 제공한다), 나아가 기업 외적인 법적 규제(피고용인이 특별한 이유 때문에 해고되거나, 불법적인 이유로 해고되어서는 안 된다) 등을 포함한다.

비즈니스 룰은 비즈니스 수행에 필요한 '지식'으로 표현할 수도 있다. 과거로부터 이러한 지식에 대하여 IT 시스템을 이용해 실생활에 활용하고자 하는 연구 및 시도가 있어 왔다. 그 대표적인 내용이 인공지능 또는 전문가 시스템 등이다. 이러한 연구들은 비즈니스 규칙을 정형화된 지식 형태로 표현하고, 축적된 지식을 바탕으로 효과적인 의사결정을 지원할 수 있는 체계에 초점을 두었다. 연구들이 다양한 지식의 표현, 문제에 대한 추론 등과 같은 '지능'에 초점을 둔 것과는 달리, BRE는 비교적 단순한 규칙을 중심으로 사용자 친숙성, 관리의 용이성 등과 같은 비즈니스 규칙의 '관리'에 초점을 두고 있다. 이는 실제 현업에서는 인공지능적 추론 기능보다는, 비교적 단순하지만 대규모로 존재하는 비즈니스 규칙의 관리에 대한 요구사항이 크기 때문으로 해석할 수 있을 것이다.

기업경쟁의 격화와 경쟁의 범위가 글로벌화됨에 따라 기업이 관리하는 비즈니스 규칙의 수와 복잡도가 기하급수적으로 증가하고 있는 것이 사실이다. 일례로 보험사의 보험 할인율을 정하는 규칙에는 150가지의 조건이 포함된다. 이렇게 복잡화되고 광범위해진 규칙들이 기존의 애플리케이션 안에서 코드화된 IT 서비스 로직과 혼재되어 있다. 비즈니스 규칙과 IT 서비스 로직의 혼재는 애플리케이션의 유지보수를 어렵게 만들 뿐만 아니라, 비즈니스 환경 변화에 수반되는 비즈니스 룰의 변화도 힘들게 한다. 이러한 문제점을 해결하기 위해 BRE는 비즈니스 룰을 별도로 관리하고, 일반 비즈니스 사용자들이 사용하는 애플리케이션에서 이를 참조하게 한다. 이때 비즈니스 룰의 변화관리는 비즈니스 사용자가 직접 수행한다. 비즈니스 사용자가 직접 참여하여 사용자 친화적인 GUI 환경에서 규칙을 작성하고(일반적으로 순서도, if-then-else 등의 직관적인 작성 형식을 제공), 배포 등을 결정한다. 배포된 비즈니스 룰은 관련된 애플리케이션에서 참조함으로써 전사 애플리케이션의 비즈니스 로직 처리가 중앙집중적으로 통제할 수 있게 된다.

이렇게 애플리케이션에서 비즈니스 룰을 분리한 것은 1980년대 호스트 기반의 애플리케이션에서 데이터베이스라는 도구를 통해 데이터 처리 로직을 애플리케이션에서 분리하여 관리함으로써 클라이언트-서버 환경을 개척한 것에 비견할 수 있다. 클라이언트-서버 구조가 컴퓨팅 환경의 혁명을 불러왔던 것처럼, BRE의 등장은 IT 전문가와의 협의 과정 및 IT 개발이 개입되었던 비즈니스 룰의 변경 과정을 제거하고, 비즈니스 사용자가 직접 변경함으로써 리드타임을 획기적으로 감소시킨다. 이 외에도 전사 차원에서의 규칙 통제가 가능하며, 신속한 규칙 변경을 통해 사전 대응체계를 구축할 수도 있다. 급작스런 환율/이자율 변경에 따른 전체 상품들의 견적 변경, 법 또는 제도 변경에 따른 새로운 보험상품의 설계 등이 BRE 등을 통해 수월해진 것이다.

5.2 BRE의 주요 기능

　일반적인 시스템 구축 과정과 같이 비즈니스 규칙 기반의 시스템도 계획에서 분석, 설계, 구축 등의 과정을 거쳐서 개발된다. 이 중에서 대부분의 BRE 도구는 분석 및 설계 과정과 구축 과정을 지원할 수 있는 기능들로 구성되어 있다.

　[그림 5-16]은 비즈니스 규칙 관리 시스템 구축을 위한 일반적인 프레임워크를 기술하고 있다. 계획 단계에서는 과제의 범위 및 일정 계획 등의 작업을 수행하고, 발견 단계에서는 원천 데이터로부터 지식을 추출한다. 추출된 지식은 분석 및 설계 단계에서 모형화 방법에 따라 공식화되고 상세화된다. 상세화된 규칙은 BRE 엔진에 디플로이(Deploy)되면서 비즈니스 규칙이 운영된다.

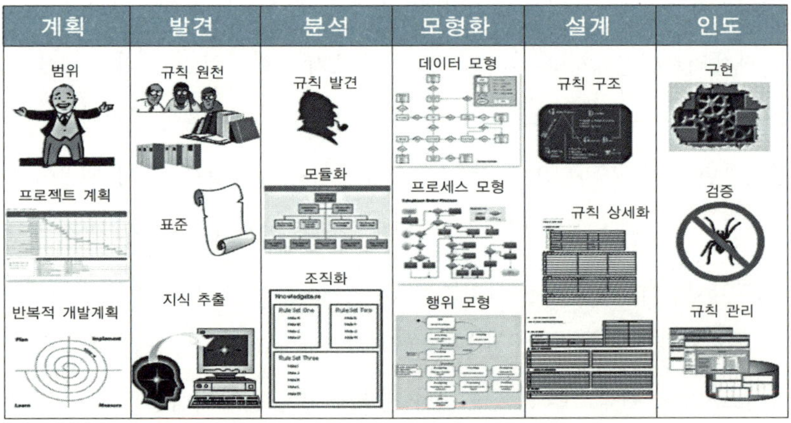

[그림 5-16] 비즈니스 규칙 관리 프레임워크

　이러한 방법론에 맞추어 BRE는 비즈니스 룰 처리 엔진을 중심으로 비즈니스 룰에 대한 모형화에서 비즈니스 규칙을 등록하고 분류하며 관리하는 기능, 규칙들의 일관성을 검증하는 기능, 다른 규칙들에서 또 하나의 규칙이 생성되는 추론 기능, 관리 대상인 비즈니스 규칙을 관련된 IT 애플리케이션과 연계시키는 기능 등을 포함하고 있다.

최근 들어 BRE가 관심을 받고 있는 활용 분야는 BPM과의 통합이다. 프로세스 관리의 전사 확산에 맞추어 복잡해진 프로세스의 분기(Branching) 로직을 보다 전문화된 룰 처리 엔진을 통해 구현하고 있는 추세이며, 프로세스를 구성하는 단위업무도 룰 처리 엔진을 통해 보다 유연한 로직 구성이 가능해지고 있다.

[그림 5-17]은 프로세스 설계와 비즈니스 룰 설계가 통합되어 설계되고, 운영 환경에서 BPM과 BRE 서버의 연계를 통해 BPM과 BRE가 통합되는 것을 도식화한 것이다.

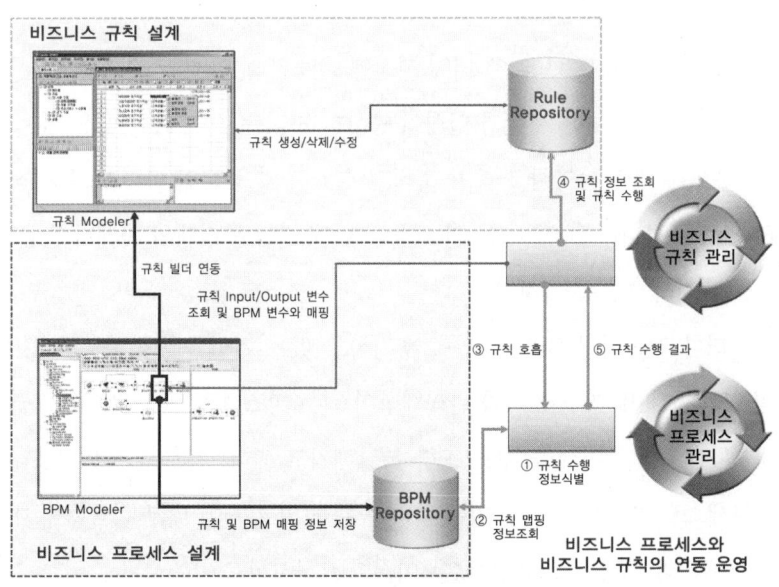

[그림 5-17] BPM과 BRE의 결합

6 비즈니스 현황 파악 및 성과 측정 : 비즈니스 액티비티 모니터링(BAM)

6.1 BAM의 개요

BAM이 2001년 가트너에 의해 시장에 소개된 이후 몇 년이 지났지만, 아직까지 BAM에 대한 시장의 인식이 충분하지 않는 것이 사실이다. 이는 아직 BAM에 대한 다양한 사례가 축적되어 있지 않을 뿐만 아니라, 독립적인 BAM 과제보다는 BPM 또는 BI 제품과 함께 결합된 형태의 과제가 많은 부분을 차지하기 때문일 것이다.

그러나 전사적인 BPM 도입을 추진하고 있는 기업들을 살펴보면, BPM의 역할 증대 및 확산에 따라 관리대상이 되는 비즈니스 프로세스 수가 급격히 증가할 뿐만 아니라 내용 또한 복잡해지고 있다. 결과적으로 비즈니스 프로세스로부터 발생할 수 있는 다양한 위험 및 기회에 대한 적극적인 대처가 필요하다. 포괄적으로 BAM은 이러한 요구사항을 만족시키기 위한 솔루션으로 볼 수 있다. 즉 BAM은 기업의 내부는 물론 외부에서 이루어지는 비즈니스 활동들로부터 발생하는 정보를 적시에 수집하고 분석하여 사용자에게 의미있는 정보를 제공하는 것이다.

BAM이라는 용어를 최초로 제시한 가트너는 "BAM이란 기업운영의 속도와 효과를 향상시키기 위해 비즈니스 성과지표에 대한 실시간 정보를 제공하는 것"이라고 제시하고 있다. 과거로부터 복합 이벤트 처리(CEP, Complex Event Processing) 기술, 금융권에서 많이 사용하고 있는 사기방지(Fraud Detection) 기술 등이 솔루션 형태로 발전해 온 것이 BAM인 것이다. 결과적으로 BAM은 BPM과의 유기적인 결합을 통하여 비즈니스 프로세스 운영 결과에 대한 효과적인 정보 추출 및 적극적인 관리활동을 지원함으로써 BPM의 효과를 더욱더 향상시킬 수 있는 것이다.

예를 들면, 회사 쇼핑몰의 전자주문 처리과정에서 신용카드 결제 모듈의 패치 문제로 주문이 정상 처리되지 않았다고 가정해 보자. 주문을 시도했던 고객들은 다른 쇼핑몰로 발길을 돌렸을 것이다. 고객들의 문의로 시스템은 정상화되었겠지만, 상당 시간이 지난 후에서야 이런 문제점을 인식하였다면 상당한 매출손실을 감당해야 할 것이다. 기업 이미지의 타격도 예상해야 한다. 주문처리가 비정상적으로 급감하는 경우, 이런 상황을 실시간으로 분석/감지하여 담당자에게 Alert 정보를 제공하고 적절한 대응을 수행하였다면 매출손실을 상당부분 예방할 수 있을 것이다.

6.2 BAM의 필요성

기업의 구성원들이 수행하는 비즈니스 활동은 항상 다양한 기회와 위협에 노출되어 있다. 민첩하게 감지된 기회요소는 성과로 전환하고, 위협요소는 최소화하여 기업운영을 안정화시켜야 한다. 문제는 이러한 기회와 위협

요소가 정규적인 패턴으로만 발생하지 않으며 예측하기 힘들다는 점이다. 노출된 위협요소를 식별하지 못해 방관하는 경우 기업의 존립을 위협할 수도 있다. 그러나 기업 전체 가치사슬(Value Chain) 상에서 수천 개 이상의 프로세스가 병행하여 진행되고, 프로세스에 참여하고 있는 구성원들간의 다양한 상호작용이 발생하는 경우, 발생하는 이벤트들을 필터링하고 분석하여 유용한 정보를 도출해 내기란 쉽지 않은 문제이다. 이러한 과정을 효과적으로 수행하는 기업의 원형을 가트너에서 제시한 Real-time Enterprise(실시간 기업)에서 찾을 수 있다.

실시간 기업의 핵심 기능은 인지(Awareness)나 결정(Decision), 대응(Action) 세 가지 기능의 순환적 구조를 가지며, 내·외부의 다양한 이벤트에 대해 실시간 감지 및 대응할 수 있는 기능을 말한다.

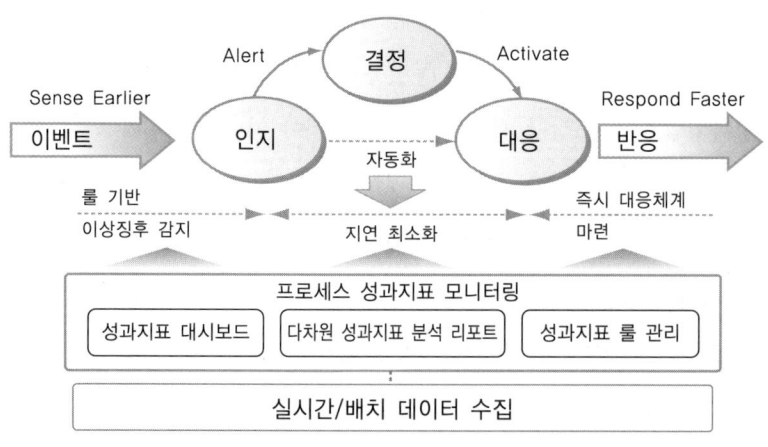

[그림 5-18] BAM의 실시간 모니터링 개념도

BAM은 인지, 결정, 대응에 이르는 세 가지 기능을 바탕으로 급변하는 기업 경영환경 하에서 외부환경 변화에 능동적이고 민첩하게 대응하는 실시간 기업환경 실현을 위한 핵심 솔루션이며, 다음과 같은 이유로 시장의 관심을 집중시키고 있다.

- 무엇보다도 속도가 중시되는 시대에서 경영에 필요한 신속한 의사결정은 기업의 경쟁력을 배가시키기 때문이다. 예를 들면, 경쟁기업보다 빠른 시장 진입 및 제품출시는 브랜드 이미지, 가격경쟁력 등의 측면에서 우위를 점할 확률을 높인다. 이를 위해서는 BAM과 같이 비즈니스 이벤트에 대한 지표화를 통해 데이터를 정량화시키고, 지표변화에 대한 실시간 정보전달이 무엇보다도 중요하다.

- 위험 및 기회 발생에 대한 신속한 대응체계 구축이 필요하기 때문이다. 지표 변화를 실시간으로 확인하여 경영위험 또는 기회발생을 감지하고, 필요한 경우 Alert 정보를 제공해야 한다. 이뿐만 아니라 해당 지표에 영향을 미치는 원인을 파악하여 개선기회를 부여하는 것도 필요하다.

- 신속하고 지속적인 프로세스 혁신을 위해서 전사 프로세스 체계에 대한 성과측정이 수반되어야 하기 때문이다. BAM은 실행 프로세스로부터 이벤트를 수집하고, 수집된 이벤트를 바탕으로 성과를 측정한다.

- 전사통합의 관점에서 이벤트가 관리되어 의사결정이 이루어져야 하기 때문이다. 과거 각 부서별로 담당 기능을 통제할 수 있는 경보시스템이 존재하기는 했지만, 이러한 경보시스템도 각 부서별로 단절된 시스템을 통합할 필요가 있다. 예를 들면, 재고관리 시스템과 주문처리 시스템은 통합되어야 한다. 재고수준이 위험수준 이하로 떨어지는 경우, 재고분야만이 아니라 관련된 주문처리 및 영업시스템에도 관련 경보를 발생시키면 보다 민첩한 의사결정과 대응이 가능할 것이기 때문이다.

6.3 BAM의 기능

BAM은 비즈니스 활동에서 이벤트를 추출하고 수집하는 기능을 중심으로, 효과적인 모니터링 체계를 설계할 수 있는 모델링 환경, 사용자에게 효과적인 정보전달을 제공할 수 있는 대시보드 환경, 그리고 기회 및 위험에 대한 사전 정의 및 적시적인 대처활동을 위한 경보 및 대응활동 체계가 제공되어야 한다.

1) 이벤트 기반의 BAM 구조

가트너에서는 BAM이 가져야 하는 기능을 위해 개념적인 구조를 제시한 바 있다. 여기에 따르면, BAM은 이벤트를 수집하는 계층, 이벤트 처리 및 필터링을 위한 계층, 그리고 사용자에게 이벤트를 전달하고 표현하는 계층으로 구성된 3 Layered 계층구조를 제시했다.

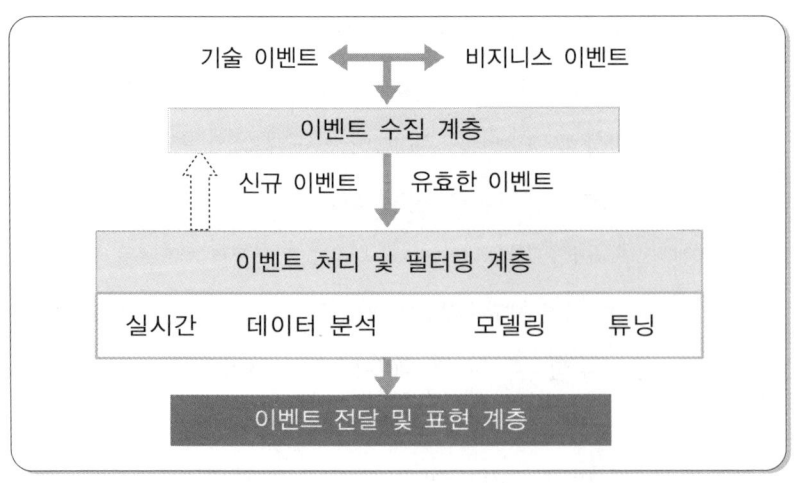

[그림 5-19] BAM 이벤트 프로세싱 아키텍처

가트너가 제시한 내용은 외부에서 발생하는 이벤트를 중심으로 구조가 정의되어 있음을 알 수 있다. 즉 BAM은 사용자의 지시에 의한 Pull 기반이 아니라, 이벤트를 중심으로 Push 기반의 정보전달이 이루어지는 체계라는 것이다. 이것이 외부 변화에 대응하여 신속한 대응체계를 갖는 BAM의 속성이다.

2) 통합 설계 환경

일반적으로 경영환경 및 전략에 따라 모니터링 대상이 되는 정보나 정보의 표현방법은 변화가 심하다. 따라서 이러한 변화에 대한 적극적인 대처를 위해서는 모니터링 체계에 대한 설계를 지원할 수 있는 통합 모델링 환경을 제공하는 것이 효과적이다. 또한 이러한 모델링 환경에서 제공해야 하는 필수적인 모델링 요소는 이벤트와 데이터 가공을 위한 요소, 규칙 기반의 경보 및 대응활동을 정의하기 위한 요소, 사용자에게 비즈니스 성과 형식으로 표현하기 위한 측정치, 핵심 성과지표(KPI, Key Performance Indicator), KPI Cascading 등의 요소를 포함한다.

통합 설계 환경은 별도의 구현을 위한 프로그램 작업 없이 모니터링 대상 및 체계에 대한 전사적인 범위의 모형화 기능을 제공함으로써 개발비용을 최소화할 수 있으며, 변화에 대한 유연한 대응이 가능하다는 장점이 있다. 따라서 BAM 도구를 선택하기 위한 가장 중요한 요소 중의 하나는 설계환경의 제공 유무가 될 수 있다.

[그림 5-20]은 Handy BAM의 설계 개념 및 환경을 소개한 것이다. 모델링 방법이나 체계는 도구에 따라서 다르지만, Handy BAM처럼 대부분의 BAM 도구가 설계 환경을 제공하고 있다.

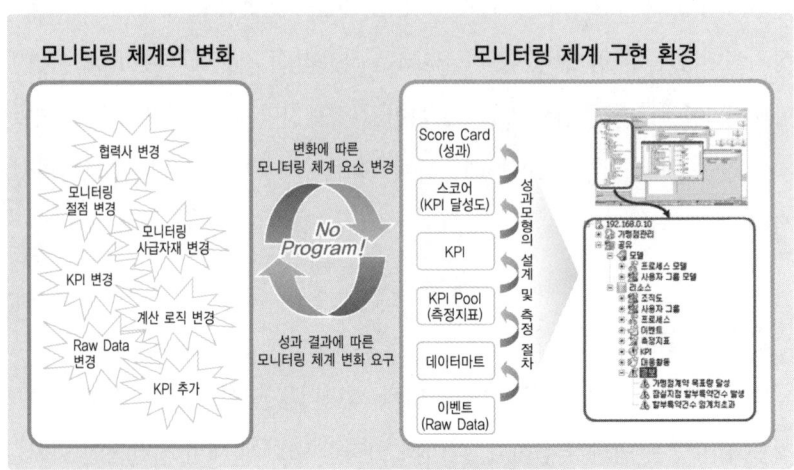

[그림 5-20] BAM 설계 환경

3) BAM 대시보드

BAM 제품들은 전사 이벤트 분석을 통해 수집된 관심 지표들을 제공하기 위한 대시보드 기능을 제공하고 있다. 대시보드 기능을 통해 현재 전사적으로 중요하다고 설정된 성과지표들을 일괄적으로 조망함으로써 전사 차원에서의 기업운영 활동을 가시화할 수 있다. 또한 리포팅 기능을 통해서는 특정 분석지표의 추이를 확인함으로써 보다 지능적인 의사결정을 내리는 데 유효한 정보를 제공할 수 있다.

대시보드의 표현방법은 제품마다 다양한 형태를 띠고 있지만, 핵심적인 내용은 핵심 성과지표의 내용을 사용자에 얼마나 효과적으로 전달하는지와, 지표 결과에 대한 원인을 얼마나 쉽게 인지할 수 있도록 정보의 배치와 전달이 이루어지는가이다.

[그림 5-21]은 Handy BAM에서 제공하는 대시보드의 내용이다.

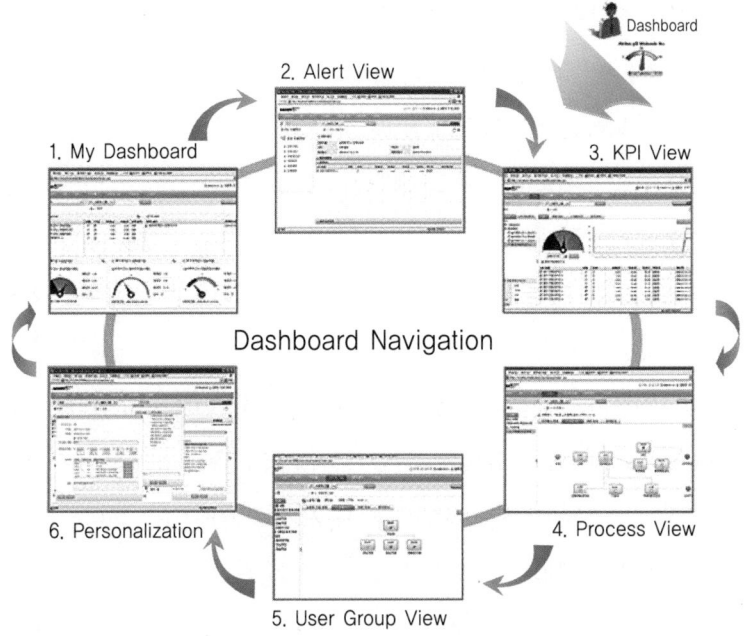

[그림 5-21] Handy BAM의 대시보드

BAM 솔루션은 분석 혹은 리포팅 등의 기능 때문에 종종 BI(Business Intelligence) 기능과 유사하지 않은가하고 종종 비교되곤 한다. BI도 성과지표를 대상으로 분석한 결과를 제공하기 때문이다. BAM과 BI의 차이점은 이벤트 대 데이터, 전술 대 전략, 실시간 대 배치 처리로 대변할 수 있다. BI는 전사 데이터를 수집하여 구축한 데이터웨어하우스를 대상으로 상대적으로 장기간 데이터를 분석하여 기존에 알려지지 않은 추세와 패턴을 도출하는 반면에, BAM은 실시간 이벤트를 중심으로 기존에 이미 유효하다고 검증된 성과지표를 확인함으로써 운영의 효율을 기하고자 하는 개념이다. BAM이 운영효율과 전술적인 측면과 실시간이란 점에 중점을 두었다면, BI

는 장기간의 전략적 측면에 중점을 둔 개념으로, 서로 대치하는 개념이기보다는 상호보완적인 관계라고 할 수 있다.

BAM은 일상적인 기업목표(누적 매출액, 고객만족도 지수 등)에 대한 성과를 실시간으로 피드백해 주기 때문에, 운영을 책임지는 중간관리자들에게 중요한 관리도구가 될 수 있다. 매출액을 추정하고 전략을 수립하는 전략관리자들에게는 BI가 유용하게 쓰이는 것과는 비견되는 점이다.

지금까지 BPM 스위트를 구성하는 도구들에 대하여 살펴보았다. 서두에서 밝힌 것처럼, BPM 스위트의 각 도구는 BPM을 좀더 효과적으로 실행할 수 있도록 지원하는 역할을 수행한다. 도구 자체가 BPM을 의미하는 것은 아니기 때문에, 주어진 프로젝트의 목적이나 환경에 맞게 도구들을 선택하고 활용하는 것이 중요하다. 중요한 점은 BPM은 IT 도구에 기반하여 실행 가능한 체계를 지원한다는 것이다. 따라서 현재보다 BPM의 개념이 더욱 확장되고 발전되면, 이를 지원하기 위한 IT 도구들도 등장하게 될 것이다.

솔루션은 비즈니스를 거드는 도구일 뿐 :
솔루션의 도입 이전에 프로세스의 정립과 조직문화 정착을

IMF 직후 국내 대기업을 인수한 외국계 기계회사의 재무담당 부사장은 회사 상황을 점검하면서 두 번 놀랐다고 한다. 경영기법이 후진적일 것으로 생각했던 한국 기업이 ERP, SCM, CRM 등의 경영혁신 솔루션들을 이미 도입해 놓고 있어 놀랐고, 수백 억을 투자한 그 프로그램들이 별다른 성과도 없이 흐지부지 되었다는 사실에 한번 더 놀랐다고 한다.

경영혁신은 회사의 역량이나 사정, 산업별 특성 등을 감안하여 버릴 것과 얻을 것을 구분해야 하고 새로운 프로그램을 받아들일 수 있는 조직문화를 육성해야 하는데, 국내 기업은 유행에 민감한 17세 소녀마냥 무분별하게 최신 유행의 옷을 사듯이 경영혁신 솔루션들을 앞다퉈 도입해 왔다.

매출이 급격히 감소하고 있는데 불량률을 줄이는 6시그마를 도입하는 것은 아무래도 회사 사정과 맞지 않는 시도이다. 솔루션을 도입하기 이전에 분명한 목표와 분석이 필요하다. 솔루션은 비즈니스를 거드는 도구일 뿐이다.

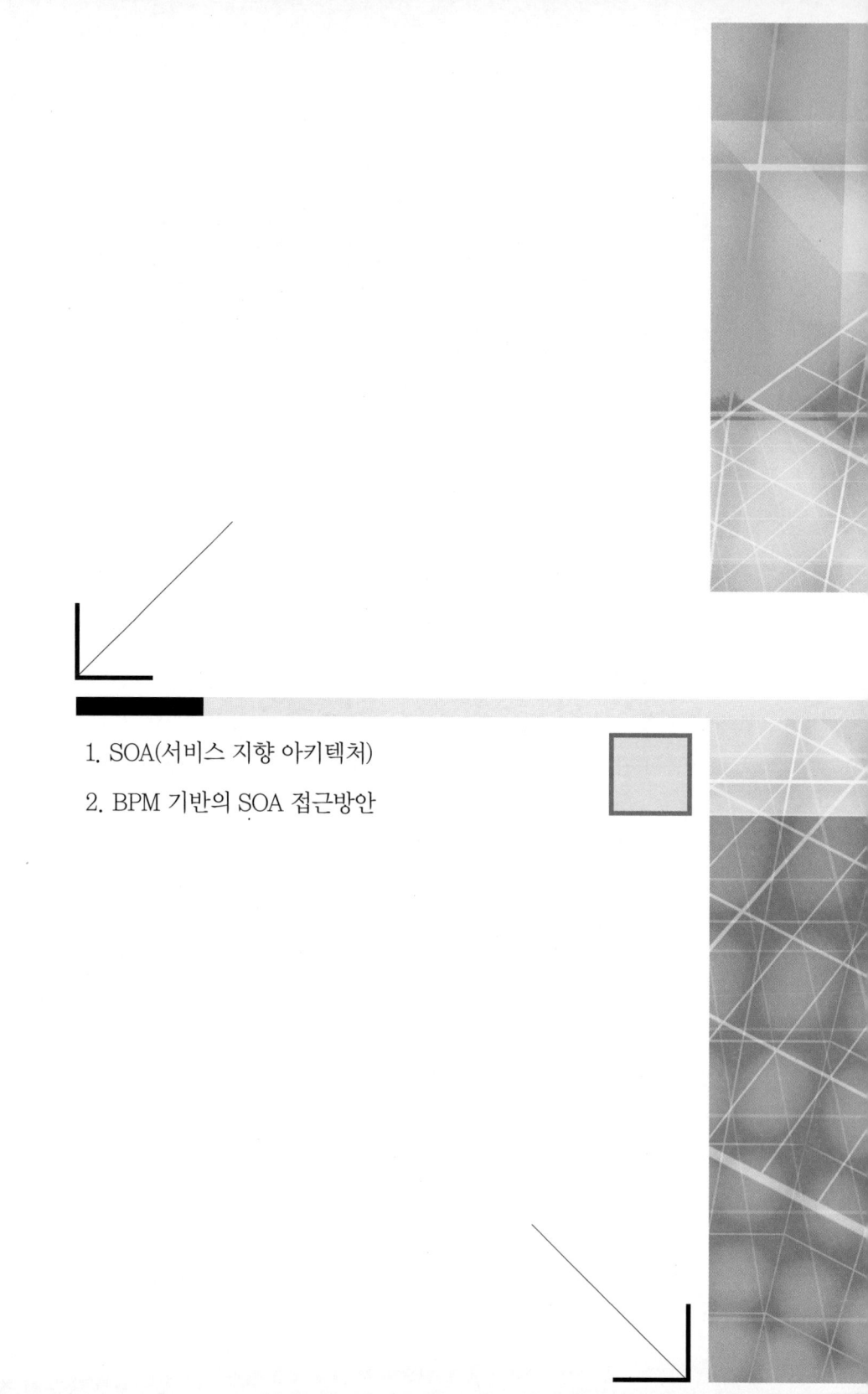

6

새로운 IT 패러다임으로서의 SOA

1 SOA (서비스 지향 아키텍처)

현재 BPM 시장에서 서비스 지향 아키텍처(SOA, Service Oriented Archiecture)에 대한 관심이 뜨겁다. SOA에 대한 큰 오해 중의 하나가 SOA가 특정 기술이나 표준을 가리킨다는 것이다. SOA는 하나의 소프트웨어 아키텍처 스타일로서 기술에 독립적인 개념이다. SOA는 핵심 개념인 서비스를 중심으로 소프트웨어 시스템의 구조를 정의하고 운영하는 것을 의미한다. SOA에서의 서비스는 항공기 예약, 고객 데이터 접근과 같은 비즈니스적인 의미를 염두에 둔 개념이다.

SOA는 레고 블럭을 맞추듯이 준비된 서비스를 가지고 비즈니스 애플리케이션을 구축하는 것이다. 이러한 방법을 통해 소프트웨어로 형상화된 기업 서비스들을 조합함으로써 격심한 환경변화에 대응하고, IT 운용비용의 절감도 기할 수 있다.

SOA는 특정 기술만을 제한하는 개념은 아니지만, 현장에서는 SOA를 구현하기 위해 다수가 사용하고 접근하는 이른바 대표적인 기술이 존재한다. 최근 관심의 초점이 맞추어지고 있는 웹 서비스, ESB(Enterprise Service Bus) 등이 그것이다. 그리고 SOA 구현에 있어 간과할 수 없는 중요한 요소가 BPM(Business Process Management)이다. SOA의 시장확산에 맞추어 다양한 SW 제품 및 패키지들이 SOA 기반의 제품구조로 변화하고 있는 추세이다.

1.1 현재 IT의 문제점 및 대안으로서의 SOA

비즈니스의 변화에 맞추어 기업의 IT 자산(컴퓨터, 네트워크, 애플리케이션, 유지보수 조직 등)들을 시간과 돈을 많이 들이지 않고 변경할 수 있다면 다양한 비즈니스 가치를 창출할 수 있을 것이다. 사업수행에 앞서 준비되어야 할 IT 시스템을 대상으로 아무런 제약이 존재하지 않고 비즈니스의 요구사항을 충분히 반영한다고 한다면, 그 회사는 그렇지 못한 기업보다 훨씬 유리한 위치에서 사업을 시작한 셈이 된다.

그러나 현실은 이와는 거리가 멀다. 대부분 기업들의 최대 투자 자산은 IT이지만, 투자한 IT 자산에 대해 만족스러운 ROI를 얻고 있는 기업은 많지 않다. 왜 이런 문제가 발생하는 것일까? 이유는 다음과 같다.

1) 시스템의 복잡성

기업의 관리자들은 IT의 효율적인 활용, 강화된 ROI, 개별 시스템들의 통합, 새로운 시스템의 빠른 구현을 추구한다. 그러나 날로 복잡해진 IT 환경은 빠른 대응을 저해한다.

레거시 시스템들은 대체되기보다는 재사용되어야 한다. 제한된 예산으로는 대체보다는 재사용이 비용 효율적이다. 현대 기업의 다양한 비즈니스 요구를 수렴하기 위해서는 다양한 하드웨어, 운영체계, 미들웨어, 언어, 데이터 스토리지 등을 도입해야 한다. 지난 사반세기간 동안 성장의 결과 IT 시스템의 심각한 복잡성이 나타났다. 많은 CIO들이 IT 통합을 우선 거론하는 이유가 여기에 있다.

2) 재사용할 수 없는 많은 프로그램

개별적으로 구축되어 있는 시스템들(우리는 이를 '사일로(silo)'라고 부른다)을 가진 은행을 살펴보자. 개별 애플리케이션들이 우수한 기능을 자랑하더라도, 서로 다른 부서에서 설계되고 개발되어 전혀 별개의 시스템으로 운영되고 있을 것이다. 서로 다른 데이터베이스 구조와 하드웨어, 프로그래밍 언어 등이 그것이다. 동일한 데이터에 접근하기 위해 각 부서의 애플리케이션이 사용하는 함수도 다를 것이다. 이 은행이 인터넷 서비스, 온라인 뱅킹, 온라인 대출 시스템을 개발해야 한다면, 기존 코드의 통일 및 재활용이 추진되어야 한다. 그렇지 않으면 관리불능의 상태가 될 것이기 때문이다.

3) 통합의 장애 – 다양한 인터페이스

n(n-1) 통합 문제를 생각해 보자. 모든 조직들은 어떠한 유형이든 통합 문제에 직면해 있다. 새로운 파트너와의 제휴, 필요에 따른 기존 시스템과의 연결 때문일 수가 있다. n개의 애플리케이션 시스템들이 직접 연결되어야 한다면, 이것은 n(n-1)개의 인터페이스를 만들어낼 것이다. [그림 6-1]에서 각 화살표는 인터페이스를 나타낸다.

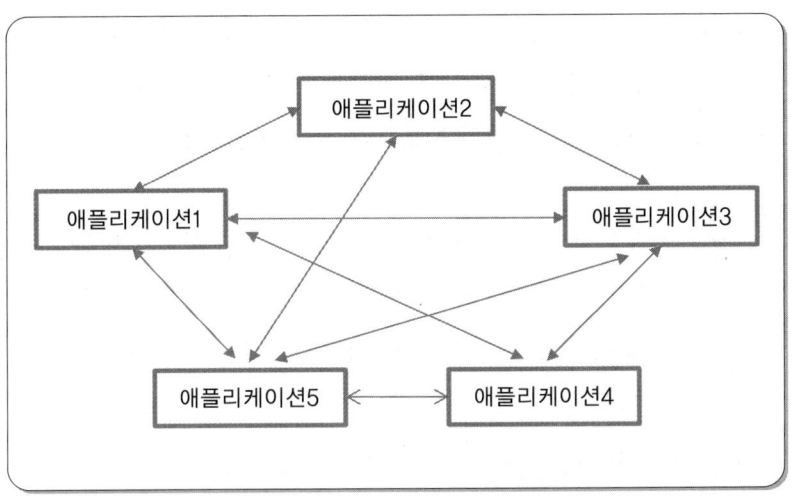

[그림 6-1] n개의 애플리케이션의 통합

결과적으로, 통합해야 할 애플리케이션의 추가는 새로운 인터페이스의 기하급수적인 증가와 기하급수적인 비용의 증가를 가져온다.

문제의 해결책은 재사용이 용이하고, 플랫폼/인터페이스 등에 중립적이어서 접근이 통합 가능하고, 시스템간의 공유가 자유로운 프로그래밍 모델 또는는 아키텍처 스타일이면 된다. 현재까지 그에 대한 가장 현실적이고 효과적인 대안은 SOA이다.

1.2 SOA 정의

일반적으로 통용되는 서비스란 개념은 비즈니스적으로 의미가 있는 기능을 실장한 소프트웨어 부품이며, 표준적인 인터페이스를 갖추어 독립적으로 가동하여 외부로부터 자유롭게 호출할 수가 있다. SOA란 IT 관점에서

이 서비스들을 기반으로 하는 소프트웨어 아키텍처이며, 서비스의 제공 및 사용에 대한 정책 혹은 프레임워크로 정의할 수 있다.

또한 SOA에서의 서비스는 다음 요구사항을 만족해야 한다.

● 플랫폼 독립적 : 표준화된 방법을 통해 모든 환경에서 호출 가능해야 하며, 서비스 호출 메커니즘이 널리 채택된 표준에 근거해야 한다.
● 약 결합 방식(Loosely Coupled) : 서비스를 이용할 때 내부 자료구조나 지식이 필요없어야 한다.
● 위치 투명성의 지원 : 여러 서비스의 정의와 위치 정보를 단일한 저장소에 저장하고, 클라이언트들은 저장소에 있는 정보를 통해 위치에 상관없이 등록·호출할 수 있어야 한다.

1) SOA의 작동 메커니즘

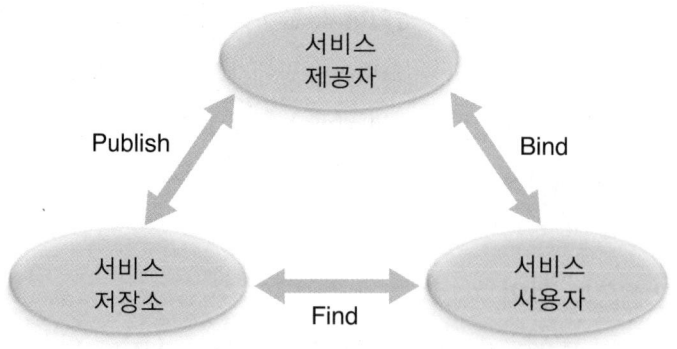

[그림 6-2] SOA 작동 메커니즘

- 서비스 사용자 : 서비스 제공자에 의해 제공되는 하나 이상의 서비스를 이용한다.
- 서비스 제공자 : 서비스 사용자가 호출 시 입력하는 값을 가공하여 그에 해당하는 결과를 제공한다. 경우에 따라 서비스 제공자는 또 다른 서비스 제공자의 서비스를 사용하는 서비스 사용자가 될 수 있다.
- 서비스 저장소 : 서비스에 대한 기술정보(Description)를 저장·검색할 수 있게 한다. 서비스 제공자는 자신이 제공하는 서비스를 등록하고, 서비스 사용자는 자신이 원하는 서비스를 검색·호출할 수 있다.

현재 SOA를 구현하는 데 있어 가장 현실적인 대안이 웹 서비스이기도 하다(따라서 이후의 많은 SOA에 관한 진단과 서술의 내용이 웹 서비스를 중심으로 기술될 것이다).

2) Composite Application

SOA는 이러한 서비스 작동 메커니즘을 바탕으로 애플리케이션 제작에 관한 새로운 패러다임을 제시한다. 기존의 애플리케이션 구성은 로컬 시스템의 데이터 위주의 구성으로, 다양한 비즈니스 요구사항을 수렴하는 통합 시스템 구축을 위해서는 기업 내 산재한 다양한 시스템으로부터 관련된 데이터를 수렴하여 새로운 애플리케이션을 구축할 수밖에 없었다. 이러한 통합 및 애플리케이션 구성 방식은 시스템의 복잡도를 증가시킬 뿐 아니라, IT의 비즈니스에 대한 신속한 지원을 저해하였다.

솔루션을 사용하는 비즈니스의 사용자가 생각하는 바와 같이, 각 시스템 내에 산재해 있는 비즈니스 함수들을 자신의 의도 하에 서로 조합하고 조정하는 작업만으로 자신들이 요구하는 새로운 애플리케이션을 신속하고 저렴한 비용으로 지원받을 수는 없을까? SOA에서는 Composite Application이라는 개념으로 이를 해결한다. 생산 관련 함수는 생산시스템에, 영업 관련 함수는 영업시스템 내에 존재하면서 서비스로 등록되어 있을 때, 생산과 영업 함수를 통합한 새로운 복합기능은 간단한 조정작업만으로도 새로운 서비스로 구성하고 실행시킬 수 있다. 비즈니스 사용자가 기술을 사용하는 것에 대해 생각하고 기대하는 방식대로 비즈니스 기능을 구축하고 실행하게 된 것이다. IT 입장에서는 기존에 비해 더 빠르고 단순하게, 그리고 적은 비용으로 비즈니스 요구와 기대를 수렴·조정할 수 있게 되었다.

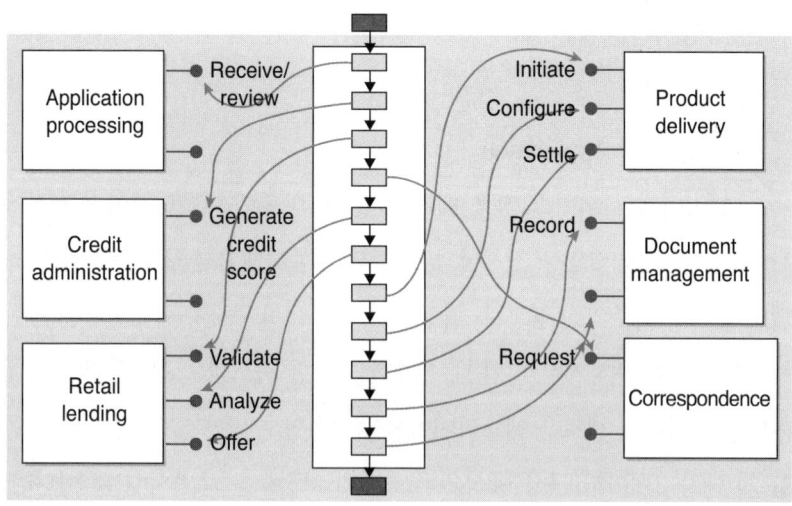

[그림 6-3] Composite Application 개념도

현재 OASIS에서 주도하고 있는 WS-BPEL(Business Process

Execution Language)은 이러한 Composite Application 제작에 관한 가장 중요한 표준이다.

3) SOA 사례

지금까지 업무환경의 변화에 대비해 시스템을 바꾼다는 것은 곧 시스템을 재구축하는 것을 의미했다. 하지만 SOA 환경에서는 기존 서비스를 조합함으로써 변화에 신속하게 대응할 수 있게 된다. 서비스를 재사용함으로써 개발기간을 단축하고 비용도 줄일 수 있는 것이다.

SOA 활용 시나리오를 통해 SOA를 구현할 수 있는 방법을 소개한다(박서기, SOA).

사례 1 : 온라인 쇼핑몰의 주문처리 업무

온라인 쇼핑몰을 운영하는 A사는 고객데이터 재고관리1, 재고관리2, 배송 송장작성 실적관리 시스템 등의 시스템을 보유하고 있다. 지금까지 고객의 주문이 완료되면 주문처리 담당자는 각 시스템을 이용하거나 전화 확인 등을 통해 '고객데이터 확인 → 재고 확인 → 배송 준비 → 송장 발송 → 실적처리' 순으로 업무를 처리했다. 업무담당자는 복수의 시스템을 이용하기 때문에 사용법을 잘 알고 있어야 하며, 만일 새 배송회사를 추가할 경우 기존 배송 시스템과 송장작성 시스템을 모두 수정해야 한다. 또 새 시스템을 개발하게 되면 기존 시스템과 중복된 경우가 많았다.

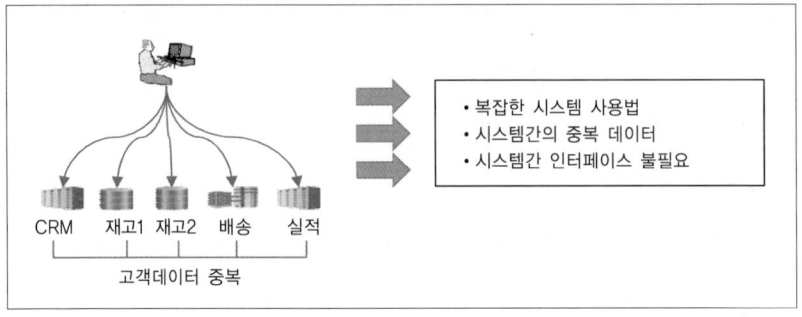

[그림 6-4] SOA 전통적 방식의 쇼핑몰 구축 사례

이 회사는 복잡한 시스템간 통합을 단순화하고 새로운 개발요구에 신속하게 대응하기 위해 기존 시스템에서 고객데이터·재고확인·배송준비·송장발송 등의 서비스를 생성하고, 이를 ESB(Enterprise Service Bus, SOA의 통합 미들웨어)를 통해 통합했다. SOA를 도입함으로써 업무담당자는 필요한 서비스를 조합해 업무흐름을 정의할 수 있게 되며, 애플리케이션 변경 시에도 사용자 인터페이스 단에서는 아무런 영향을 미치지 않을 수 있게 되었다.

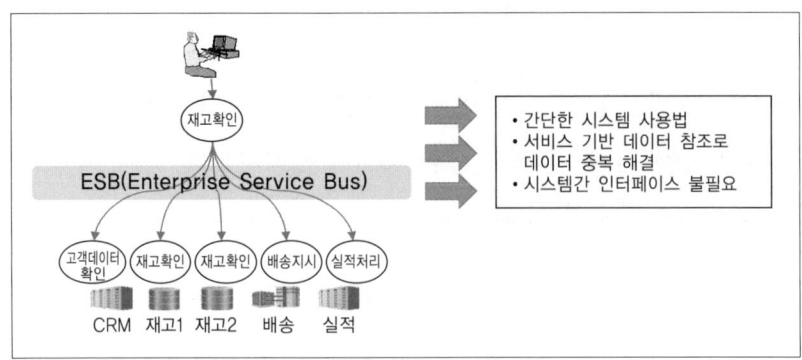

[그림 6-5] SOA 사례 - 온라인 쇼핑몰

사례 2 : 영업관리 자동화 업무

B사의 영업자동화(SFA), 주문관리(OM), 미수금계정(AR) 시스템은 서로 다른 공급업체의 솔루션으로 구성되어 있으며, 하드웨어 시스템도 서로 다르다. 이 상황에서 영업대표가 SFA 시스템에서 영업완료 데이터를 입력하면, 이후 OM 담당자에게 전달되는 데이터나 OM 시스템에서 AR로 넘어가는 데이터는 수작업으로 이루어지곤 한다.

이 경우 완료된 영업을 현금자산으로 전환하기 위해서는 영업 완료부터 수금까지의 프로세스를 자동화 및 단순화할 필요가 있는데, 애플리케이션 간 연결에 많은 비용과 시간이 소요될 뿐만 아니라 업무 프로세스가 바뀌면 연결 인터페이스를 또 변경해야 하는 부담이 있다.

이 회사는 복잡한 통합과정을 거치는 대신 SFA, OM, AR 시스템을 서비스화함으로써 주문입력 프로세스를 자동화했다. 그 결과 SFA 시스템에서 OM 시스템으로, 다시 AR 시스템으로 정보를 전달하는 과정을 자동화하여 수작업 단계를 제거할 수 있게 되었다.

이제 업무 프로세스가 변경되더라도 손쉽게 업데이트할 수 있게 되었을 뿐만 아니라, 전자자금 이체 시스템 같은 새로운 서비스와의 연결도 용이하게 되었다.

2 BPM 기반의 SOA 접근방안

⁂ 2.1 SOA 프로세스 모델의 한계

웹 서비스로 대표되는 SOA 구현 환경이 저렴한 TCO 비용, 신속한 서비스 개발 등의 장점을 가지고는 있으나, 모든 프로세스에 SOA를 적용시키는 점에 대해선 숙고가 필요하다. SOA를 통해 표준기반 상호운용성의 확보를 기대할 수 있지만, 내부적으로 다른 방법을 통해 해법을 개발하기 원할 수도 있다는 점을 간과할 수 있다. 또한 혁신적인 제품개발을 제한하고, 지나친 표준의 개발과 표준에의 적응을 강요함으로써 도리어 IT 환경의 혼란을 야기시킬 수 있다.

따라서 적어도 SOA 기반의 시스템 구축이 보편화되지 않은 시점에서는 웹 서비스의 사용을 BPM 시스템 개발을 위한 표준방식으로 채택하기보다는, 프로세스 차원에서 프로세스 인터페이스 개발을 지원하는 정도로 설정할 필요가 있다.

SOA 옹호론자 중에는 웹 서비스들의 조합만으로도 프로세스 구성이 가능하다고 주장하는 그룹이 있다. 웹 서비스를 기반으로 한 WS-BPEL 등의 기술표준이 하나의 복합 애플리케이션뿐만 아니라 비즈니스 프로세스 구성을 가능하게 한다는 것이다. WS-BPEL 등을 통해 기존의 분리된 웹 서비스/컴포넌트들이 합쳐지면 크고 거대한 복합 서비스가 생성되고, 결과적으로 완벽한 비즈니스 프로세스 상태를 얻어낼 수 있다는 것이다. 그러나 문제는 이러한 기술들의 핵심인 웹 서비스가 비즈니스 프로세스보다는 프로그램 API를 공유의 핵심 개념으로 가진다는 데에 있다. BPM은 복합 애플리케이션으로 만들기 위해 서비스를 합치는 것이 아니라, 하나의 전체로서 동일한 콘텍스트와 목적을 가진 액티비티들의 조합인 프로세스를 다루는 방법의 기술이다.

해당 프로세스의 콘텍스트에 맞는 로직 구성과 의사결정에 근거하여 프로세스가 설계되고 구성되어야 한다. 이때 각각의 단위요소로서 웹 서비스가 프로세스를 구성하는 하나의 인자가 될 수는 있지만, 전체를 다 구성할 수는 없다. BPM은 시간, 비용, 자원의 제약과 같은 비즈니스 목적에 맞추어 다양한 프로세스 특성들을 비즈니스 설계자의 의도에 맞추어 구현해 내야 한다. 그리고 프로세스 정의 시점에 성과지표, 비즈니스 로직, 다양한 비즈니스 룰 등을 포함해야 한다.

SOA에서 핵심적으로 다루는 웹 서비스는 이러한 프로세스 고유의 과제들을 다루는 데 적합하지 않고, SOA에서 주장하는 진화의 방향도 다양하여 가늠하기 힘들다. 이러한 사항들이 IT 인프라 스트럭처 또는 소프트웨어 개발 사상으로서의 SOA가 BPM과 확연히 구별되는 점들이다.

⁂ 2.2 BPM과 SOA의 공통점과 차이점

BPM과 SOA에 대해 살펴보면 공통점들을 많이 발견하게 된다. 우선 BPM과 SOA 각각이 프로세스를 언급하고 있으며, 각각의 목표에서도 통합(Integration), 재사용(Reuse), 민첩성(Agility) 등의 공통사항을 보여주고 있다. 그리고 SOA뿐만 아니라 BPM에서도 실행단위로서 서비스를 강조하고 있다. 언뜻 보아서는 BPM과 SOA를 구별하기 힘들다. 그러나 접근방법, 방법론, 시스템 확충 방식 등을 살펴보면 확연한 차이점을 발견할 수 있다.

우선 접근방법에서 BPM은 비즈니스 측면에서 Top-Down 접근을 시도하지만, SOA는 IT 아키텍처 관점에서 Bottom-Up 방식을 견지한다. BPM은 전사/사업전략에 기반하여 기업 내외의 비즈니스 활동을 전개·관리하기 때문에 Top-Down 접근이 보편적일 수밖에 없다. 이에 반해 SOA는 기존 IT 자산들을 서비스 지향적으로 바꾸고, 서비스로 전환된 자산들을 비즈니스에 활용하고자 하기 때문에 Bottom-Up 방식이 보편적이다.

또한 BPM은 비즈니스를 상시적으로 최적화시키기 위한 방법론인 데 반해, SOA는 IT 통합을 위한 최신 아키텍처 모델로 정의할 수 있다. 시스템 확충 측면에서는 BPM이 프로세스 설계/시뮬레이션, 실행, 모니터링, 워크플로 등과 관련된 기술을 바탕으로 프로세스의 전체 생명주기에 걸친 관리 방식을 제공하는 데 반해, SOA는 SOAP, WSDL(Web Service Definition Language, 웹 서비스를 정의하고 외부에서 해당 웹 서비스를 참조하고 실행요청을 용이하도록 지정한 스펙), UDDI(웹 서비스 발견 및 디렉토리 서비스 제공 저장소), 기타 웹 서비스 관련 표준(WS-*)을 통해 서비스를 개발하고 활용하고자 한다.

BPM과 SOA의 공통점과 차이점을 정리하면 [표 6-1]과 같다.

[표 6-1] BPM과 SOA의 비교

		BPM	SOA
공통점		통합(Integration) 재사용(Reuse) 민첩성(Agility)	
차이점	접근방식	Top-Down 접근	Bottom-Up 접근
	방법론	비즈니스 최적화 지원	최신 통합기술 아키텍처
	시스템 확충 방식	프로세스 설계/시뮬레이션 프로세스 실행/모니터링 워크플로	SOAP/WSDL/UDDI 기타 웹 서비스 표준

SOA를 피상적으로 이해하고 있는 일단의 그룹들에 의해 SOA가 BPM을 포함하는 개념으로 오해 받기도 한다. 그러나 단순한 웹 서비스 기반의 액티비티 연결만으론 비즈니스 프로세스를 설명할 수 없다. 예를 들어, 하나의 e-Marketplace와 그 e-Marketplace와 거래를 하고자 하는 전자업체를 가정해 보자. 두 기업의 IT 전문가들에게 상대방 기업의 웹 서비스 리스트와 사양(Specification)만을 전달해 주면 두 기업의 상거래를 성사시킬 수 있을까? 두 기업간의 거래를 성사시키기 위해서는 기본적인 상거래 계약과 다양한 경우에 대응하는 옵션 지정, 담당자 확인, 거래상 발생하는 다양한 이벤트 정의와 관련 지표의 설계, 예외상황 발생에 따른 대응방안 협의 등이 수반되어야 한다. 이러한 모든 설계와 실행이 완성된 이후에 웹 서비스를 이용하여 두 기업간의 애플리케이션/프로세스를 통합하는 것이 바람직하다. 결국 SOA가 진정한 가치를 발휘하는 시점은, BPM 하에 프로세스가 설계되고 실행되면서 다양한 IT시스템과의 통합을 원활하게 보장하는 수단

으로서 SOA가 활용될 수 있을 때이다. 이러한 이유로 'SOA 최후의 Enabler'를 BPM이라고 지목한다. BPM과 SOA는 태생은 다르지만 서로 결합할 수밖에 없는 운명이 꼭 남자와 여자의 관계와 같다고 하는 이유가 여기에 있다.

⁝⁝ 2.3 BPM과 SOA 융합 모델

앞서 기술한 바와 같이 SOA는 느슨하게 결합될 수 있고, 재활용도가 높은 컴포넌트(서비스)에 기반하여 애플리케이션을 개발하고자 하는 아키텍처 모델이다. 기업은 SOA를 통해 솔루션들간의 상호운용성을 확보하고, 개발비용을 감소시키며, 비즈니스적인 요구에 대응하는 민첩성을 확보하고자 한다. 이는 BPM이 추구하는 목적들과 상당한 유사성을 가지고 있다.

SOA가 애플리케이션들을 서비스로 추상화시켜 제공한다면, BPM은 SOA가 제공한 서비스들을 프로세스에 맞게 정렬하여 그 흐름을 통제하는 것이라고 할 수 있다. BPM이 비즈니스 전략에 맞추어 프로세스 관리체계 하에서 프로세스의 설계, 관리, 최적화 등을 통해 개선 및 혁신을 이룬다고 한다면, SOA는 IT 인프라 스트럭처로서 BPM에서 관리하는 각 프로세스별 단위 애플리케이션 및 구현 서비스를 제공한다고 할 수 있다([그림 6-6] 참조). 기존의 기능방식의 프로그램은 시스템 전체가 어느 정도 공통의 기술 기반에 기초하여 구축함을 전제로 하고 있다. 이에 비해 SOA에서는 개개의 애플리케이션의 개발 언어나 서비스의 배포 방법, 동작환경 등은 관심을 두지 않는다. 공통의 메시지 교환 인터페이스에 대응하고 있으면 족하다. 따라서 BPM에 의한 프로세스의 변경이나 확장을 시행할 때 대상 서비스 부분만 신규 서비스로 치환하면 된다. 시스템 전체를 다시 처음부터 만들 필요가 없어진 것이다. 시스템 기능을 재이용할 수 있어 비용을 절감할 수 있으며, 유연하게 연동(Loosely Coupled)할 수 있어 시스템의 변경 추가가 용이하게 된다. 이러한 이점들 때문에 SOA는 각 프로세스별 단위 애플리케이션 및 서비스를 제공하는 다양한 대안 중에서 가장 현실적이며 효과적인 대안이다. 이러한 점 때문에 많은 전문가들은 향후 BPM 시장에서의 화두는 SOA 지원이라고들 한다.

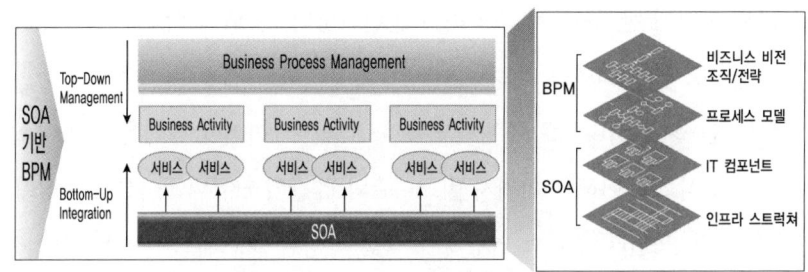

[그림 6-6] BPM과 SOA 융합 개념도

비즈니스의 관점에서 서비스 지향적이라는 개념은 새로운 개념은 아니다. SOA 이전에도 다양한 IT/PI 프로젝트에서 '서비스 디자인'이라는 명목 하에 요구사항 수집과 분석작업이 진행되었다. 예를 들면, 구매부서의 작업자는 조직이 제공해야 할 내·외부 서비스와, 그런 서비스들이 어떻게 동작해야 하는지를 정의해야만 했다. 이러한 작업은 SOA에서도 놀라울 정도로 대다수의 경우, 서비스 지향적 접근에 의해 생성된 기술관점의 서비스들은 실제 기업에서 수행되는 실제작업을 그대로 모방하거나 지원하도록 설계되어 있다. SOA가 갖는 장점은 불특정 다수에 의해 소비될 수 있는 일단의 서비스들을 제공할 수 있다는 데 있다. SOA를 통해 블랙박스와 마찬가지인 서비스를 타 시스템 또는 타 애플리케이션에서 안전하게 사용할 수 있게 되었고, 궁극적으로는 특정 시스템의 개발과 맞물려 타 시스템과의 통합도 보장받게 되었다.

BPM은 비즈니스 현업이 시스템 개발에 관하여 IT 전문가와 커뮤니케이션할 수 있는 방법론과 기술을 제공한다. 기존의 IT 시스템 개발방안은 요구사항 수렴 → 분석 → 설계 → 오브젝트화 등의 여러 단계를 거치면서 비즈니스 사용자들은 자신들의 요구사항 및 담당 비즈니스 기능들이 시스템 상에서 어떻게 반영되는지 파악하기 곤란하였다. SOA에서는 프로그램 기능들을 비즈니스 의미를 가지는 서비스로 구성하고 개별 비즈니스 기능별로 시스템 상의 서비스로 매핑하도록 하고 있다. 이러한 방법은 비즈니스 담당자도 시스템 이해가 쉬워져 비즈니스와 IT간의 커뮤니케이션이 활성화될 수 있다. 또한 비즈니스 담당자가 직접 작성한 프로세스 모델을 바탕으로 IT 전문가와의 협업을 통해 시스템을 개선하고 강화할 수 있게 된다. 비즈니스 현업이 제시한 프로세스 모델에 IT 현업은 이미 구축되어 있는 서비스들로 재조합하여 실행모델을 구축하는 것이다.

서비스가 비즈니스적 의미가 있는 단위로 구성되기 때문에, 설계와 개발 시점에 SOA는 비즈니스 분석가와 IT 개발자의 공용어를 마련해 이들 사이에 놓인 간극을 해소할 가능성도 제시한다. IT 기술의 발달로 프로세스 설계 시점에서의 기업 내 애플리케이션 및 데이터베이스에 대한 액세스가 가능해져 비즈니스 프로세스, 기능 및 데이터를 동시에 검토하고 설계할 수 있다.

BPM에서의 단위 애플리케이션 및 서비스를 구현하고 통합하는 방안으로서의 SOA 도입은, 다양한 레거시 시스템과의 통합을 요구하는 경우 핵심 통합기술 자체는 영향을 받지 않으며, 애플리케이션도 바꾸지 않고 가능하다는 장점이 있다. 이러한 프로세스/서비스 독립성이 실현되면 비즈니스 프로세스 모델링과 실제 구현이 가장 잘 들어맞게 된다. BPM 솔루션에서 모델링된 신규 프로세스와 변경된 프로세스는 SOA 인프라 스트럭처에서 더 빨리 구현될 수 있다. 그 이유는 SOA 솔루션에서는 설계된 시스템이 특정 통합 솔루션을 통해서만 통합이 보장되던 기존 방식의 한계를 벗어나, 전사적으로 분산되어 있는 다양한 서비스들에 접근해서 목적에 맞게 조합하기만 하면 되기 때문이다.

SOA에서 말하는 서비스는 지불확인, 발주, 재고확인 등 현실의 비즈니스 프로세스를 구성할 수 있는 단위작업의 성격이 강하다. 기존의 프로그래밍 모델에 따르면, 흔히 말하는 모듈에 가까운 개념이다. 수주 및 재고확인 프로세스를 가정해 보자([그림 6-7]).

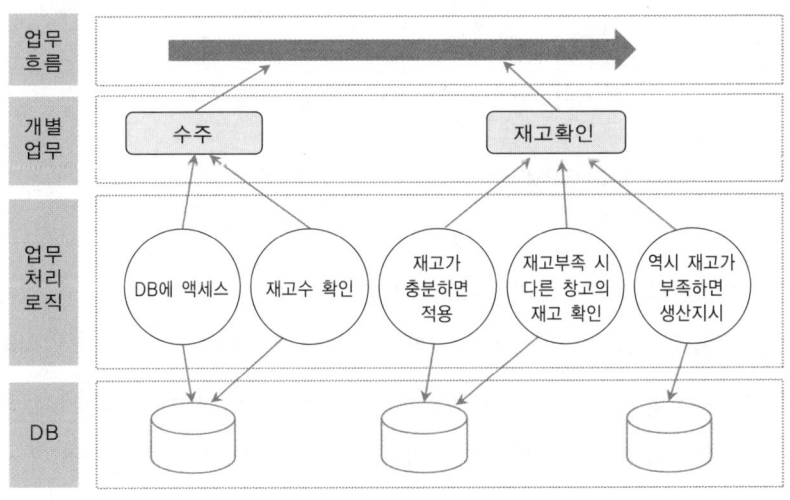

[그림 6-7] 수주 및 재고확인의 전통적 프로세스

수주를 받으면 재고관리 애플리케이션을 통해 재고 데이터베이스에 접근하여 재고량을 확인한다. 재고가 있으면 수주를 확정하고, 없으면 다른 창고의 재고량을 조사할 것이다. 그런데도 재고가 없다면 생산지시를 내린다.

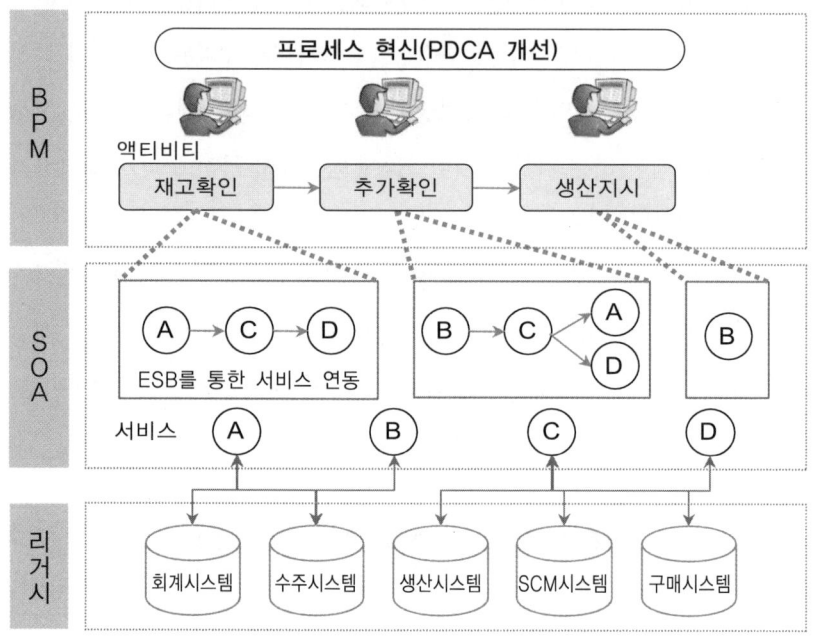

[그림 6-8] BPM과 SOA 기반의 재고 및 생산 프로세스 혁신

이와 같이 애플리케이션의 기능이 비즈니스 담당자에게도 인식될 수 있는 업무처리 단위를 비즈니스 액티비티라 하고, 이런 개별 액티비티를 지원하는 IT의 집합을 서비스라고 정의할 수 있다. 구축하고자 하는 프로세스, 프로세스를 구성하는 비즈니스 액티비티(BPM층), 액티비티에서 호출하여 사용하는 서비스들(SOA층), 각 서비스에 해당하는 기능을 서비스 형태로 제공하는 기간 시스템(레거시층) 등을 층화하여 표현하면 [그림 6-8]과 같다.

예를 들어, 담당창고가 아닌 다른 창고를 통해 재고량을 추가 확인하는 작업 외에 재고를 예약하는 로직을 추가하고자 하는 경우, 해당 서비스를 개발하여 기존 프로세스에 추가만 하면 된다. SOA 이전의 기존 방식의 경우, 전체 시스템의 수정이 불가피한 경우가 많았던 문제점을 해결할 수 있게 된 것이다. 같은 기준으로, 진부화된 기술의 경우, BPM과 SOA를 기반으로 하게 되면 필요 부분만 최신 기술로 치환이 가능하여 시스템 유지보수에도 효과적임을 쉽게 짐작할 수 있다.

요약하면, BPM은 SOA에 대한 오케스트레이션(Orchestration), 통제, 거버넌스(Governance)를 제공한다. 반면에 SOA는 BPM의 보다 빠른 이행을 보장하며, 각 프로세스의 재사용을 더욱 빈번하게 활용할 수 있도록 지원한다. 그리고 조직의 비즈니스 프로세스가 진화해 감에 따라 서비스들은 재작성, 리엔지니어링을 하지 않고서도 보다 빈번히 재활용될 수 있다. 또한 SOA가 제시하는 서비스들은 BPM이 제시하는 요구에 맞추어 보다 다양한 기능을 Composite Application 방법으로 최종 사용자에게 제시할 수 있을 것이다.

⁂ 2.4 BPM과 SOA의 통합 실행

BPM과 SOA가 가지는 외연적인 유사성은 시장의 고객들에게 상당한 혼란을 주고 있다. BPM과 SOA에 대한 이해만큼 구현전략에 있어서도 많은 혼란이 존재한다. 다양한 사례에서 검증된, 성공적으로 BPM과 SOA의 통합 실행을 보장하는 방안은 "작게 실행하고(Start Small), 크게 생각하며(Thing Big), 빨리 움직이라(Move Fast)"는 것이다.

과거에 시장의 고객들은 새로운 시스템 개발 및 기술 구현에 대략 12~18개월 정도의 기간을 기꺼이 감수하였으나, 오늘날 고객들은 기술이 즉각적으로 비즈니스를 지원하도록 요구한다. 이에 따라 시스템의 개발주기는 점점 짧아지고 있는 추세이며, 3~6개월 안에 ROI를 제시해 줄 것을 요청하는 사례도 적지 않다.

이러한 상황에서는 무엇보다도 어떤 프로젝트를 선택할 것인가가 BPM 기반의 SOA를 통합 구현하는 데 중요한 요소가 된다. 초기 프로젝트가 구체적인 효과와 방향을 제시해 주지 못한다면 이후 프로젝트 진행도 불투명해진다. 어떤 프로젝트를 우선 선택할 것인가 하는 문제는 [그림 6-9]와 같이 복잡도(Complexity)와 영향도(Overall Impact)를 복합적으로 판단해서 결정해야 한다.

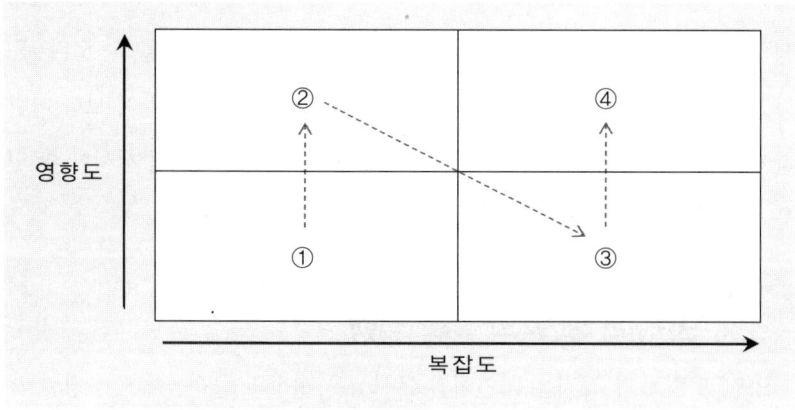

[그림 6-9] 프로젝트 선택 시 고려할 요소

- Start Small : 최소의 복잡도와 낮은 수준의 영향도를 가진 프로젝트가 우선 진행되어야 한다. 이러한 프로젝트는 전사 차원의 BPM 기반 SOA를 진행하기 전에 BPM 기반 SOA의 효과를 검증하는 역할을 수행한다. 예를 들면, 인사관리 또는 계약관리 프로젝트의 경우 낮은 복잡도와 영향도를 갖고 있

어 초기 프로젝트로 적합하다. 각각의 조직은 어떤 프로젝트가 짧은 시간 안에 측정 가능한 ROI를 제시할 수 있는지를 평가하고 분석하는 데 시간을 투자할 필요가 있다.

- Think Big : 초기 BPM 기반의 SOA 프로젝트를 진행하면서 어떻게 서비스들이 제공되고 프로세스들이 활용되는지에 대한 큰 그림을 항상 고려하고 있어야 한다. 많은 경우에 조직의 PI 전문 부서 또는 IT의 엔터프라이즈 아키텍처 팀에 의해 이러한 큰 그림이 관리된다.

- Move Fast : 신기술/신개념의 채택을 가속화하고 주변의 냉소주의를 극복하기 위해서는 초기 BPM 기반의 SOA 프로젝트를 3~6개월의 짧은 기간 안에 이해를 완료할 필요가 있다. BPM 기반의 SOA 프로젝트는 실행범위보다 실행속도가 중요한 경우가 많다. 또한 실행에 대한 추진동력을 확보하고 지지를 얻어내는 것이 프로젝트의 성공에 무엇보다 중요한 열쇠가 되기도 한다.

2.5 SOA 기반 BPM 구축의 원칙

분명 BPM과 SOA의 통합은 IT가 가지고 있는 중대 과제인 비즈니스IT 괴리를 해결할 수 있는 단초가 될 것이다. 비즈니스 현업의 프로세스 설계와 IT 현업이 제작한 단위 서비스들간의 연계는 전체 프로세스 관리 시스템에서 단위 서비스들을 가시화하고 프로세스에 재사용되는 환경을 제공하게 된다. 이러한 환경은 비즈니스 현업과 IT 현업이 상대방과 정확히 대화할 수 있는 채널을 확보하는 것을 의미하며, 비즈니스 요구사항의 변화에서 IT 솔루션의 대응으로 이어지는 변화관리 프로세스가 관리됨으로써 비즈니스 효율을 증가시킨다.

SOA의 도입효과를 최대화하고 성공적인 SOA 기반 시스템을 구축하기 위해 BPM이 지원해야 할 특성들을 조망해 보면, 다음 네 가지로 압축시켜 볼 수 있다.

1) 시스템 커버리지

SOA 기반 시스템 구축을 위해 SOA뿐만 아니라 Non-SOA도 수용할 수 있어야 한다. 역설적인 표현이지만, 현재로선 파일럿 성격으로 제한된 범위 내에서 SOA를 적용하고자 해도, BPM이 목적하는 종단간(End-to-End) 프로세스 구현을 위해서는 상당수의 Non-SOA 요소를 수용하지 않고서는 BPM 효과를 달성하기 어렵기 때문이다. 여기서 Non-SOA 요소란 현장 작업자들과 인터랙티브하게 작동하는 대다수의 애플리케이션들이나, 웹 서비스로 전환하기 힘든 C/S 기반 솔루션들을 일컫는다.

2) 플랫폼 중립성

BPM은 플랫폼에 중립적이면서 이질적인 플랫폼들을 통합할 수 있어야 한다. 플랫폼 기반의 업체들이 자사의 기존 제품라인을 SOA 개념에 맞게 재정렬하여 수직일관 체계를 구축하였다고 하고, 해당 제품들간의 통합성을 자랑한다. 그러나 기업 내 다양한 플랫폼이 상존해 있는 현실과 SOA를 활용하는 BPM의 역할이 다양한 IT 자원들을 통합하고 조율하는 것임을 상기하면, 고객에게 독이 될 수 있는 처방을 제시한 셈이 된다.

3) IT 자원 재활용

기존의 IT 자원을 최대한 재활용할 수 있어야 한다. SOA의 주요 인에이블러(Enabler)로 부상한 ESB는 기존의 EAI 솔루션의 새로운 마케팅 컨셉트에 다름아니라고도 한다. 따라서 독자적인 ESB 솔루션도 제시할 수 있어야 하겠지만, 고객사에 이미 구축되어 있는 EAI 인프라를 SOA의 주요 모듈인 ESB 백본으로 활용할 수도 있어야 한다.

4) 비즈니스 중심의 BPM

SOA에서 파생된 BPEL 표준만으로는 기업 현장 작업자들의 태스크를 프로세스로 재편하는 데 한계가 있다. 프로세스 관리의 핵심인 업무를 조정할 수 있는 BPM 모듈의 관리 하에, BPEL은 시스템 연계의 측면에서 활용되어야 한다. BPEL의 용도는 메시지 연계 및 웹 서비스 호출에 집중되어 있어, 수년간 워크플로 기반 BPM에서 축적해온 다양한 업무규칙, 작업환경 설정 등을 지원하는 측면에서는 한계가 있기 때문이다.

Web Service Acronym Hell(WSAH) : 복잡한 제국의 일원이 되어버린 웹 서비스 표준

인간은 얼마간의 혼돈을 즐기는 동물인 것 같다. 엄격하면서 완벽한 시스템보다는 유연성 있고 단순하면서도 관대한 체계가 더 오래가는 것을 종종 목격할 수 있기 때문이다. IT업계도 예외는 아니다. 지나치게 엄밀하고 복잡한 규격의 소프트웨어는 스스로 붕괴되고 외면되는 반면에, 다양한 가능성을 내포하고 사용하기 쉬운 소프트웨어가 결국 살아남아서 발전하기 때문이다.

웹 서비스의 원형이라고 할 수 있는 SOAP가 시장에 소개되었을 때만 해도 단순성과 확장성으로 각광을 받았으나, 이후 웹 서비스 스택이라는 명목으로 WS-I, WSCI, WS-Transaction 등으로 확장되어 가더니, 전문가들도 혼란스러워 할 정도로 복잡하고 추상화되었다. 그래서 Web Service Acronym Hell(WSAH)이라는 자조적인 표현까지도 등장하였다.

WS-*으로 대표되는 웹 서비스 관련 표준들은 기업의 필요와 고민의 산물임에는 분명하나, 너무 거대화되고 복잡화되고 있다는 사실에는 많은 이들이 공감할 것이다. SOA의 가장 현실적인 실현수단이라고 평가받는 웹 서비스가 컴퓨팅분야에 보다 현실적이고 보편적으로 확산되기 위해서는 단순함과 사용성이라는 두 과제를 어떻게 해결할 것인가가 관건이 될 것이다.

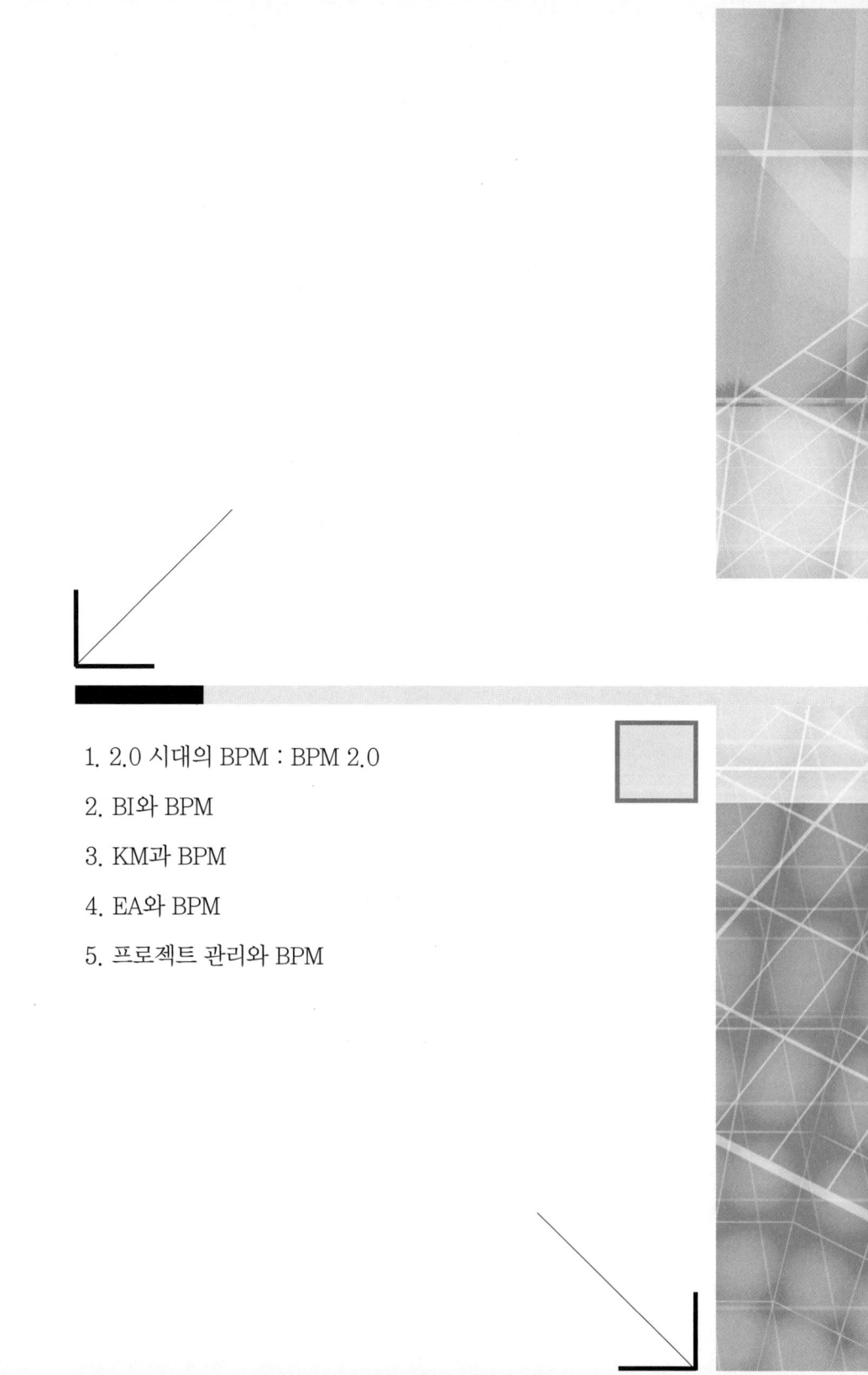

7

컨버전스 시대의 BPM

1980년대의 TQM, 6시그마, 90년대의 BPR, 2000년 들어서의 지속적인 프로세스 개선 등과 같이 프로세스 경영 방법은 환경변화만큼이나 다양한 변화를 거쳐왔다. BPM의 이러한 변화는 현재도 진행형이다. 요즘 업계의 화두가 되고 있는 2.0 사상은 BPM에도 적지 않은 영향을 미치고 있으며, BPM 입장에서는 새로운 성장동력으로서 많은 주목을 받고 있다. 이 외에도 BI, 지식경영, EA(Enterprise Architecture)와 같은 영역과의 통합을 통한 다양한 시도가 이루어지고 있다. 이러한 내용들을 살펴보는 것은 향후 BPM의 추세를 예측하는 데 큰 도움이 될 것이다.

1

2.0 시대의 BPM :
BPM 2.0

최근 웹 2.0 개념의 확산과 더불어 2.0 사상에 기반한 향후 BPM 모델인 BPM 2.0에 대한 관심이 뜨겁다. 미래에 대한 예측이 어려운 만큼 BPM 2.0 에 대한 정의를 내리는 것보다는, 웹 2.0에 기반한 기술의 발전 추세와 기업의 생태환경의 변화를 기반으로 BPM의 향후 발전 방향을 예측해 보는 것이 좀더 합리적일 것이다.

과거 워크플로에서 시작한 BPM은 기술의 발전과 더불어 현장에 적용되면서 많은 발전을 이루고 있다. 이러한 사례들은 워크플로 중심의 BPM과 EA 중심의 BPM에 대한 논의와 같은 기술적인 내용에서부터 경영혁신 방법으로서 BPM의 위상에 대한 논의, 웹 2.0에 기반한 비즈니스 현업의 프로세스 관리 참여 확대 등과 같은 분야에서 연구 및 사례개발이 활발하게 진행되고 있다.

이 책은 그 동안 경험한 프로젝트 사례들과 기술적 발전 추세에 맞추어

BPM 2.0은 다음과 같은 특성을 갖추는 방향으로 발전할 것으로 판단한다.

첫째, 과거의 BPM이 단편적인 프로세스에 대하여 비용절감이라는 대표적인 목적을 가지고 프로세스 자동화에 초점을 두었다면, BPM 2.0은 경영학적 방법론으로서 ① 전사적인 범위에서, ② 기업의 민첩성 확보를 위한 목적으로 기업의 전략 수행 및 성과 향상을 다루며, ③ 지속적인 개선체계의 확보 등을 통해 그 위상이 대폭 강화될 것이다.

둘째, 과거의 BPM이 IT가 주도하는 기술 중심의 시스템으로서 비즈니스 현업에 대한 통제가 강조된 반면, BPM 2.0은 ① 기업을 둘러싸고 있는 모든 이해관계자를 대상으로 하며, ② 현업의 비즈니스 프로세스 관리에 대한 참여가 확대되고, ③ 기업 전략과의 조화가 일방적인 강제와 통제보다는 현업의 참여와 공유를 통한 자율성으로 점차 확대될 것이다.

셋째, 과거의 BPM이 비즈니스 프로세스의 자동화에 주요 초점을 두었기 때문에 한정적인 범위의 프로세스만을 대상으로 한 반면, BPM 2.0은 정형 및 비정형 프로세스, 추상 및 실행 프로세스, 개별 및 통합 프로세스와 같은 다양한 측면에서 비즈니스 프로세스 관리가 이루어질 것이다.

마지막으로 과거의 BPM이 전용 클라이언트를 사용하거나 폐쇄적인 기술을 사용하였다면, BPM 2.0은 사용자의 참여와 공유를 촉진하기 위한 블로그, 위키, 태킹 등 웹 2.0 기술의 광범위한 채택과 함께 SOA 및 웹 서비스와 같은 표준 인프라 기술을 플랫폼으로 장착할 것이다.

1.1 경영학적 방법으로서 BPM의 위상 강화

BPM이라는 용어를 처음 사용한 가트너가 2001년 '프로세스 관리 도구'에 초점을 둔 정의에서 2005년에는 "조직의 업무와 프로세스를 끊임없이 최적화하는 구조적인 접근방법"으로 정의한 것처럼 BPM의 위상은 강화되고 있다. 이 같은 주장은 하워드 스미스와 피터 핑거, 다벤포트 등 세계적인 경영학자의 제시내용과 일치하는 것이다.

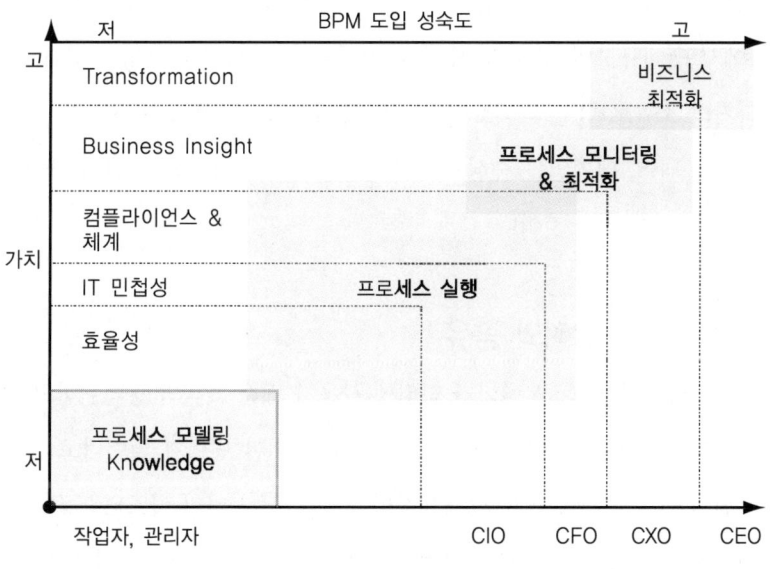

[그림 7-1] BPM 성숙도와 도입 가치

포레스터 리서치의 2007년 보고서에 의하면, BPM에 대한 성숙도가 높을수록 비즈니스 가치가 높을 뿐만 아니라, BPM의 참여자가 관리자, 최고경영자로 확대될수록 비즈니스 전체의 최적화로 창출가치가 더욱 높아질 것이라고 한다. BPM의 도입은 ① 초기에는 작업자들의 프로세스 모델링을 통해 기업의 프로세스 지식을 다루고, ② 관리자와 경영자가 참여하면서 프로세스 실행을 통해 비즈니스 효율성, IT 자산의 민첩성, 일관성을 유지시키며, ③ 최고경영진이 참여하면서 비즈니스에 대한 통찰력과 변화를 추진하는 등의 프로세스 최적화와 비즈니스 전체의 최적화를 시도하는 것과 같이 BPM 가치가 상승할 것이라는 것이다.

최근 국내에서도 포스코, 삼성전자, LG전자, SK Telecom 등 대기업을 중심으로 전사적인 BPM 도입이 추진되고 있을 뿐만 아니라, 금융 및 공공 분야에서도 대규모의 BPM 과제가 추진되는 등 BPM이 확산되고 있다. 이는 과거의 소규모 단일 과제로서 파일럿 형태로 '프로세스 자동화'가 추진되는 것을 넘어, 대기업을 중심으로 경영방법으로서 BPM의 위상이 강화되는 증거로 볼 수 있을 것이다.

1.2 사용자 참여와 공유

웹 2.0 시대의 가장 큰 변화가 인터넷 사용자 또는 고객의 광범위하고 활발한 참여에 있는 것처럼, BPM에 있어서도 이러한 변화가 일어나고 있는 것이 현실이다. 이러한 변화의 대표적인 특징으로는, 먼저 비즈니스 프로세스 관리에 참여하는 사용자가 기업 생태계를 구성하는 다양한 이해관계자들로 확대되며, 비즈니스 프로세스 관리에 대한 비즈니스 현업의 참여와 공유가 활발해지고, 과거의 통제와 강제에서 벗어나 분산된 자율적 통제가 이루어진다는 것이다.

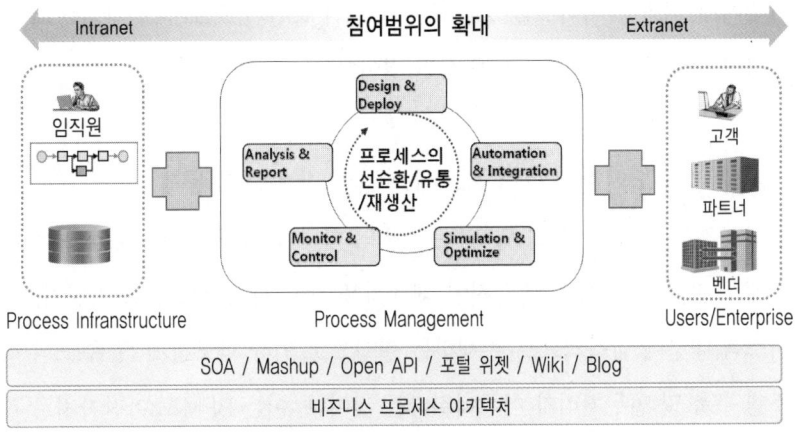

[그림 7-2] 사용자 참여범위 확대

1) 사용자 참여범위의 확대

기업을 둘러싼 생태계 관점에서 다양한 이해관계자들이 비즈니스 프로세스 관리에 참여하게 되면서 개방형 체계를 구축하게 될 것으로 예상된다. 이는 비즈니스 프로세스 관리가 전사적인 범위로 확대되면서 피할 수 없는 현상으로도 볼 수 있지만, 이른바 프로슈머로서의 고객의 역할 변화와 웹 2.0에서 제시하는 롱테일 이론처럼 다변화된 고객 요구사항을 만족시키기 위해서는 필수적으로 요구되는 현상이다. 또한 과거의 경쟁이 엔터프라이즈 대 엔터프라이즈로 이루어졌다면, 최근의 경쟁은 가치사슬 대 가치사슬로 이동한 것과도 무관하지 않다. 즉 기업 자체만의 경쟁력으로는 한계에 도달해 있고, 기업의 가치사슬을 아우르는 집단경쟁이 이루어진다는 것이다. 이는 SCM으로 일컬어지는 가치사슬을 효과적으로 관리함으로써 경쟁력을 높이려는 기업들의 움직임에서 쉽게 찾아볼 수 있다. 마지막으로 비즈니스 프로세스 관리가 고객의 요구사항이 들어오는 시점에서 최종적으로 고객에서 재화나 서비스를 전달하는 동안의 종단간 프로세스 관리를 추구하면서 필수적으로 요구되는 현상인 것이다.

2) 현업 주도의 비즈니스 프로세스 관리 및 자율적 통제

현재 IT 시스템이 갖고 있는 문제 중의 하나가 기업의 업무지식 또는 프로세스 관련 지식 등이 명시적인 체계성을 갖고 관리되는 것이 아니라, IT 시스템 내부에 암묵적으로 존재하는 현상으로 인해 과도하게 IT 주도의 시스템 구축 및 업무처리가 이루어졌다는 것이다. 이는 BPM도 마찬가지로 과거의 BPM이 자동화에 초점을 두면서 전문화된 실행 프로세스 모델링, 프로세스 자동화 구축, 운영, 변경 및 유지보수 등에 있어서 IT의 의존도가 높다. 이는 경직된 비즈니스 프로세스 관리로 이루어져 비즈니스 프로세스 관리가 갖는 본연의 목적을 상실할 위험이 존재한다.

BPM 2.0에서는 현업에 의한 비즈니스 프로세스 관리가 크게 강조되면서, 비즈니스 프로세스 관리의 유연성이 크게 향상될 전망이다. 이러한 특징을 대표하는 몇 가지 추세를 살펴보면 다음과 같다.

첫째, 과거의 프로세스 모델링이 실행 프로세스를 전제로 전문적인 IT 지식을 많이 필요로 하여 일반 현업의 접근이 쉽지 않았다면, BPM 2.0에서는 현업을 포함한 관리자도 직접 참여가 가능한 프로세스 모델링이 이루어지고 있다. 이는 프로세스 관리가 최상위 수준인 가치사슬에서부터 운영수준의 실행 프로세스까지의 체계적인 모델링을 다루기 때문에, 현업이나 관리자는 자신의 계층에 맞는 프로세스를 직접 설계할 수 있다는 것이다.

둘째, 협업 환경 내에서 비즈니스 현업들에 의한 프로세스 변화관리가 이루어질 것이다. 비즈니스 현업은 누구나 현재 프로세스를 조회하고 분석할 수 있으며 개선요구를 할 수 있다. 받아들여진 개선 요구사항에 대해서 현업 주도의 프로세스 개선이 이루어지며, 일련의 승인과정을 통해 개선된 프로세스는 다시 모두에게 공개되는 등 현업에 의한 변화관리가 이루어지는 것이다.

셋째, 웹 2.0 기술의 도입은 사용자들의 활발한 프로세스 관리에 대한 참여와 프로세스 지식 공유를 확산시킬 것이다. 예를 들면, 프로세스 지식 축적을 위해 위키 기술이 활용될 수 있으며, 블로그 및 RSS 기술은 프로세스 지식 공유를 촉진시킨다. 또한 사회적 네트워크 기술은 프로세스 관리 참여자들간의 협력을 강화시키고, 태깅 기술을 통해 사용자는 쉽게 자신이 원하는 지식을 검색할 수 있다.

사용자 친화적인 프로세스 실행 환경도 사용자들의 활발한 참여와 협력을 촉진시킬 것으로 예상된다. 즉 표준화된 프로세스 모델링 방법인 BPMN의 사용, AJAX/RIA/사용자 경험 디자인 등을 통한 사용성 개선, 타 시스템과의 유연한 연동 등의 기술들은 비즈니스 현업의 참여를 더욱 촉진시킬 것이다.

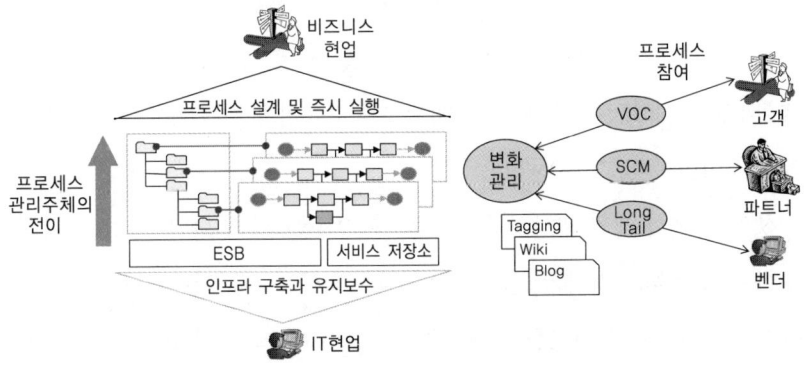

[그림 7-3] 비즈니스 현업 주도의 BPM

3) 통제와 자율의 조화

비즈니스 프로세스 관리는 그 자체적인 특성상 '통제'의 성격이 강하다. 비즈니스 프로세스의 운영을 통해 업무가 스스로 찾아서 오는 '편리함'이 있지만, 해석에 따라서 프로세스가 흘러가면서 업무의 수행을 강제할 수도 있는 것이다. BPM 2.0은 구성원을 모니터링하고 업무를 강제하는 것이 아니라, 스스로 업무 진척도를 파악하고 개선점을 찾는 등 사용자의 적극적인 참여를 기대한다. 따라서 이를 위해서는 내부 임직원을 포함한 이해관계자들에게 동기부여가 필요하다.

동기부여를 위한 가장 중요한 것 중의 하나는 바람직한 행태 및 결과를 공식적인 체계로 만들어야 한다는 것이다. 무슨 일이 일어나든지 모든 사람들이 볼 수 있도록 공개해야 하며, 또한 명확하고 특정한 일련의 측정치가 있어야 한다. 이러한 측정치는 모든 사람들이 성과가 어떻게 변화하고 있고 개선되고 있는지를 추적할 수 있어야 한다. 마지막으로 이러한 정보들은 모든 사람이 접속할 수 있도록 쉽고 이용 가능해야 한다.

둘째, 동기부여의 힘은 효과적인 비즈니스 프로세스 모델링을 통해 비즈니스 프로세스 관리에 참여하는 참여자들로 하여금 해당 비즈니스 프로세스를 명확하고 직관적으로 이해할 수 있도록 하는 것이다. 프로세스에 대한 명확성을 통해 프로세스 관리에 대해 참여자들이 좀더 쉽게 잘 할 수 있는 것을 찾아볼 수 있기 때문이다.

셋째, 현업에 대한 의사결정 권한의 이양을 통해 분권화된 통제구조를 확립한다. 현실적으로 해당 프로세스에 직접 참여하는 관련자들이 해당 프로세스의 문제점이나 개선점을 가장 잘 이해하고 있고, 또한 효과적인 개선안을 마련할 수 있다. 이를 활성화하기 위해서 제도적으로 임직원의 자유로운 참여를 보장하고, 이슈 및 검토 제기 프로세스를 운영하여 구성원들간의 자율적인 커뮤니케이션이 활성화되도록 하는 것이 매우 효과적일 것이다.

1.3 비즈니스 프로세스의 관리 범위 확대

초기 BPM이 프로세스의 자동화에 초점을 맞추면서, 비즈니스 프로세스에 대한 관심은 실행 프로세스 모델링, 운영환경 구축, 모니터링, 결과 분석 등과 같은 실행에 관련된 부분에 한정되었다. 현재 많은 연구 및 사례를 통해 비즈니스 프로세스 관리에 대한 효과가 검증됨에 따라 비즈니스 프로세스에 대한 관리 범위가 급격하게 확장되고 있으며, 특히 국내 대기업을 중심으로 전사적인 범위의 BPM 과제의 출현이 줄을 잇고 있다.

전사적인 범위의 과제에서 나타나는 주요 특징은 비즈니스 프로세스에 대한 관리가 단지 실행을 전제로 하지 않는다는 것이다. 전사적인 프로세스 분석에서 주요 프로세스의 구현 방법까지 변화하고 있는 것이다.

BPM 2.0에서는 이러한 현상을 바탕으로 비즈니스 프로세스에 대한 관리 범위를 자동화의 관점이 아니라, 다음과 같은 다양한 관점으로 분석 및 구현할 수 있다.

첫째, 전사적인 관점에서 BPM을 구축하는 것은 기업의 계층구조에 따라 비즈니스 프로세스도 추상화 단계를 거쳐서 분석되고 구축되어야 한다. 즉 비즈니스 프로세스의 추상화 수준에 따라서 프로세스의 표현방법, 분석내용, 구축형태 등이 달라지게 된다. 예를 들면, 온라인 쇼핑몰에서 '구매 처리'와 같은 프로세스는 전통적인 워크플로에서 시작한 사람 중심의 업무흐름을 표현하는 XPDL에서 시스템 중심의 자동화 흐름을 표현하는 BPEL 등의 계층적인 형태로 프로세스 모형이 구성될 수 있다. XPDL로 표현된 프로세스는 고객으로부터 구매요청을 받고 담당자가 재고파악 등의 필요한 내용을 검토하는 단계, 상품배송 지시, 상품배송, 상품의 고객 인수 등과 같은 일련의 업무흐름 과정을 표현하고, BPEL로 표현된 모형은 '상품배송 지시'와 같은 특정 업무 내에서 이루어지는 구매 시스템에서 배송 시스템으로의 데이터 전송, 고객정보의 데이터 전송 등과 같은 시스템적인 흐름을 표현하는 식이다. 또한 추가적인 모형화를 진행하면 XPDL 모형은 좀더 추상화된 형태로 표현되고, 전사적인 범위에서는 이러한 계층이 기업의 가치사슬까지 연계된다.

BPEL과 XPDL로 표현된 모형은 서로 목적이 다르기 때문에 다른 속성을 갖는다. 예를 들면, BPEL 모형은 시스템간의 통신을 위한 포트 정보, 웹 서비스 정보 등이 중요한 반면, XPDL 모형은 참여자, 업무처리 규칙 등이 중요한 속성이 된다. 좀더 상위 계층의 모형은 프로세스들간의 관계, 성과정보 등이 더 중요한 속성이 된다. 결론적으로 BPM 2.0은 비즈니스 프로세스의 흐름을 포함해서 전사적인 프로세스 체계 등에 대한 모델링, 분석 등의 관리방법이 필요하다.

두 번째 관점의 프로세스 관리 확장은 프로세스 흐름이 미리 정해질 수 있는 정형 프로세스에서 미리 프로세스의 흐름을 정의할 수 없는 비정형 프로세스에 대한 관리를 추구하면서 나타나고 있다. 실제로 현업에서는 미리 정해진 업무보다, 상급자로부터의 갑작스러운 업무 지시, 고객으로부터의 요청, 관련 부서의 협조요청 등과 같은 비정형 업무가 더 많다는 것이다. 이러한 업무조차도 체계적으로 관리하고자 하는 요구가 증가하고 있다. [표 7-1]은 정형 프로세스와 비정형 프로세스를 구분한 내용이다.

[표 7-1] 정형 프로세스와 비정형 프로세스

구분	정형 프로세스	비정형 프로세스
정의	세부 정의가 규칙성이 있고 명확하여 작성된 프로세스가 반복적으로 사용되는 프로세스	프로젝트 진행 전에 세부 명세를 작성하는 것이 모호하여 반복 프로세스로서 정의하기 어려운 프로세스
발생 이유	• 특정 소수의 업무가 반복적으로 처리 • 업무의 편의를 위해 일괄적인 프로세스를 정의 • 시스템간의 흐름을 기반으로 하는 프로세스 • 조직간의 표준화된 업무 규약을 정의할 때 • 검증된 가장 효율적인 방법이 존재할 때	• 스스로 원하는 바를 알지 못할 때 • 요청하는 바에 적절히 응하고 싶을 때 • 환경이 급속하게 변할 때 • 특정 상황에서만 필요로 한 일회적 일이 수시로 발생할 때 • 프로세스의 생명주기가 길어서 예측하기 어려울 때
자동화	프로세스의 자동화가 쉽다.	자동화 하기 어렵다.
전산화	시스템 처리 비용이 크게 낮아지므로 전산화가 가능하다.	개개인의 의견과 참여가 필요하므로 전산화 하기 어렵다.
개인화	정형화된 기반에서 부분적인 개인화	프로세스 성격 자체가 개인적인 활동에 의존하므로 개인의 관심사항이 충분히 반영되어야 한다.

비정형 업무 프로세스에 대한 관리 요구는 점차 기업들이 소위 '지식 작업자'로 일컬어지는 사용자들의 요구를 충족시켜 주기 위한 목적에서 출발하고 있다. 이러한 비정형 업무 프로세스 관리를 위해서는 작업자 할당만으로 프로세스 가동, 업무전달에 따른 자동적인 프로세스 맵 완성, 모든 진행 중인 업무를 한눈에 파악, 기존 정형 업무로부터 파생 가능, 업무 프로세스와 지식정보 상호연계와 같은 요구사항을 충족시킬 수 있어야 한다.

마지막으로 프로세스 관리 범위의 확장은 기업의 상황이나 비즈니스 프로세스 관리 목적에 따라서 BPM의 구현 형태가 달라질 것이라는 것이다. 현재 BPM 과제의 대부분이 자동화를 전제로 수행되는 것이 사실이지만, 일부 대기업을 중심으로 이러한 관행에서 벗어나고 있다. 이러한 수요는 해당 기업의 핵심 프로세스인 것이 사실이지만, 해당 프로세스의 자동화보다는 모니터링 및 성과관리에 초점을 두는 경우에 발생하고 있다. 실제로 전사적인 범위의 BPM 과제라 하더라도 자동화하는 프로세스는 극히 일부분에 지나지 않는다. 예를 들면, 포스코나 대우해양조선 등의 국내 대기업은 프로세스 자동화뿐만 아니라, 전사적인 프로세스 자산관리, 모니터링에 의한 프로세스 성과관리 등의 목적을 가지고 BPM을 구현하는 프로젝트를 수행하고 있다.

1.4 기술적 발전

BPM 2.0에서 나타나는 기술적 특징으로 BPM 스위트의 고도화, 웹 2.0 및 SOA 기술의 채택, 기술적 표준의 광범위한 활성화 등을 들 수 있다. 첫째, BPM 스위트의 고도화는 BPM을 요구하는 기업들의 다양한 요구사항을 만족시켜 줄 수 있는 BPM 스위트로의 발전이 가속화될 것이라는 것이다. BPM 스위트 각 분야의 도구들은 서로간에 효과적이고 유연한 통합을 지원하는 방향으로 발전하고 있다. 단순한 도구들의 연계 수준이 아니라 의미론적인 통합이 시도될 것으로 보인다. 실제 이러한 도구들의 조합을 통해 BPM 과제를 수행하는 사례가 늘고 있는 추세이다.

결과적으로 이러한 추세는 프로세스 컨버전스의 지원 현상으로 나타나고 있다. 즉 하나의 종단간 프로세스를 구현하는 데 다양한 형태의 프로세스 구현기술이 사용되는 것이다. 예를 들면, 하나의 비즈니스 프로세스에는 사람의 업무 중심으로 구성된 프로세스, BPEL과 같은 시스템 중심의 프로세스, 비정형 업무들로 구성된 프로세스, 비즈니스 규칙에 기반한 업무처리 프로세스 등으로 구성될 수 있다. BPM 스위트는 각 도구들의 유기적인 통합을 통해 이를 관리할 수 있도록 발전하고 있으며, 이른바 '프로세스 컨버전스'를 지원하는 것이다.

BPM 2.0의 두 번째 기술적 특징은 웹 2.0 및 SOA 기술의 채택이다. 이러한 추세는 이미 일부 제품 또는 솔루션에서 나타나고 있는데, X-인터넷 기술이라고도 불리는 AJAX/RIA 기술이 채택되어 사용자의 편이성 및 친화성을 높이는 사례가 많이 등장하고 있다. 이 외에도 웹 2.0 기술이 BPM을 구축하는 요소 기술 중의 하나로 받아들여짐으로써, 다양한 형태의 가치 창출이 가능할 것으로 보인다.

이러한 활용 사례는 다음과 같다.

> - BPM과 결합된 블로그/RSS 등을 통한 프로세스 참여자들간의 네트워크 형성을 통해 프로세스 지식의 개방 및 공유를 촉진한다.
> - 과거 프로세스 사전이라고도 불리는 프로세스 자산 정보(PAL, Process Asset Library)의 축적이 위키 방식을 통해 소수의 전문가 그룹이 아닌 개별 참여자들이 공동으로 참여하는 방식으로 이루어진다.
> - 프로세스 중심의 사회적 네트워크(Social Network)가 구성되어 업무진행에 효과적인 협업 환경이 구축될 것이다. 일반적인 사회적 네트워크가 불특정 다수를 상태로 네트워크가 형성되는 것에 반해, 프로세스 중심의 사회적 네트워크는 업무 프로세스의 효율적 관리라는 가치를 효과적으로 실현할 수 있도록 관련 네트워크가 형성되는 것이다.
> - 태깅 기술을 통해 프로세스 관련 지식의 생산 및 유통을 활성화시킬 것이다. 이는 프로세스 운영을 통해 축적된 지식이 태킹 정보를 통해 프로세스 참여자들에게 효과적으로 제공된다는 의미이다.

기존 IT 자산의 재활용, 통합에 대한 유연성, 신속한 서비스 개발이 가능한 기술 인프라로서 SOA는 IT 분야의 핵심적인 인프라 기술로 발전할 것이라는 데에는 의심의 여지가 없다. 그러나 SOA 기반의 IT 인프라는 BPM을 운용하기 위한 기반 기술구조를 제공할 뿐이다. 따라서 BPM은 프로세스를 구성하는 단위업무 내에서 SOA 기반 하에 제공되는 서비스들을 활용하는 형태로 BPM과 SOA의 융합이 일어날 것으로 보인다. BPM이 SOA를 기반으로 제공되는 일련의 서비스들의 집합으로 보는 시각은 BPM을 단지 자동화의 관점에서만 바라보는 편협된 시각이다. 전사적인 관점에서 경영전략과 연계되고, 기업의 의사결정 계층에 따른 분석방법을 제공하며, 자동화 프로세스만이 아닌 전사적인 프로세스 관점에서 지속적인 개선체계를 통해 기업의 민첩성을 확보하고자 하는 것이 BPM의 가치인 것이다.

현재 SOA 기술은 충분한 타당성과 효과를 지닌 개념으로 평가되고 있지만, 현실적으로 SOA가 적용되기에는 추가적인 연구와 개발이 필요하다. 특히 기업의 입장에서는 기존의 IT 자산, 즉 레거시 시스템에 대한 보완책을 제공해야 한다. 즉 SOA 기술은 현실 상황을 고려한 단계적인 발전을 거칠 것으로 보인다. 따라서 BPM은 SOA뿐만 아니라 (기존의 IT 자산이 SOA 기반으로 갱신되지 않은) Non-SOA 상황 하에서도 구축될 수 있는 유연성을 갖추어야 한다.

마지막으로 BPM 2.0에서는 현재 활발하게 논의되고 있는 기술의 표준화가 광범위하게 채택될 것으로 보인다. BPM 기술의 다양한 분야에서 진행되고 있는 표준화는 개발비용 감소, 개선 및 유지보수의 용이성과 함께 광범위한 관련 업체들간의 다양하고 활발한 협력을 촉진시킬 것으로 보인다. 현재 BPM의 개념과 관련 기술에 대한 국제적인 관심이 높아지면서 수많은 표준화 조직에 의해서 BPM의 다양한 분야에 대한 표준화가 진행 중이다. 현재 BPM에 대한 표준은 WfMC(Workflow Management Coalition)과

BPMI(Business Process Management Initiative)를 중심으로 관련 단체가 서로 연관되어 있다. BPM 관련 표준기구는 1995년 WfMC를 시작으로 현재 수십여 개의 단체에서 표준 제정을 위한 노력을 기울이고 있다.

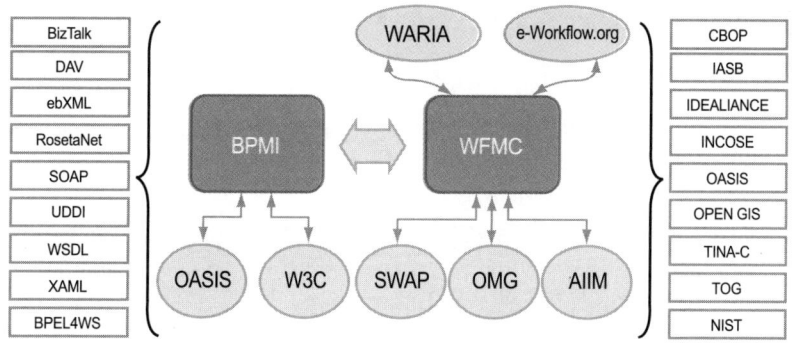

[그림 7-4] BPM의 표준화 기구

이들 기구에서 제정하여 발표한 대표적인 표준화에는 다음과 같은 내용이 포함된다.

- WfMC : Workflow Reference Model, Process Definition Language (WPDL/XPDL), Workflow Process Interchange (Wf–XML)
- BPMI : Business Process Modeling Notation (BPMN), Business Process Modeling Language (BPML), Business Process Query Language (BPQL)
- OMG Workflow Facility : Extension of UML for Workflow Modeling
- NIST (National Institute for Standards and Technologies) : Process Specification Language (PSL), Process Interchange Format (PIF)
- UN/CEFACT : Electronic Business XML (ebXML), Business Process

Specification Schema (BPSS)

- OASIS Business Transaction Protocol (BTP)
- W3C (World Wide Web Consortium) : Web Services Conversation Language (WSCL), Web Services Choreography Interface (WSCI)
- IBM : Web Service Flow Language (WSFL)
- MicroSoft : XLANG
- DARPA : DARPA Agent Markup Language Services (DAML-S)

그러나 웹 서비스에 관련한 표준 분야에서 보안(WS-Security), 신뢰 (WS-Reliability), 상호교환(WS-Interchange) 등 완전한 웹 서비스 표준 에 대한 정의가 수십 가지가 존재하고 있는 등 매우 혼란스러운 현상도 있 다. 일부 학자들은 각 표준들이 명확한 가치제공 없이 수십 가지의 표준이 존재하는 이러한 현상을 'Web Services Acronym Hell(WSAH)'로 부르기 도 한다(Aalst, IEEE Intelligent Systems, 2003). 향후 이러한 표준은 상 호 보완적으로 통합되어 표준에 대한 채택과 활용이 광범위하게 확산될 것 으로 기대한다.

BPM이 비즈니스 프로세스에 대한 관리를 목적으로 시작하였지만, 점차 BPM의 경영학적 가치가 부각되면서 BPM의 개념, 방법, 도구들이 확장하 고 있는 것이 BPM 2.0의 핵심임은 이미 기술한 바와 같다. 현재 BPM 2.0 은 다양한 개념들이 창출되고 특징을 예측하는 수준으로 아직 개념수준 단 계에 머물러 있는 것이 사실이다. 하지만 기술의 발전과 기업환경의 변화는 지금까지 기술한 것처럼 BPM을 지속적으로 발전시킬 것이다.

개미 사회의 운영 모델 : 웹 2.0 프로세스 혁신

개미는 시각과 청각이 퇴화되어 있어 근거리에 있는 먹잇감을 눈치채지 못한다. 그러나 우리는 자연계에서 질서정연하게 먹잇감을 포획하여 자신들의 군락지로 이동하는 개미떼들을 쉽게 목격할 수 있다. 해답은 '페로몬'이라고 하는 화학물질을 통한 개미들간의 커뮤니케이션에 있다. 개미 한 마리 한 마리를 살펴보면 술에 취한 것처럼 이리저리 오가며 먹잇감을 찾아다니지만, 일단 한 마리의 개미가 먹이를 발견하면, 페로몬을 통해 주변의 동료 개미를 자극하고, 자극받은 개미들은 역시 페로몬을 통해 먹잇감 포획과 운반의 조화로운 과정을 연출한다. 개미들의 생태계는 여왕개미에 의해 중앙통제되는 사회가 아니라, 이렇게 페로몬이라는 단순하지만 효과적인 개체들간의 상호작용으로 운영되고 있는 것이다.

웹 2.0에서 강조하는 참여와 공유, 집단지성도 개미 사회의 운영방식과 상당히 유사하다. 인터넷이라는 생태계 속에서 개인들이 블로그, RSS, 태그 등의 기술을 통해 상호작용함으로써, 기존의 중앙집중형 통제와 시스템이 보여 주지 못한 혁신적인 변화와 성과를 제시해 주고 있기 때문이다.

2 BI와 BPM

개인이건 공적인 조직이건 간에 모든 활동 속에서 '의사결정'의 중요성은 특별히 언급할 필요는 없을 것 같다. 주변 환경 또는 미래의 불확실성은 소위 '합리적 의사결정'을 요구하게 된다. 합리적 의사결정을 위해서는 불확실성을 제거하기 위한 다양한 데이터와 이에 대한 분석기법이 필요하다. BI는 이러한 기업의 요구사항을 충족시켜 주기 위한 분야로 볼 수 있다. 즉

BI는 매일매일 쌓여가는 데이터들을 보다 효율적으로 관리할 뿐만 아니라, 수익창출을 위한 '합리적 의사결정'을 지원하기 위해 데이터의 수집, 분석, 가공 등을 위한 도구, 솔루션, 기술을 총칭하는 것으로 볼 수 있다. 좀더 자세히 살펴보면, 사용자의 전면에 대한 지원 도구로서 질의 및 리포팅, OLAP 등이 있고, 후방 지원 도구로서 데이터 축적 및 구축을 위한 데이터 웨어하우스/데이터마이닝, 데이터 수집 및 추출 도구로서 ETL(ExTraction, Transformation & Loading) / ETT(Extraction Transformation

Transportation) 등이 있다.

　　BI 도구에 의한 정보 전달은 일반적으로 [그림 7-5]와 같다.

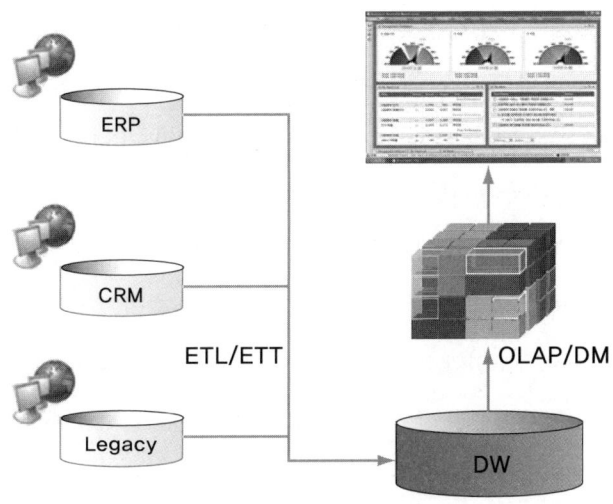

[그림 7-5] BI 도구에서 정보 전달

　　BI의 이러한 개념을 비즈니스 프로세스에 도입한 것이 '비즈니스 프로세
스 인텔리전스' 이다. 즉 비즈니스 프로세스 인텔리전스는 비즈니스 프로세
스 관리의 중요성이 높아짐에 따라 기업의 비즈니스 활동들이 그 목적을 효
과적으로 달성할 수 있도록 BI의 개념 및 기술을 도입한 것이다. 다루는 주
요 기술이 다르고 명칭이 다르다 하더라도 기본 개념은 비즈니스 프로세스
인텔리전스와 같은 것이 BAM, BOM(Business Operation Management),
BPM(Business Performance Management)과 같은 분야이다. 이러한 분
야에서는 다루는 주제들은 프로세스 디스커버리, 예측, 예외처리, 정적/동
적 최적화, 적응성, 실시간, 인과분석, 효과분석, 프로세스 데이터웨어하우

싱/마이닝, 프로세스 분류 및 온톨로지, 성과관리 등이다.

비즈니스 프로세스 인텔리전스가 BPM을 기반으로 BI의 기능에 대한 융합을 시도하는 것과는 달리, BPM과 BI의 고유의 역할을 인정하면서 상호 보완적인 연계를 추진하는 시도들이 있다. 이러한 시도들은 주로 성과관리 분야에서 나타나고 있는데, 예를 들면 BSC(Balanced Scor Card)나 CPM(Corporate Performance Management) 등과 BPM을 결합하여 상호 보완적인 역할을 수행하면서 성과관리체계를 구축하는 것이다.

실제로 많은 기업들이 성과관리를 시도하고 있지만, 그 과정에서 많은 어려움을 경험하고 있는 것이 사실이다. 특히 성과관리의 대표적인 방법인 BSC의 경우에도 도입한 기업의 50%가 기대했던 성과에 미치지 못했다는 보고가 있다(BSC Collaborative, WesleyQuest Research). 이러한 이유는 BSC가 다음과 같은 문제점을 내포하고 있기 때문이다.

- 내부 프로세스에 관련한 객관적인 성과 측정이 어렵다. 실제로 프로세스가 가시화되고 관리되지 않는다면 명확하게 해당 프로세스의 성과를 측정하기가 어렵다는 것이다.
- 타 경영 프로세스 및 경영혁신 기법과의 연계가 부족하다. 성과측정은 성과측정 그 자체보다는 문제점을 찾고 이를 개선하기 위한 것이다. 이러한 관점에서 측정된 결과를 활용할 수 있는 체계적인 방법이 필요하다.
- 체계적인 의사소통 및 변화관리 프로그램 부족으로 인한 현업의 지표 수용성이 미미하다. 성과측정은 그 결과를 주시하고 자신의 업무에 결과를 반영하는 현업의 역할이 매우 중요하다. 따라서 성과관리에 대한 현업의 수용성을 획득하기 위한 방안이 모색되어야 한다.

- BSC 개발에 소수만이 참여할 뿐, 현업 및 핵심부서의 참여가 미미하다. 또한 최고경영층의 지원이 부족하다.

BSC의 이러한 약점은 BPM을 통해 다음과 같이 보완될 수 있다.

- 프로세스 관리를 통해 보다 객관적인 성과측정이 가능할 뿐만 아니라, 이벤트 기반으로 실시간 성과측정을 지원할 수 있다.
- BPM이 운영 프로세스를 포함하여 전사 프로세스에 대한 체계적인 경영방법을 제공한다. 즉 성과측정을 통해 문제점을 파악하고 운영수준까지의 대응 체계를 제공한다.
- BPM을 통한 업무처리를 통해 현업 및 경영층의 참여를 자연스럽게 유도한다.
- BPM을 통한 프로세스 경영의 도입은 전사적인 범위로 광범위한 사용자 참여를 요구한다.

BSC와 같은 BI 기반의 성과관리가 결과 중심의 성과관리체계라면 BPM은 과정 중심의 성과관리체계이다. 따라서 효과적인 두 시스템의 통합을 통해 상황에 맞는 효과적인 성과관리체계 구축이 가능하다.

BPM과 BSC의 효과적인 통합의 핵심은 두 시스템의 지표체계가 체계적으로 연계될 수 있도록 설계하는 것이다. 실제로 BSC는 전략적 수준의 상위 지표를 표현하고, BPM은 이러한 전략적 수준의 지표가 운영수준의 업무 및 조직 단위로 구체적인 수준까지 분개되어 관리될 수 있도록 한다.

[그림 7-6]은 이러한 내용을 도식적으로 표현한 것이다. BSC로부터 설계된 지표가 프로세스로 할당되고, 프로세스 운영으로부터 수집된 자료를 바탕으로 BSC의 지표가 계산된다.

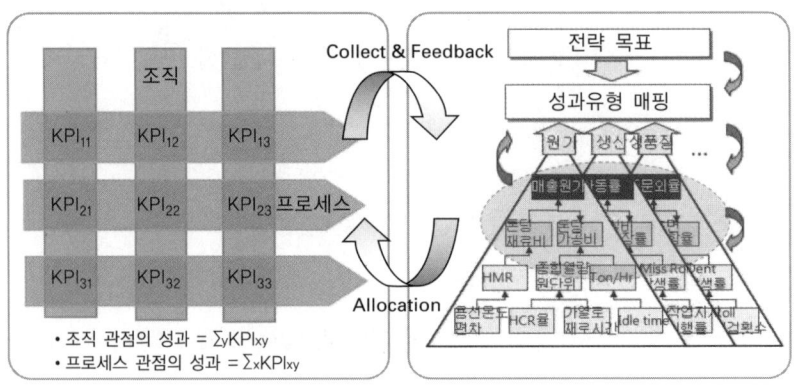

[그림 7-6] BSC와 프로세스 지표 연계

비즈니스 프로세스 인텔리전스가 BPM이 BI의 기능을 흡수하여 자체의 기능을 풍부하게 하는 것이라면, BI가 프로세스 관리 기능을 도입하여 BI 기능을 풍부하게 하려는 시도도 있다. 즉 효과적인 성과관리를 위해 KPI 추출, KPI 선택, 목표값 설정 등과 같은 일련의 성과관리 절차를 프로세스 관리 기법에 의해 관리하고자 하는 시도이다. 실제로 성과관리 절차는 개인 또는 조직의 평가에 매우 민감한 사항을 다루기 때문에, 성과관리 프로세스의 표준화 및 자동화는 절차의 투명성을 확보할 수 있다는 큰 장점을 갖는다.

3 KM과 BPM

1990년대 초반 지식경영이 새로운 혁신 도구로서 기업의 지속 가능한 경영과 사업경쟁력의 원천으로 알려지면서 많은 기업들이 지식경영을 도입하게 되었으나, 성공보다는 시행착오를 더 경험했다. 이러한 이유는 다음과 같다.

첫째, 초기의 지식경영 모습은 조직 내에 산재해 있던 지식들을 수집하여 분류하고 이를 데이터베이스화하여 축적하는 것에만 국한하였기 때문이다. 초기에 관리되지 않았던 지식들을 끌어내어 축적하는 것은 좋았지만, 축적된 지식들의 효용성 및 활용도가 미미했다. 즉 지식의 수집이 주 목적이다 보니, 지식의 활용 및 재생산 과정에 걸치는 지식 프로세스에 대한 총체적인 지원이 부족했던 것이다.

둘째, 지식에 대한 수집, 창출, 활용과 업무가 분리된 채로 운영되어 조직

구성원들이 지식활동을 또 하나의 업무로 여기게 되었기 때문이다. 결과적으로 지식활동에 대한 조직 구성원들의 활동이 소홀하게 될 수밖에 없었던 것이다.

마지막으로 많은 기업들이 정보관리 중심의 지식경영을 추진하였다는 것이다. 지식활동의 성과가 지식등록, 활용건수 중심으로 측정되었고, 개인 및 팀 수준에서 지식을 관리하였기 때문에, 전사적인 경영성과를 창출할 수 있는 지식활동이 이루어지지 못했다. 이는 지식활동이 해당 기업의 가치 창출이라는 관점에서 제품이나 서비스의 생산에 활용되지 못했다는 의미이다.

그러나 지식경영 자체에 대한 부정적인 흐름보다는 과거의 경험을 바탕으로 지식경영의 패러다임이 변화하고 있다. 결과적으로 지식경영은 ① 과거의 시스템 중심의 지식경영에서 사람 중심의 지식경영으로 변화하면서 조직 내에 존재하는 암묵지의 공유 및 형식지화를 추구하고, ② 업무와 지식관리가 별도로 수행된 것에 반해, 업무 프로세스와 연계된 지식경영을 추구하면서 업무와 지식관리의 이중작업이 발생하는 것을 방지하며, ③ 정보 중심의 지식경영에서 경영성과와 연계된 지식경영으로 변화하고 있다 (Wolfgang Scholl et al., 2004). 지식경영의 이러한 변화가 BPM과의 연계 또는 통합을 추구하는 요인이 되고 있다.

지식과 업무활동과의 간격을 없애는 활용 중심의 지식경영에서 가장 핵심적으로 대상이 되는 지식은 업무수행에서 발생하고 활용되는 Working Knowledge이다. 이는 단순히 창출 및 축적을 목적으로 가공하여 일정 포맷에 제한된 지식이 아니라, 실천과 업무수행에 적용을 목적으로 하는 살아있는 지식이다. 즉 업무활동 속에서 발생하는 지식을 축적하고, 축적된 지식은 다시 업무에 활용하는 지식의 생산, 유통, 소비 등의 지식관리 프로세스 전체가 활성화되는 것이다. 이를 위해서는 지식활동들이 비즈니스 프로세스와 유기적으로 연계되어 있어야 한다. 이것이 지식경영과 BPM이 연계 또는 통합을 시도하는 이유이다.

프로세스 기반의 지식관리는 기존의 지식관리와는 다른 양상을 갖는다. 최인준의 연구(2005)에 의하면, 우선 업무수행에 중점을 둔 프로세스 지식은 단위업무별로 관리되며, 프로세스 수행 시 업무수행자에게 능동적으로 전달된다. 그리고 비즈니스 프로세스는 프로세스 관련 지식의 전달 및 배포수단으로 이용된다.

[그림 7-7]은 BPM과 KM의 통합을 예시화한 것이다.

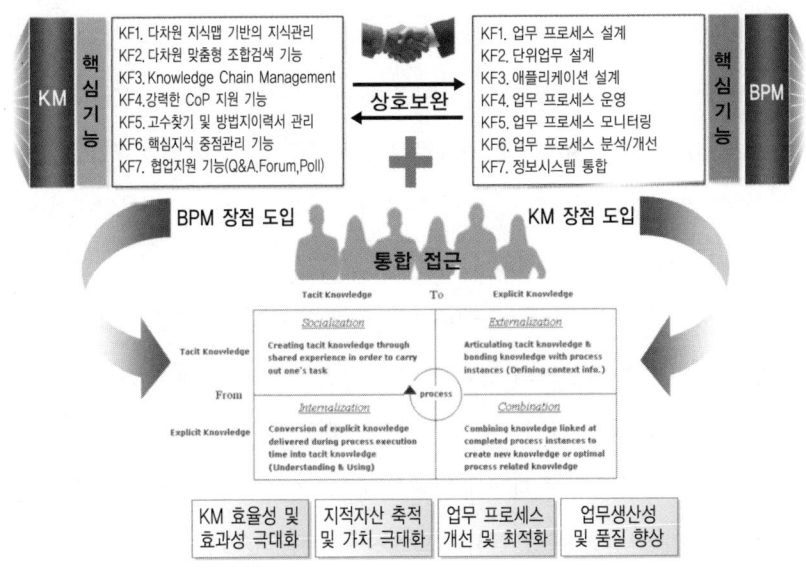

[그림 7-7] BPM과 KM의 통합

현재 지식경영을 고도화하거나 신규 지식경영을 도입하는 경우 BPM을 함께 고려하는 추세가 늘고 있다. 이러한 대표적인 사례로서 노동부의 PKMS 구축 사례가 있다.

노동부는 2002년부터 지식경영체계를 도입하기 위하여 노동행정 업무와 관련된 핵심 지식을 관리하는 프로젝트를 시작하였으며, 2004년에 업무처리 효율성을 향상시키기 위하여 정부 지식관리 시스템 및 산하 단체의 지식관리 시스템과의 연동 과제를 수행하였다.

그러나 3년간의 운영현황 분석 결과, 앞서 살펴본 것처럼 지식의 창출, 축적, 유통, 소비 등과 같은 지식관리 프로세스 전체에 대한 활성화가 미흡한 것으로 나타났다.

결과적으로 비즈니스 프로세스 기반의 지식관리 시스템의 수요가 발생하였고, 업무 중심의 포털을 구성하여 프로세스, 지식, 업무가 통합되는 형태의 시스템 구축에 나서게 되었다. 이를 PKMS(Process based Knowledge Management System) 구축 과제로 추진하였는데, 전체 업무흐름을 한눈에 볼 수 있도록 가시화하고, 포털을 통해 자신의 업무를 수행하였으며, 이때 필요한 지식들이 연계되었다.

PKMS는 산업안전 업무에 대해 비즈니스 프로세스를 기반으로 업무를 수행하면서, 현업 담당자의 경험과 업무 관련 지식을 체계적으로 분류, 등록 및 평가하고 통합 관리하여 정보를 공유하고 활용할 수 있도록 하였다. 노동부는 이 과제를 통해 과거에 비해 업무처리 속도 및 생산성이 대폭 향상되었을 뿐만 아니라, 대국민 서비스 수준이 한층 높아진 것으로 평가하고 있다.

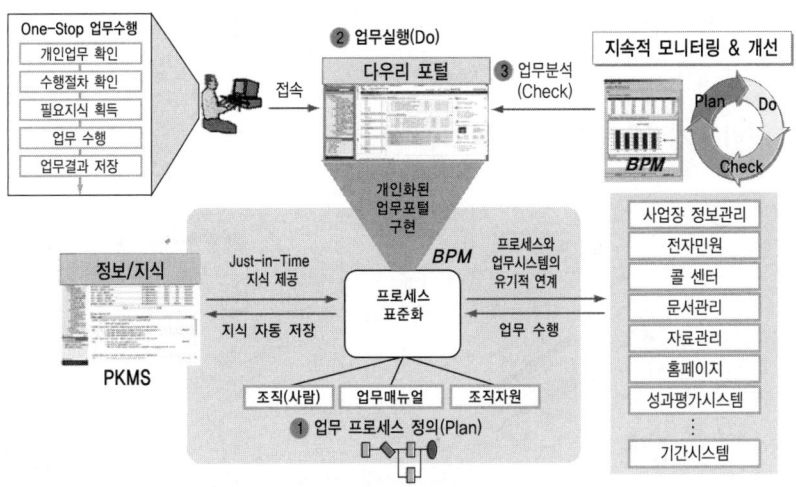

[그림 7-8] 노동부의 PKMS 구축

노동부의 사례에서 보듯이, 업무성과를 향상시키기 위한 IT 시스템의 통합은 이른바 '프로세스 기반의 워크플레이스' 제공으로 더욱더 활성화될 전망이다. 즉 사용자들의 상시적 업무공간으로 워크플레이스 내에 프로세스 기반의 작업환경이 구축될 것이라는 것이다. 비즈니스 프로세스를 기반으로 작업자들의 협업을 촉진시키고 업무에 필요한 콘텐츠가 결합되는 방식이다. 작업자들은 개인화 된 업무 포털을 통해 업무 효율성을 향상시킬 수 있고, 각 업무들을 수행하는 데 있어서 작업자들간의 사회적 네트워크 형성을 통한 협업, 그리고 해당 업무에 대한 적절한 지식이 결합될 것이다.

또한 필요한 업무, 전문가의 검색에 태깅, 사회적 네트워크, RSS 등과 같은 웹 2.0의 기술이 채택되어 지식검색의 효율성 및 집단 지성에 의한 지식 창출이 더욱 활성화될 것이다.

기술적인 관점에서는 프로세스 관리 시스템을 중심으로 시스템 통합 및 연동이 SOA 기반으로 유연한 통합이 이루어질 수 있도록 추진될 전망이다. 이러한 개념을 도식적으로 그리면 [그림 7–9]와 같다.

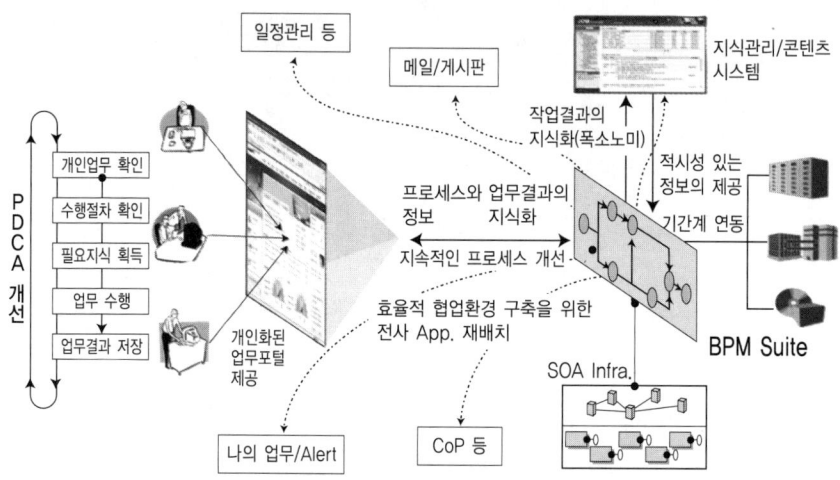

[그림 7–9] BPM 기반의 워크플레이스 환경

4 EA와 BPM

　EA(Enterprise Architecture)는 조직의 비즈니스 목표를 달성하기 위해 필요한 조직과 현재와 미래의 IT 환경을 체계적으로 정의하고자 하는 것이다. 기업이 비즈니스의 요구사항을 IT가 충분하고 민첩하게 반영하고 IT 자원의 중복투자를 방지하는 등, 비즈니스 관점에서 보다 효과적 · 효율적으로 IT가 운영되는 것을 목적으로 한다.

　비즈니스 경쟁 심화, 차별화된 서비스 제공을 위한 정보 시스템간의 상호 운영성 개선 및 통합 요구, 정보 및 데이터의 전사적 공유 및 활용 등 다양한 요구사항은 지속적으로 증가하고 있는 추세이다. EA가 전사적인 범위에서 조직, 정보, 자원, IT 시스템에 대한 종합적인 청사진을 제시하고, 여기에 맞추어 업무화 정보 기술을 효과적으로 관리할 수 있다는 기대로 인해 EA는 많은 기대를 받아왔다. 국내에서는 금융권의 차세대 시스템 구축에 활용된 것을 비롯하여, 대기업 및 공공분야에서 EA 도입이 확장되고 있는 추세이다. 특히 공공분야에서는 2005년 ITA/EA 법안이 국회를 통과하여 정부 부처를 중심으로 더욱 활발히 도입되고 있는 상황이다.

EA에 대한 긍정적 전망과 함께 현실적인 한계점에 대한 비판적인 시각도 있다. 이러한 가장 중요한 이유 중의 하나가 EA 도입 프로젝트가 전사적인 계획에서 구축 및 운영에 이르기까지 추진되지 못하고, 단지 문서화 작업으로 그치는 경향이 있기 때문이다. 많은 EA 과제가 정해진 원칙과 표준에 의한 방대한 산출물 작성에 주력하고, 이후의 과정은 효과적으로 대응하지 못하는 경향이 있다는 것이다. EA의 실질적인 효과는 EA의 산출물이 실제 기업운영에 반영되고, 보다 나은 산출물이 되도록 개선 과정이 유지되어야 발휘될 수 있다.

[표 7-2] BPM과 EA 비교

구분	BPM	EA
대상	사람, 프로세스, 기술	전사업무, 기술, 정보
기간	장·단기	장기간 (2~3년)
목표	비즈니스 프로세스 개선/혁신	비즈니스와 IT간의 연계
중심역할	프로세스 오너 및 엔지니어	IT 아키텍트
효과	비즈니스 효율성 증대	IT의 전략적 활용
스폰서	CEO/COO/CIO	CIO/CTO
지원 도구 추세	통합 스위트로 프로세스의 전체 생명주기 지원	IT 주도 → 비즈니스 주도

BPM과 EA를 비교하면 [표 7-2]와 같다. 이 속에서 유사성을 발견할 수 있는데, 모델링의 목적과 수준이 다를 뿐, 둘 다 비즈니스 모델링을 시도하고 있다는 점이 그것이다. 이 외에도 다양한 연관성 때문에 BPM과 EA를 연계하고자 하는 다양한 시도가 이루어지고 있다. EA는 좌표가 적혀 있는

지도와 같은 역할을 수행하고, BPM은 지도에 맞추어 관측하고 실행하며 실행의 결과물을 다시 지도에 반영하는 역할을 수행하는 모델이 그 중의 하나이다.

EA의 실행을 위해서는 비즈니스 아키텍처에 포함되어 있는 각종 프로세스, 조직체계 정보에 따라 업무절차가 실제로 운영되고 조직이 구성되어야한다. 또한 응용시스템 아키텍처에 근거해 업무 관련 응용시스템을 배치하고, 기존 응용시스템을 재활용해야 한다.

한편, BPM은 비즈니스 프로세스를 중심으로 조직, 자원, 시스템을 재편하고 사람과 사람, 사람과 시스템, 시스템과 시스템의 협력과 통합을 지원하는 구체적인 시스템이다. 결과적으로 EA와 BPM은 상호 보완적으로 효과를 발휘할 수 있다. 즉 EA 관점에서는 산출물의 구체적인 실행을 위한 인프라 시스템으로서 BPM을 활용할 수 있고, BPM 관점에서는 부족한 전사 데이터 및 기술 인프라에 대한 계획 및 통제가 수행될 수 있다. 이러한 이유로 현재 BPA(Business Process Analysis) 도구로 분류되어 있는 많은 도구가 EAM(Enterprise Architecture Management) 도구로 활용되기도 한다. 이는 과거의 BPA 도구가 비즈니스 프로세스를 핵심 모델로 삼고, 보조적으로 조직 · 자원 등의 모델을 구성하는 식에서 EA의 특성을 반영하는 형태로 발전해 오고 있기 때문이다. 따라서 현재 EA 도구는 일반적으로 비즈니스 아키텍처, 데이터 아키텍처, 응용시스템 아키텍처, 기술 아키텍처로 구성된 참조 모델을 제시하고, 경영전략에 따라서 계획, 현재(As-is), 미래(To-be) 모델을 제시하는 형식으로 구성된다.

BPM을 염두에 둔 EA 모델은 과거에 비해 좀더 강력한 실행력을 갖출 수 있다. 즉 EA에서 작성된 아키텍처 모델의 결과물은 관리 및 실행을 염두에 둔 비즈니스 프로세스 관리 모델로 좀더 체계화될 수 있고 실행될 수 있기 때문이다. 이는 BPM이 EA의 강력한 동반자가 될 수 있음을 암시하고 있는 것이다.

EA가 BPM과의 결합을 모색하면서 강력한 실행 엔진을 갖추는 것과 더불어 활용 효과가 강조되고 있는 것이 IT 거버넌스이다. IT 거버넌스 협회인 ITGI에서는 IT 거버넌스를 "이사회와 경영진의 책임 아래 수행되는 기업 지배구조의 일부로 IT가 조직의 전략과 목표를 유지하고 확장할 수 있게 하는 리더십, 조직구조, 프로세스"라고 정의하고 있다. 최근 IT 거버넌스에 대한 관심이 높아지는 이유는 IT가 기업 및 조직의 비즈니스 전략의 핵심요소로 인식되고, IT 의존도가 심화되면서 IT 투자에 대한 비용이 급속히 증가하는 현상을 발생하고 있어, IT의 바람직한 사용과 관리, 그리고 IT 투자 성과관리 등의 필요성의 대한 기업의 인식이 높아지고 있기 때문이다. 결과적으로 EA와 IT 거버넌스가 함께 고민되고 있는 추세이며, BPM은 두 영역 모두에서 핵심적인 실행 인프라 역할을 수행할 것으로 전망된다.

5 프로젝트 관리와 BPM

많은 기업들이 과제를 수행하거나 비정형적인 비즈니스를 수행함에 있어 프로젝트 형태의 접근방식을 선호하고 있다. 특히 중공업·조선, 연구개발 등의 업종에서는 대부분의 과제수행 방식이 프로젝트 형태로 고착화되어 있다고도 할 수 있다.

PMS(Project Management System)에서는 WBS(Work Breakdown Structure), 간트차트 등의 다양한 기법 등을 바탕으로 인력 및 자원에 대한 정확한 비용 추정, 진행상황에 대한 정보 공유, 관련 자원의 가시적인 관리, 부서간 의사소통 등의 기능을 세공함으로써 프로젝트 관리의 효율성을 제고시킨다. PMS는 적용 업종별로도 다양하다. 예를 들면, 건설업종의 사업관리, 연구소의 과제관리, 정부·공공기관의 정책관리, IT 솔루션업의 SW 개발 프로젝트 관리, 제조업의 PLM(Product Lifecycle Management) 등이 있으며, 각각의 고유한 특성과 프랙티스를 가지고 있다.

기존의 PMS는 계획 대비 산출물 관리 또는 결과 위주의 실적관리에 치중할 뿐, 진행상황 관리에 대한 다양한 고객요구를 수렴하기 쉽지 않고, 실제 부서업무와의 연계가 미비하여 계획과 실행이 이원화되어 있다는 한계점이 자주 언급되었다. 이러한 문제를 해결하기 위한 대안으로 BPM 기반의 PMS가 주목받으며 BPM 활용의 주요 분야로 자리잡아 가고 있다.

BPM 기반의 PMS는 프로젝트 수행을 위한 종합 Workspace로서 기간계 시스템과의 통합으로 계획과 실행을 일원화시킬 수 있고, 과정과 원인 중심의 실적관리가 가능하며, 프로세스 맵 형태의 직관적으로 가시화된 모니터링을 제공한다는 강점이 있다([그림 7-10] 참조).

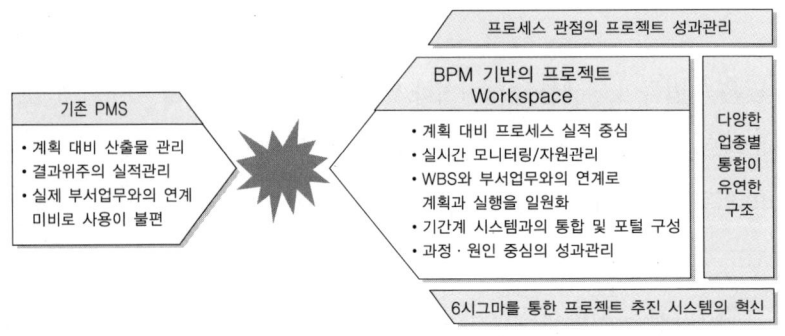

[그림 7-10] 기존 PMS와 BPM 기반의 PMS 비교

PMS를 대상으로 BPM에서 제공하는 관리 기능들은 다음과 같다.

- 프로젝트 참여자들에 의한 프로젝트 프로세스 모델링(기존 PMS의 WBS 기능을 대체함)
- 작업자에게 프로젝트 업무 배분
- 프로젝트 정보 및 선 · 후행 업무 정보, 작업 수행방안 등의 지식 제공

- 프로젝트 진행현황 모니터링 및 프로젝트 일정 및 애로공정 분석
- 프로세스 성과분석
- 프로젝트 스텝별 산출물 관리 및 공유

BPM 기반으로 PMS를 구축하면 BPM의 업무목록 기능에 의해 프로젝트 일정에 맞추어 작업자에게 자동으로 업무를 배정하게 되며, 프로젝트 진행의 자동화로 프로젝트 진행속도를 빠르게 하고, 업무목록을 통해 해당 업무 수행 애플리케이션에 접속하며, 관련 정보의 제공 하에 프로젝트 업무를 수행할 수 있어 업무수행의 편의성과 프로젝트 산출물의 품질을 향상시킬 수 있다.

BPM과 PMS의 통합 관점에서 주로 이슈가 되는 부분은, PMS의 대상업무들이 비정형적이고 동적으로 변화하는 특성을 갖기 때문에 BPM의 프로세스 엔진으로 처리하기 힘들다는 점이다. BPM의 프로세스 엔진은 정형화되고 표준화된 업무 프로세스를 대상으로 적용되도록 설계되어 있기 때문에, 예상하지 못했던 일정 지연에 따른 대응업무 추진, 기대 이하의 시제품 성능 문제로 인한 추가연구 등 동적으로 변화하는 프로젝트 관리 대상업무를 지원하기 힘든 것이다.

이러한 문제점을 해결하기 위한 대안으로 현재 솔루션업계에서는 비정형 프로세스 지원과 동적인 업무배분이 가능한 Dynamic Process 솔루션 등을 제시하고 있으며, 이와는 별도로 프로젝트 진행 관리에 대한 대안모델을 제시하는 경우도 있다.

유석규의 연구(2007)에서는 마일스톤 모델을 도입함으로써 프로젝트 관리와 프로세스 관리를 통합하고자 하는 시도를 보이고 있다. 예를 들면

[그림 7-11]과 같이 금형제작 공정에서 마일스톤이란 고객이 요구하는 산출물의 납기라고 정의할 수 있으며, 마일스톤간의 계층적 네트워크 모델과 이와 연결된 프로세스 모델을 통하여 전체 금형제작 프로젝트에 대한 효과적인 관리가 가능하다.

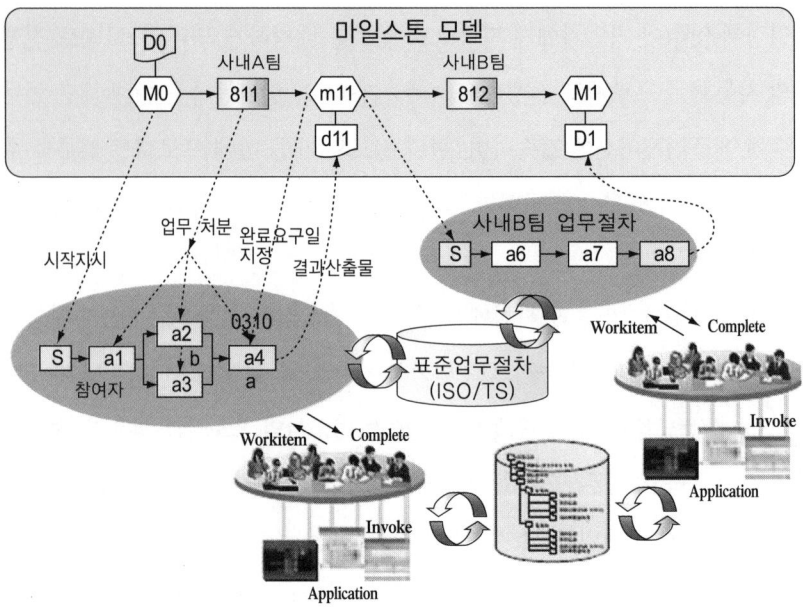

[그림 7-11] 마일스톤 모델을 도입한 프로세스 기반의 프로젝트 관리 모형

마일스톤 모델은 고객별·제품모델별로 구분된 카테고리에 따라 만들어지는 최상위 수준의 관리 모델이라고 할 수 있으며, 프로세스 모델은 마일스톤을 준수하기 위해 실제 업무의 실행절차를 관리하는 모델이 된다. 그리고 이러한 모델이 현실화되기 위해서는 프로세스 관리 모델을 지원하는 BPM 솔루션이 비정형적 업무를 대상으로 동적 변경이 가능해야 한다.

BPM 기반의 PMS 솔루션은 적용되는 업종별로 제조 PLM 기반, 연구과제 관리, 건설/조선 프로젝트 관리, TFT형 과제 관리 등으로 세분화된 영역에 특화되어 진화해 나가고 있다. 또한 일회성의 비정형 과제를 수행하는데 있어 단순한 프로세스 모델링만으로 진행절차를 자동화하고 모니터링하며 진행상황을 개선할 수 있어, 일반 사무업무의 핵심 기간 시스템으로도 확산이 예측된다.

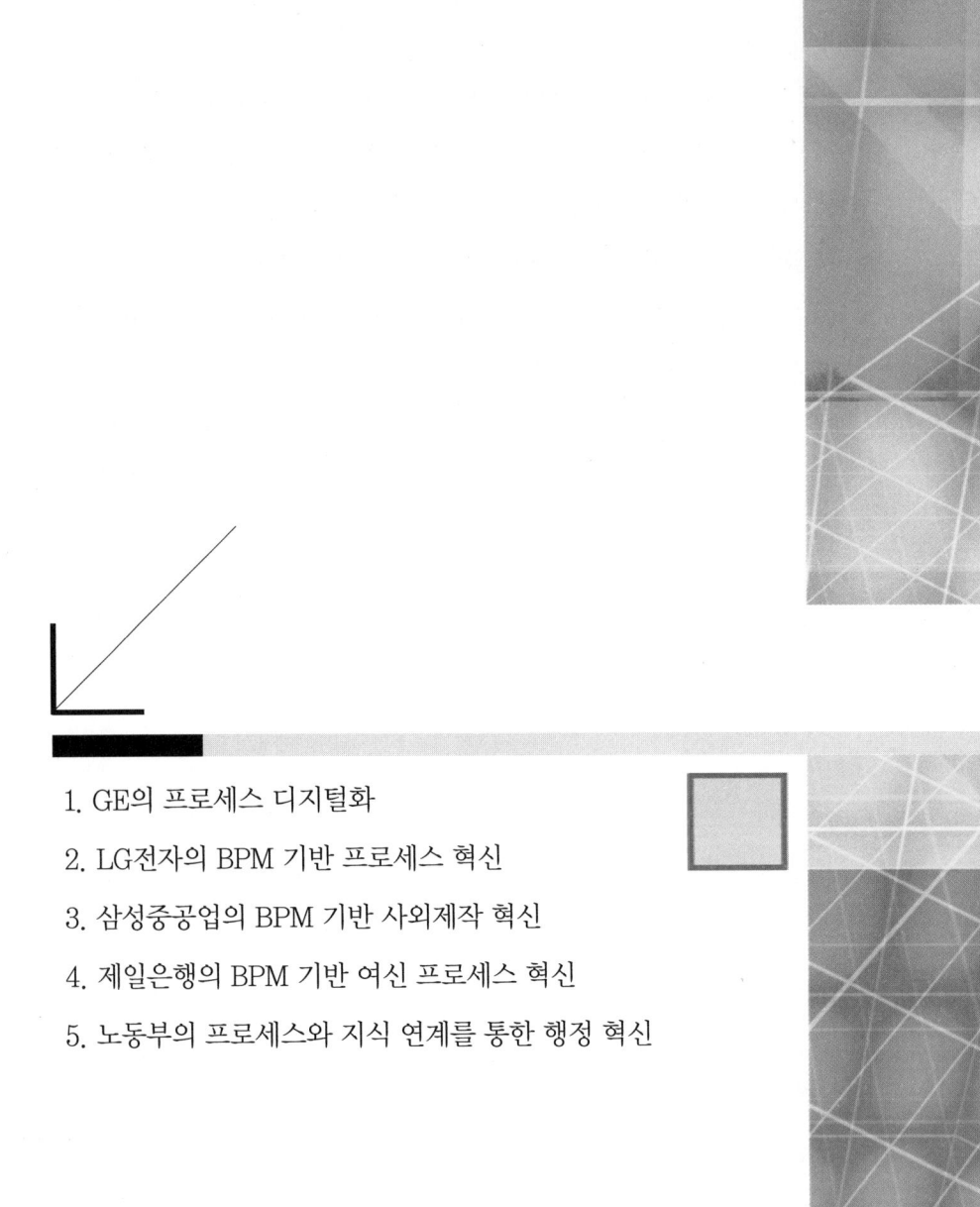

8

프로세스 **혁신 사례**

BPM은 업종에 관계 없이 제조, 금융, 교육, 공공, 의료, 전자, 건설, 유통 등 전 산업군에 걸쳐 활용되고 있다. 특히 금융, 제조, 공공분야는 전통적으로 ROI 측면에서 뛰어난 사례가 많으며, BPM 도입이 지속적으로 증가하고 있는 산업군이다.

이 장에서는 BPM을 도입하여 성공적으로 프로세스 경영을 안착시킨 사례를 중심으로 BPM의 필요성, BPM 구축과정, BPM 기대효과 등을 실증적으로 분석해 보고자 한다. 사례 선정에 있어 유사하게 적용한 사례를 제외하고, 가능한 한 다양한 사례를 살펴보려고 노력하였다. 사례 분석을 통해 보다 현실적이고 구체적인 BPM에 대한 이해와, 전체적인 시각에서 BPM 도입 및 구축에 대한 시각을 함양하는 데 도움이 될 수 있을 것이다.

1 GE의 프로세스 디지털화

⟫ 1.1 GE의 프로세스 디지털화 개요

잭 웰치 회장의 취임 이래 1987년부터 15년간 이루어진 GE의 경영혁신 활동을 대략 살펴보면 [그림 8-1]과 같다. GE는 6시그마를 바탕으로 제품 및 서비스의 품질과 비즈니스 프로세스를 지속적으로 개선시키면서 제품혁신과 비용절감을 이루어 왔다.

2002년에는 핵심 성장동력 보고서(Key Growth Initiatives, 2002)에서 프로세스 관리의 지속적인 통제와 개선을 가리키는 프로세스 디지털화에 대해 "프로세스 디지털화는 우리 회사가 목격했던 것 중에 가장 훌륭한 성장 기회이다"라고까지 언급하고 있다.

잭 웰치 회장은 기업에 있어 미래에 대한 정확한 예측은 불가능하며, 최선의 대책은 변화에 민첩하게 대응하는 것이라고 하였다. 이를 위해 변화에 대한 기업의 적응능력 고도화에 기업의 역량을 집중시켜 왔다.

GE는 비즈니스와 관련하여 정보기술을 활용하여 기업의 경영환경을 아우르는 임직원·공장·파트너·고객·제품라인을 포함한 디지털 신경망 시스템(Digital Nervous System)을 구축하였다. 그리고 GE가 놓인 전체 가치사슬(Value Chain)을 e-Buy, e-Make, e-Sell이라는 전략적 프로세스 혁신활동으로 재편하고, 프로세스 디지털화를 추진하였다. 제품 기획에서 부터 구매, 생산주문, 물류에 이르는 가치사슬을 대상으로 비즈니스 프로세스의 실시간 진행현황과 성과를 파악하고 적응할 수 있는 메커니즘을 구축하였으며, 이를 통해 비용절감, 생산성 향상, 고객만족 및 변화에 대한 신속한 대응능력을 갖추게 된 것이다.

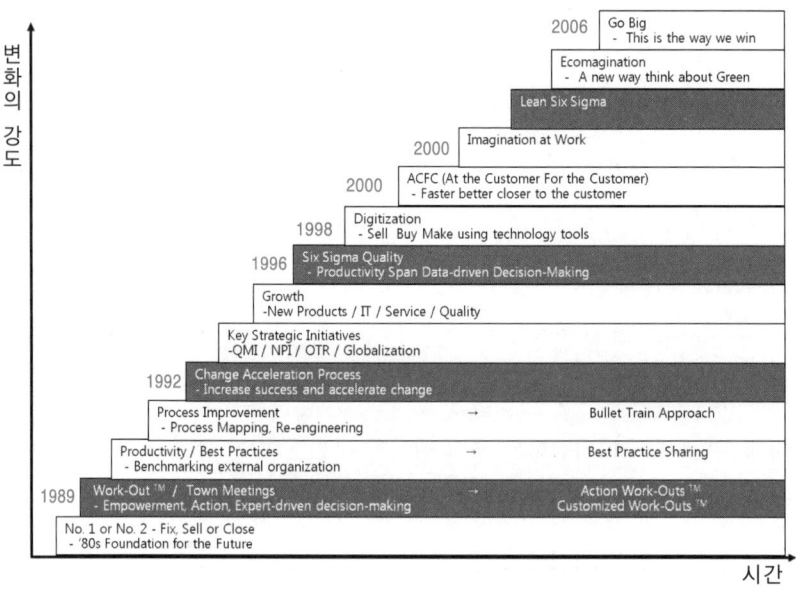

[그림 8-1] GE의 혁신과정

❖ 1.2 GE의 프로세스 관리

GE의 프로세스 디지털화(Process Digitization)으로 대표되는 프로세스
관리(Process Management)는 6시그마를 통해 강화된 역량을 집중하는 것
이었다. 즉 핵심 프로세스의 자동화 및 실시간 모니터링을 통해 지속적인
개선을 추구하였다. GE는 우선 전체 프로세스를 개선하기보다는 당장 손익
에 영향을 미칠 수 있는 부분, 그리고 프로세스의 성과를 측정할 수 있는 부
분을 대상으로 선택과 집중을 통해 대상 프로세스를 선정하여 모델링과 자
동화를 수행하고, 수행의 결과를 GE의 대표적인 성과물인 디지털 콕핏
(Digital Cockpit)으로 실시간 모니터링하였다. 모니터링 결과는 다시 프로
세스 개선의 지표로 활용되고, 이러한 프로세스 개선을 통해 보다 빠른 업
무 룰의 변경 및 확장, 불필요한 업무의 제거 등을 지속적으로 수행하는 시
스템을 구축하였다.

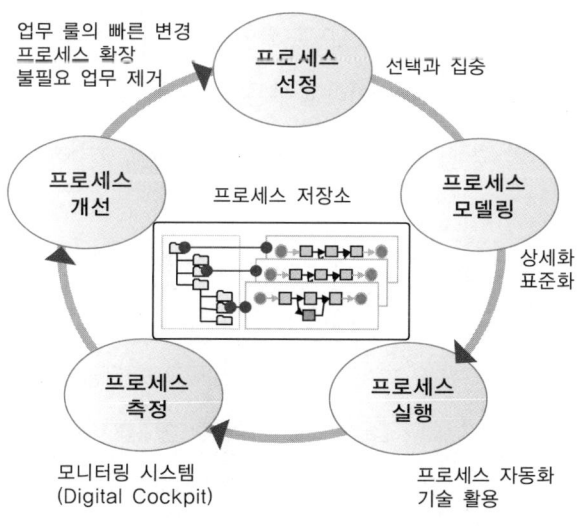

[그림 8-2] GE의 프로세스 관리 주기

GE의 이러한 프로세스 관리체계는 다음과 같은 특징이 있다.

- 선택과 집중 : 당장 손익에 영향을 미치는 프로세스 성과 측정이 가능한 프로세스를 대상으로 한다.
- Streamlining : IT 기술을 적극적으로 활용하여 수작업 및 절차가 복잡한 프로세스들을 온라인 기반으로 통합하였으며, 프로세스 자동화 기술을 활용한다.
- 실시간 성과측정 : 디지털 콕핏을 통해 실시간으로 성과지표를 확인하고, 사업부 고유의 비즈니스 룰에 의거하여 경고신호를 준다.
- 지속적인 개선 : 단발성의 프로젝트로 프로세스 개선을 도모하지 않고, 꾸준한 관심과 투자를 통해 서비스, 제품, 프로세스 개선에 역량을 집중하였으며, 6시그마와 동시에 적용함으로써 프로세스 개선 효과를 높인다.

또한 GE는 디지털화된 가치사슬 활동들을 온라인 상에서 통합함으로써 비즈니스 활동의 성과를 실시간으로 확인할 수 있게 했는데, 이 시스템을 디지털 콕핏(Digital Cockpit)이라고 부른다.

디지털 콕핏은 전체 가치사슬을 e-Buy, e-Make, e-Sell로 구분하여 전개한다.

- e-Buy : GE는 공급업체들과의 모든 비즈니스 활동을 온라인화하여 구매에 소요되는 비용과 시간을 절감하였다. 온라인 시스템 도입을 통해 구매과정에서 발생하는 오류를 획기적으로 줄여 나갔으며, 제품설계나 제조활동을 공급업체 및 파트너들과 협업함으로써 생산성 증대를 이룩하였다.
- e-Make : 내부 프로세스의 디지털화를 가리킨다. 이를 위해 디지털 신경망 시스템을 구축하여 모든 임직원들이 참여할 수 있고 프로세스와 연계되도

GE는 디지털 콕핏을 통해 매 15분마다 전 세계 GE의 모든 주요 비즈니스 성과를 확인하며, 전 세계에 위치한 13개 사업부별로 차별화된 대시보드 시스템을 제공하고 있다.

대시보드 시스템에서는 재고수준, 주문량, 영업매출 등의 주요 데이터를 그래픽으로 확인할 수 있다. 정기적으로 제공되는 데이터들은 사업부 고유의 룰에 의거하여 빨간색이나 노란색의 위험신호로 분류된다. 이러한 위험신호가 발생하면, 자동으로 관련자에게 이메일 등을 통해서 경고를 주게 되고, 이를 받은 경영진은 관련 실무 담당자에게 이를 통보하거나 문의하게 된다. 이러한 시스템을 통해 경영진은 주기적으로 그리고 실시간으로 제공되는 경영상황을 파악하여 시장상황이나 내부 변화에 맞추어 민첩하게 조치를 취할 수 있다.

또한 효과적인 프로세스 관리체계 운영을 위해 프로세스 오너십을 명확히 하였고, 수작업 및 절차가 복잡한 프로세스들을 온라인 기반으로 통합하여 자동화시켰으며, 인과관계에 의한 이상 지표의 원인을 디지털화 된 프로세스를 기반으로 추적하였다.

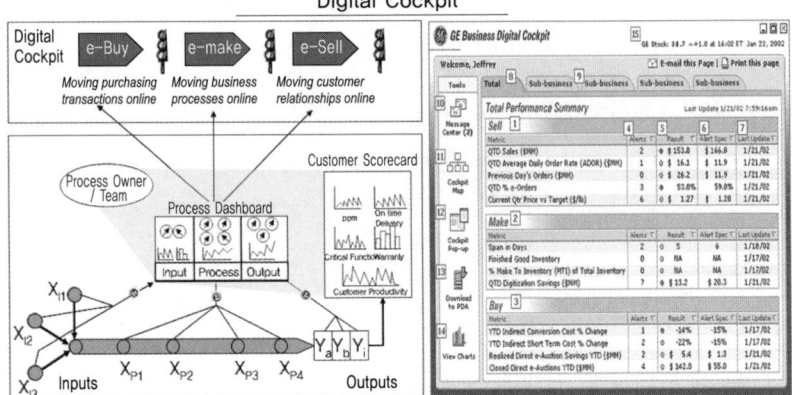

[그림 8-3] GE의 디지털 콕핏

⫸ 1.3 프로세스 디지털화의 효과

GE는 프로세스 관리체계 기반의 프로세스 디지털화 및 디지털 콕핏을 통한 실시간 경영으로 2006년까지 매출액의 16% 해당하는 비용절감을 예상하고 있다. 즉 프로세스 사이클 타임의 단축 및 생산성 향상과 운영비용 절감이 있었는데, 2002년에만 1억 6천만 달러의 비용을 절감하였다. 향후 10년간 매년 비슷한 규모의 절감효과가 이어질 것으로 예상된다.

GE 플라스틱 사업부문의 경우 디지털 콕핏의 도입을 통해 300만 달러의 인건비를 절감하였으며, 재고관리/외상매입금 및 외상매출금 관련 업무를 디지털화함으로써 100만 달러의 관리비용을 절감하였다. 이 외에도 고객의 연체상황을 실시간으로 파악하여 600만 달러의 이자비용을 절감하였다.

GE 파워시스템 사업부문의 경우에는 재고 회전율 5% 향상과 채권 회전율 10% 향상 등의 효과를 거두었으며, 온라인 구매시스템을 통해 680만 달러의 비용을 절감하였다.

2 LG전자의 BPM 기반 프로세스 혁신

    LG전자는 세계 톱 3의 세계적인 전자 브랜드를 이룬다는 목표 하에 기업 경쟁력의 주요 요인으로 간주되고 있는 기업 업무 프로세스 혁신을 가동하였다. 기존의 BPR(Business Process Reengineering)이 일회성의 혁신에 그쳐 끊임없이 가속화되는 세계화나 IT의 발전 등으로 인한 기업 경영환경의 변화를 수용하지 못한다는 한계를 갖는 데 반해, BPM은 이러한 업무혁신의 노력을 체계적이고 지속적인 방향으로 이끌어 낼 수 있는 가능성을 보여주기 때문이다. 그 짧은 역사로 인해 BPM 구축은 부서 단위로 제한되어 구축되어 왔는데, LG전자는 세계 최초로 전사적인 BPM을 시도한 것이다.

    LG전자는 TDR(Tear Down and Reengineering)이라는 기존 프로세스에서의 비효율적인 부분들을 탐색하여 원인을 도출하고 이에 대한 해결방안을 제시하는 혁신활동을 오랫동안 지속적으로 진행하고 있었다. BPM 구축도 TDR과 병행하여 수행하였다.

2.1 구축 배경

LG전자가 BPM을 구축하게 된 배경은 세 가지로 설명할 수 있다.

첫째, 업무혁신을 통한 세계적인 기업으로의 업무 프로세스 최적화이다. 세계적인 기업으로 성공하기 위해서는 LG전자의 비즈니스 프로세스 또한 세계적인 수준으로 거듭나야 하며, 지연시간 제로, 프로세스에 대한 지속적인 개선을 통해 역동적으로 변화하는 경영환경에서 경쟁기업보다 경쟁의 우위를 점하고자 했다.

둘째, 해외 법인에 대한 모니터링의 필요성 증가이다. LG전자는 2005년 기준으로 76개 해외 현지법인, 마케팅 조직을 보유한 글로벌 기업으로서, 전체 법인들의 원활한 프로세스 수행을 위해서는 글로벌 프로세스 모니터링의 필요성이 대두되었다. 외상거래 및 차입금 현황 등을 실시간으로 파악함으로써 회계 제품 프로세스를 투명하게 운영하고자 한 것이다.

마지막으로, LG전자의 IT 시스템을 최적화하려는 노력이다. LG전자는 이전에 구축한 ERP로 소정의 성과를 거두었다. ERP가 각 업무별 종적인 데이터 처리를 효율적으로 운영했었으나, 역동적으로 변화하는 경영환경 변화에 대한 적응력에 문제가 많았다. 즉 유관 업무간 횡적인 프로세스를 지원하는 정보기술이 필요하였고, BPM은 이를 가능케 하는 최적의 도구로 판단되었다.

2.2 구축 과정

LG전자의 BPM 프로젝트는 해외 법인까지 관할하는 전사적 프로세스 대상의 BPM 프로젝트로서 세계적으로 사례를 찾기 힘든 점에서 그 중요성을 지닌다. 또한 이 프로젝트는 해외 현지법인들에 대해 글로벌 프로세스 모니터링을 필요로 했던 최고경영진에 의해 주도되었다. 경영층들은 ① BPM의 각 화면마다 업무지침 연결, ② 업무 관련 노하우 내장, ③ 타 부서와의 합의 누락 방지, ④ 전결 규정에 대한 권한의 명확화에 대한 가능성에 가장 관심이 많았다.

LG전자는 한국의 대표적인 대기업으로서 이미 여러 차례 큰 IS 프로젝트를 경험하였다. 따라서 먼저 짧은 기간의 파일럿 구축 후 전사적 확산을 위해 롤아웃 로드맵, 실전 전개 절차, BPM을 위한 시스템간의 국내외 아키텍처와 이 솔루션을 전 부문으로 확산하기 위한 조직설계 등 다양한 사항 등을 충분히 고려하여 효과적으로 추진해 나갔다.

LG전자 BPM 프로젝트의 전개과정은 대략 다음과 같이 요약할 수 있다.

- 솔루션 선정과 아키텍처 디자인 완성
- 전사적 프로세스 분류체계 수립
- BPM 적용 프로세스의 선정 : 효과성과 용이성을 기준으로 검토
- 파일럿 프로섹트 수행
- 파일럿 단계 이후 적용대상 프로세스 확대

2.3 BPM 롤아웃 조직 : BPM은 팀워크이다

BPM 프로젝트를 수행하기 위해서는 최고경영자의 적극적인 관심과 지원은 물론이고, 준비과정에서부터 진행 및 완료 시점까지 IT 관계자, BPMS 업체, TFT(Task Force Team), 컨설팅 업체들간에 긴밀한 협력이 필요하였다. LG전자의 경우 대형 IS 프로젝트 경험이 많아 효과적으로 팀을 구성하고 운영할 수 있었다. 전사적으로 BPM을 롤아웃하기 위한 조직은 크게 리딩조직, 구현조직, 운영조직으로 구성되어 있었다.

리딩조직은 일종의 TFT(경영혁신팀)으로 [그림 8-4]에서 보듯이 중앙에서 BPM 구축의 방향을 전체 조직의 전략에 맞춰 결정하고 구현조직을 집중지원한다. 이 조직은 BPM의 개념에 대한 교육과 절차 제공 및 축적, 그리고 주요 정책에 대한 결정을 하는 BPM 기획팀, 기술문제에 대한 Review와 품질보증 정책을 지원하는 품질지원 협의체, 그리고 OS, 비즈니스 플로 등의 공통기반 기술과 개발서버 등의 기술적인 지원을 담당하는 기술기반 지원팀으로 구성되어 있다.

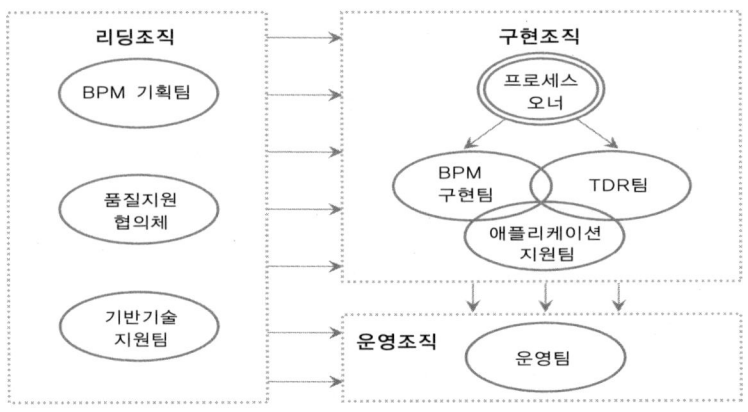

[그림 8-4] BPM 롤아웃 조직도

반면 구현조직은 각 프로세스별 전문성을 확보하고 프로세스 구현 시 독립적으로 구성되는 업무중심의 조직체이다. 그 프로세스의 책임자인 프로세스 오너, 프로세스 정비를 책임지는 TDR팀, 업무 프로세스 모델링 및 BPM 구조로의 전환을 책임지는 BPM 구현팀, 그리고 각각의 업무와 연동되는 애플리케이션에 대한 업데이트를 지원하는 애플리케이션 지원팀으로 구성된다. [그림 8-4]에서 보듯이 BPM을 실제적으로 구축하는 팀으로 리딩조직으로부터 지원을 받고 또한 지원받고자 하는 바를 운영팀으로부터 수집한다.

한편, 운영조직은 시스템 운영 및 문제점을 해결하는 조직으로, 이 프로젝트 컨설팅을 하는 CNS 팀원들로 구성되어 있다.

이처럼 LG전자의 BPM 구축은 Entrue(컨설팅), 핸디소프트(BPMS 벤더), 사내의 경영혁신팀(TFT), CNS(IT팀), 그리고 실무자가 한 팀이 되어 협업으로 진행되었다

2.4 BPM 아키텍처

LG전자는 BPM을 LG전자 포털과 연동하였는데, 그 이유는 BPM 사용자가 LG전자의 모든 직원이었으며 이를 '프로세스 포털'의 개념으로 접근하였기 때문이다. 따라서 BPM 시스템 내에서 업무 매뉴얼을 프로세스별로 매핑하여 BPM 상에서 업무수행 시 바로 매뉴얼을 온라인으로 조회 및 참조할 수 있도록 구축하였으며, 업무 매뉴얼의 수정 및 관리는 각 프로세스 오너들이 진행하도록 관리한다. 2005년 현재 EDMS를 구축 중이며, 8월 오픈 이후에는 각 필요한 문서를 리포지토리로 관리 연동하게 함으로써 BPM을 프로세스 포털로서의 활용을 확고히 할 수 있게 되었다.

한편, LG전자는 IT 표준 아키텍처와 핸디소프트(Handysoft)의 BPM 실행구조를 결합하여 전체적인 조화를 이루는 동시에 확장성을 확보하였다. BPM을 해외로까지 적용하는 데 있어 아키텍처 측면에서는 글로벌 IT 아키텍처를 다시 고려할 필요가 있었다. 즉 각 지점에서 접속할 때 속도의 이슈 등이 대두되어 서버나 WAS(Web Application Server) 등의 아키텍처 점검이 필요하였으며, 이에 대한 보완을 진행하였다([그림 8-5] 참조).

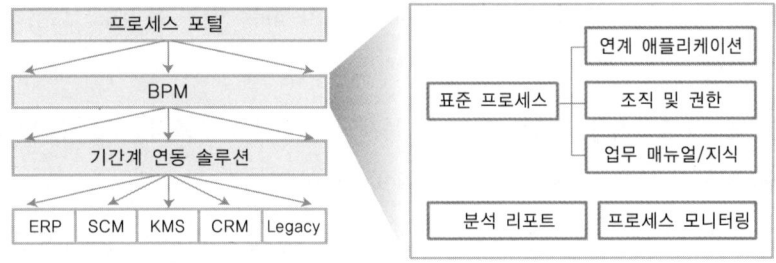

[그림 8-5] BPM 아키텍처

2.5 프로세스 성과 분석

LG전자는 속도·품질·관리의 목표를 달성하기 위해서 인원(Human), 건수(Frequency), 시간(Time) 세 가지의 관점에서 프로세스 KPI(Key Performance Indicator)를 설계 및 관리하였다. 인원 측면에서는 액티비티 수행인원과 담당인력 변경이, 건수 측면에서는 액티비티 수행건수와 반복적인 수행건수가, 그리고 시간은 액티비티 수행시간과 액티비티간 연계시간, 프로세스 수행시간 및 전체 프로세스 수행시간 등이 주요한 KPI로 관리되었다. 또한 프로세스 성과분석을 위한 도구로서 BPM의 자동 보고서 생성 기능을 활용하여 8개의 기본 분석 레포트를 활용하였으며, 이는 프로세스 현황, 단위업무 현황, 부서별 현황, 부서별 처리현황, 지연업무 현황, 지연예상업무 현황, 완료 현황 등이다. 이 외에도 프로세스별 특성에 따라 필요한 추가의 분석사항들을 레포트로 구현하였다

2.6 BPM 구축 성과

파일럿 시스템의 결과를 보면, 약 4,500명의 사용자를 대상으로 서비스되었으며, 월평균 약 17,000건의 프로세스를 처리하였다.

BPM 도입 후 가장 눈에 띄는 효과는 업무처리 시간이 단축되었다는 것
이다. 예를 들면, 할인승인 프로세스는 BPM 도입 전에는 평균 5시간 정도
소요되었으나, 도입 후에는 4시간 45분으로 평균 15% 감소되었고, 납품할
인 프로세스 월평균 처리시간도 평균 약 22시간에서 10시간 11분으로 평균
대비 53% 감소되었다. 이러한 업무처리 시간 단축은 핸디소프트의 BPM 솔
루션이 제공해 주는 자동업무 라우팅을 통하여 업무분류 및 대기시간 제거,
업무 배포시간 절감, 정보의 통합제공을 통하여 업무처리 능력이 향상되어
가능한 것이었다. 전반적인 업무처리 시간 단축으로 인해 추가로 발생할 수
이익을 수출금융 OA(Open Account) 입금정리 프로세스의 경우에 한정하
여 보면, 담당자의 인지/입금 정리 시간을 단축시켜 월평균 업무처리 시간
이 감소되어 이자비용 감소 효과가 나타날 수 있다.

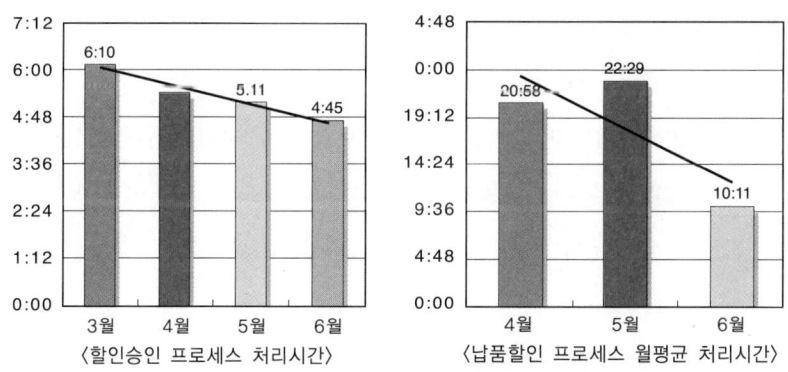

[그림 8-6] LG전자 BPM 정량적 효과 사례

파일럿 단계 이후 사용자들을 대상으로 한 사용자 만족도 조사 결과 다음
과 같이 BPM 구축 시 기대하였던 BPM 고유의 특성에 대하여 80% 이상의

만족도를 보임으로써 BPM 구축이 효율적으로 이루어지고 있음을 보여주고 있다.

- 업무 프로세스의 표준화 : 사용자 권한 설정 및 비즈니스 룰의 적용을 통한 업무수행 절차가 표준화되었으며, 또한 업무 매뉴얼을 작성함으로써 만들어진 표준을 문서화하였다. 따라서 부서간의 이동이 있는 경우에도 쉽게 새 업무를 짧은 시간 내에 익힐 수 있었다.
- 업무 관련 데이터 수집의 자동화 : 특정 기간 동안의 발생건수 및 처리시간 등 프로세스 및 단위업무 관련 데이터들이 자동 수집되었다. 또한 기한, 긴급, 지연 등의 프로세스 상태를 파악하기가 용이하였다.
- 업무 모니터링의 용이성 : 업무처리 담당자 확인 및 진행 상태, 결과 조회 등 업무 수행/진척 현황 모니터링이 용이하며, 또한 간단해진 레포트 기능을 통해 프로세스 효율성 점검이 용이하였다.
- 업무 프로세스 자동화 : 시스템을 통한 처리절차 표준화와 업무 프로세스 자동화를 통해 작업오류를 감소하였다.
- 부서간 업무전달 용이 : 전 단계 업무 완료와 동시에 할당된 담당자 업무목록으로 업무가 실시간 이관되며, 메일 및 통지(Notification) 등을 통해 즉시 내용전달 및 업무지시가 오는 등 커뮤니케이션이 효율화 되었다.

2.7 BPM을 통한 프로세스 혁신

LG전자는 BPM을 단순한 IT가 아닌 혁신의 수단으로 도입하였다. 그 혁신의 구체적인 결과는 ① BPM을 통한 BPR의 시스템화, ② 프로세스의 자산화, ③ 기존의 데이터 프로세싱 중심의 IS에서 업무 프로세스 중심의 IS로의 전환이라는 세 가지 관점에서 논의될 수 있다.

1) BPR과 BPM의 연계

앞에서 언급한 LG전자의 BPR 방법론인 TDR을 효과적으로 구체화하고 시스템화한 것이 LG전자의 BPM 시스템이다. 기존에 행해 졌던 BPR이 단발성으로 그치거나, As-Is와 To-Be 사이의 불연속성으로 기업인의 불만을 받아온 것이 사실이다. BPM은 이러한 BPR의 한계를 극복할 수 있도록 지원한다. BPR을 통해서 도출된 새로운 프로세스가 자연스럽게 BPM으로 전이된다면 효과적일 것이다. LG전자는 이와 같이 TDR을 통해 제시된 To-Be 프로세스 중 일부를 일정한 원칙에 따라 BPM으로 적용하였으며, 프로세스의 생성에서부터 소멸에 이르는 전체 변화과정을 현업의 주도 하에 지속적으로 개선할 수 있도록 하였다.

2) BPM을 통한 프로세스의 자산화

스미스와 핑거는 향후 50년 동안 IT가 BPM을 통하여 비즈니스 프로세스를 디지털하므로써 프로세스를 자산화하는 기반을 마련하고, 후에는 BPMS가 누구나 쉽게 접하고 다룰 수 있는 일상재(Commodity)로 전환되어 프로세스 중심으로 애플리케이션들이 개발·사용될 것이라 예견하였다.

BPM에 의한 프로세스 자산화를 통해 자산화된 조직의 프로세스를 능동적이고 빠르게 (재)설계하고 수행할 수 있게 되었으며, 비즈니스 프로세스를 지원하는 IT 시스템의 개발 프로젝트를 효율적으로 진행시킬 수 있게 되었다. 또한 LG전자는 BPM을 적용하는 과정에서 많은 시행착오를 겪으면서 현재는 하위 레벨까지 구체화된 프로세스를 가질 수 있게 되었다.

이렇게 선정된 프로세스는 정형화하여 향후에도 BPM 뿐만 아니라 다른

IS 구축에 사용할 수 있도록 하였다. 이렇게 프로세스의 자산화가 주는 가능성은 향후 기업에 큰 이익을 가져 올 수 있는 혁신을 촉진시키고 있다.

3) BPM을 통한 기존 IS 보완 및 새로운 역할 제시

정보기술은 최근 20년간 괄목할 만한 성장을 이루었으나, 그 실효성에 대해서는 많은 CEO/CIO들이 부정적인 시각을 가지고 있는 경우가 많다. 이는 대부분의 엔터프라이즈 솔루션이 범용적인 기능 위주의 모듈별로 설계되었기 때문에, 각 기업의 특성, 더 나아가 한 기업 내 각 부서의 특성에 맞도록 특화될 수 없기 때문이다. BPM 구축 과정에서도 발견된 회계업무의 오프라인 수행 후 결과치만 ERP 시스템에 입력하는 경우는 기존 IS 시스템이 현장업무 프로세스를 효과적으로 지원하지 못하고 있음을 보여주고 있다.

역동적인 경영환경 변화 속에서는 단절된 부서별 비즈니스 관련 정보를 다시 합치는 것이 경쟁우위를 위해서 가장 중요한 일이다. 따라서 기업을 혁신하고 재충전하기 위한 능력을 획득하기 위해서는 비즈니스 프로세스를 중심으로 하는 사고의 전환과 이를 지원할 수 있는 IS의 구축이 필요하다. 우리는 LG 사례를 통하여 BPM이 이러한 전환과 발전을 도와주는 효율적인 도구가 되고 있음을 확인할 수 있었다.

3 삼성중공업의 BPM 기반 사외제작 혁신

　삼성중공업은 최근 급격히 증가한 선박 수주 물량으로 인해 선박건조에 필요한 블록의 외주제작 프로세스를 효율적으로 관리하기 위하여 사외 블록제작 프로세스 관리에 BPM 시스템을 적용하였다. 구축된 BPM 시스템은 선박건조 외주제작과 관련한 발주관리, 외주업체 공정관리, 제작관리 및 물량관리 등은 물론, 조선소 내 여러 부서에서 관리하는 협력사 자재공급 등에 대한 업무 프로세스를 개선하고 효율적으로 관리한다. 이를 통해 사외 블록제작의 전체 업무 프로세스 흐름을 시각화해 정상, 긴급 및 지연 등 업무상태별로 단위업무 담당자로 하여금 실시간 관리하게 하고, 프로세스 지연 등에 대한 알림기능 등을 확보하여 사외 제작관리 프로세스를 최적화하였다. 특히 '사외제작 블록관리 시스템'은 조선업계에서 BPM 툴을 적용한 '현업지원'의 첫 사례로서 주목받았다.

3.1 개요

1974년에 설립된 삼성중공업은 8,200여 명의 종업원이 종사하고 있으며, 국내에는 거제조선소, 수원사업장, 대덕 선박연구센터의 3개 사업장이 있고, 중국법인 외 해외지점 7개소와 94개사의 사외 협력사가 있다.

삼성중공업은 세계 1등 조선회사 비전 달성을 위해 1등 시스템, 즉 디지털 조선소(Digital Shipyard) 구축을 추진하였다. 이러한 디지털 조선소 구현을 위해 유연 영업, 협업적 동시설계, 협업 생산관리, 고객중심 품질 서비스, 과학적 경영관리를 핵심과제로 하여 포털을 통한 협업의 지원, BPM을 활용한 프로세스 관리 강화, 지식경영을 추진하였다. 이에 여러 가지 제품을 신중히 고려한 결과, H사의 BPM 솔루션을 선정하여 2003년 10월부터 2004년 4월까지의 기간 동안 이를 구축하였다.

3.2 BPM 도입 배경

2000년 이후 세계 경기회복에 의한 수출입 물동량 증가와 고유가 지속에 따른 해양유전 개발, 천연가스 소비량 증대로 조선사업의 지속성장이 예측되며, 유럽과 일본의 조선소 쇠퇴와 중국의 추격 속에 한국은 2000년 이후 장기간 세계 조선업을 주도할 것으로 예상되고 있다.

세계 1등 조선 달성과 시황호조에 따라 생산량 증대의 물리적 한계를 극복하기 위한 전략으로 삼성중공업은 대형화 블록공법 개발과 사외 블록제작 확대를 채택하였다. 따라서 종전에는 내부조직의 정보화와 커뮤니케이션이 중요하였으나, 향후에는 내부 핵심역량인 영업력, 설계, 건조기술을 강화하고 글로벌 전문 생산업체와 협업을 강화함으로써 생산량 확대의 물리적 제약을 극복해야 한다.

삼성중공업의 작업환경을 변화시키게 한 가장 큰 요인은 급격히 증가한 사외제작 물량이다. 2002년 15만 톤이었던 사외제작 물량이 2004년에 들어서는 32만 톤으로 증가함에 따라 사외 협력사에게 물량변동이 과다하게 부여되었다.

또한 블록 대형화 체계로 전환함에 따라 관리항목이 증가하게 되었다. 관리항목의 증가와 갑작스런 물량의 증가로 인하여 작업일정에 대한 관리가 체계적으로 이루어지지 못하고 사내·사외 작업기간이 상이하여 일정계획이 맞지 않는 혼란이 발생하였으며, 자재 반출 및 인수의 혼란이 발생하였다. 또한 물량관리 측면에서도 특수물량 산출 및 검증의 부재, 도면출도 지연 및 누락, 도·사급 및 사내·사외 작업구분이 명확하지 못함에 따라 물량을 제대로 입력하지 않아 적기 발주가 불가능한 사태도 발생하였다. 그리고 YARD 입고 후 반출에 따른 운반비 및 관리 Loss가 증가하고, 도·사급 자재 결정 지연으로 제작 지연 및 시스템 자재관리 미흡 등의 문제가 발생하여 사외 사급 직배체계 구축이 절실히 필요하였다.

따라서 삼성중공업은 이 과정에서 협력 업체와의 원활한 커뮤니케이션과 각 업무 분장별 진행사항을 일목요연하게 파악하고 문제점을 해결할 필요성이 대두되었다. 이를 위해 업무 프로세스를 정형화하고 발주부터 정산까지의 모든 공정을 가시화하여 관리할 수 있는 BPM을 채택하게 된 것이다.

삼성중공업은 BPM을 이용하여 사외제작 관리의 정형화된 업무 프로세스를 구축하고, 계약부터 정산까지의 업무진행 현황을 사내·사외가 공유하여 단계별로 실시간 눈으로 보는 관리를 통해 사외 협력사와의 협업체계를 구축하는 것을 목표로 잡았다.

⫸ 3.3 사외제작 업무 프로세스의 혁신

삼성중공업이 적용한 BPM 시스템은 기존에 사용하던 내부관리 시스템과 비교해 일목요연한 시스템이다. 단순한 워크플로가 아니라 자재, 생산, 설계 등 기존 시스템들과의 연동을 통해 말 그대로 외주제작과 관련한 모든 프로세스를 관리하고 있기 때문이다. 이전 시스템이 사용자가 직접 찾아 들어가야 하는 시스템이었다면, 현재는 자동적·능동적으로 보여주는 시스템으로 사용이 훨씬 쉬워졌다. 무엇보다 부서간 유기적으로 연동되어야 하는 프로세스를 한눈에 파악할 수 있어 지연현상을 미연에 방지하고 빠른 조치가 가능해진 것은 큰 의미를 둘 수 있다.

기존 업무관리 시스템에서는 사용자가 로그인 후 자기 업무에 해당되는 메뉴를 클릭해 가면서 몇 단계를 거쳐야 했고, 다른 업무를 보기 위해서는 메인 화면으로 돌아와 같은 과정을 처음부터 되풀이했다. 하지만 BPM 시스템과 연동된 기업 포털 'MySingle'에서는 로그인 하면 오늘 처리할 업무가 일목요연하게 나타나고, 각 프로세스 단계에서 미리 조치해야 할 상황을 알려준다.

또한 클릭과 동시에 각 시스템들과 연동되어 있던 데이터들이 한 화면에 제공되는데, 예전에는 텍스트 환경으로만 제공되었지만 신규 시스템에서는 16개의 프로세스가 한눈에 보이며 각 프로세스별로 정상, 조기, 지연을 알려주는 숫자가 나타난다. 사내 시스템은 클라이언트 서버 환경에서 운영되며, 외부 협력사들은 웹을 통해서 접속할 수 있다.

BPM을 도입함으로써 획득된 정량적 측면과 정성적 측면의 비즈니스 이노베이션 성과를 약술하면 다음과 같다.

정량적 효과는 크게 프로세스 개선이라는 부분으로 압축된다.

- 대외 공신력 제고(협업체계 구축)

  - 작업공정별 POR DATA 자동생성 및 자동이관

  - 실적에 의한 납품 증빙자료 자동생성으로 당사와 협력사간 신뢰 향상

  - 전산 납품서에 의한 투명한 정산관리

- 프로세스 동기화

  - 관련 부서간 업무 단계별 실시간 관리

  - 담당자별 업무목록 및 문제 프로세스 관리

  - 단위 작업별 부하, 병목공정, 문제유형 관리

- 서류관리 최소화

  - 전산 데이터에 의한 작업 스케줄, 발주요청서, 인수인계서, 납품서,

    정산합의서, 반출증 관리

정성적 효과는 크게 생산성 향상이라는 부분으로 압축된다.

- 업무개선

  - 발주 및 POR 관련 시간 절감

  - 납품서 관리 및 시간 절감

  - 일일공정관리 시간 절감

- 생산비용 절감

  - 사외물량 증가에 따른 시스템 밀착 지원으로 현업 생산성 향상

    (관리시수 절감, 사외 생산량 증대, 자재 선별 · 수배시간 절감)

[표 8-1]은 이와 같은 성과를 정량화하여 분석한 결과이다.

[표 8-1] 삼성중공업 BPM 도입 효과

구 분	내 용

Cost Savings
(단위 : 백만 원/년)
	• 업무개선
	  – 발주 및 POR 관련 시간 절감 : 163
	  – 납품서 관리시간 절감 : 196
	• 생산비용 절감
	  – 관리시수 절감 : 845
	  – 사외 생산량 증대 : 2,520
	  – 자재 선별/수배시간 절감 : 338
	연간 총 4,400,000,000원 감소 효과

Increased Revenues	• 현재 3년간 건조물량을 사전에 확보하고 있으나, 물량 증가에 따른 작업부지, 설비, 인력 부족을 해소하기 위해 사외블록 제작 통합관리 시스템을 이용하여 사외 협력사의 지속적인 협업체계를 구축, 급격히 증가하는 건조물량에 대응하여 시장점유율을 지속적으로 확대함에 따라 순이익의 증가를 꾀할 수 있음.

Productivity
Improvements
	• POR 발행 업무 Loss 절감
	  – 개선 전 : 데이터 취합 7일, POR 생성 10일
	  – 개선 후 : 데이터 취합 1일(자동생성), POR 생성 1일
	• 일일공정관리 업무 Loss 절감
	  – 개선 전 : 공정 파악시간 4HR, 서류작성 1HR
	  – 개선 후 : 공정 파악시간 1HR, 서류작성 없음.
	• 납품서 정산업무 Loss 절감
	  – 개선 전 : 납품서 발행 7일, 납품서 정산 4일
	  – 개선 후 : 납품서 발행 1일, 납품서 정산 1일
	• BOM에 의한 자재 반출, 인수인계로 결품 감소
	  – 개선 전 : 도면에 사외협력사 미지정, 분실/추가/결품자재 과다 발생
	  – 개선 후 : 네트워크에 의한 도면발행 관리, 바코드에 의한 결품 자재 추적관리
	• 업무 항목별 세분화 공정관리
	  – 개선 전 : 수작업 장부에 의한 실적관리
	  – 개선 후 : 전산에 의한 세분화된 공정관리
	• 검사실적에 의한 투명한 정산관리
	  – 수작업 실적 취합에 의한 정산관리
	  – 검사실적에 의한 투명한 정산(전산납품서, 디지털 세금계산서)

다음은 시스템 구축시 중점 고려되었던 사항들이다.

- 쉬운 인터페이스의 모니터링 기능에 의한 프로세스 진행 관리
- 프로세스 진행 이력에 대한 통계자료를 그래프로 제공
- 진행 중인 프로세스의 변경에 대한 유연성 제공
- 기간계 시스템과의 연동으로 작업 편이성 및 수작업 감소
- 효과적인 업무분석을 통한 사용 가능한 프로세스 도출
- 기간계 시스템과의 타이트한 인터페이스
- 사용자에게 친숙한 인터페이스 제공으로 사용 유도
- 많은 기능 추가로 인한 시스템의 속도 저하 방지
- 프로세스 진행 이력에 대한 모니터링으로 프로세스의 계속적인 개선
- 실 사용자의 프로세스 관리능력 증대

3.4 BPM을 통한 경쟁우위 창출

삼성중공업이 BPM 시스템을 통해 확보한 경쟁적 우위 요소는, 사외 외주물량 업무는 프로세스가 복잡하고 변경이 잦아 관리가 쉽지 않았는데 BPM을 통해 효율적으로 프로세스를 관리할 수 있게 되었으며, 이에 따라 외주의 생산공정 준수율을 향상시키는 성과를 얻었다는 점이다. 특히 '사외 제작 블록관리 시스템'은 조선업계에서 BPM 툴을 적용한 '현업지원'의 첫 사례로서, 경쟁업체와의 차별성 부각과 협력업체의 사용만족노 증가를 통해 시장점유율 확대를 꾀할 수 있었다.

최첨단 신기술인 BPM 시스템과 기간계 시스템 및 웹 인터페이스를 완벽하게 연동시킴으로써 확보한 경쟁우위 요소를 요약하면 다음과 같다.

먼저 기업의 위상 강화 부문이다.

- 회사의 기업경쟁력 강화
- 대외적 홍보효과의 극대화
- IT 시스템 구축에 있어서 동종업계의 리더로서의 선도적 역할 수행
- 협력사와의 원활한 커뮤니케이션 채널 확보 및 공조체제 확립

다음은 신규 비즈니스 창출 부문이다.

- 저가의 노동력으로 확고한 경쟁우위를 확보하고자 전략적으로 추진 중인 중국 영파조선소의 생산량 확대에 대응하기 위해서 사외 블록제작 통합관리 시스템을 영파조선소 환경에 맞게 재구성하여 적용할 계획임.
- 사외 협력사가 자체 관리체계 정립을 위해 ERP 시스템의 공동 구축을 추진 중이며, 사외 블록제작 통합관리 시스템과 연계하여 협업체계를 강화할 계획임.

4 제일은행의 BPM 기반 여신 프로세스 혁신

    외환위기로 촉발된 IMF는 한국 금융업계에 많은 시련을 몰고왔다. 부실 채권 정리를 위한 공적자금 투입 및 구조조정은 업계 안팎의 고통을 수반하였으나, 은행업계 내부의 다각적인 혁신의 시도는 은행의 체질을 전반적으로 견실화시켜 나갔다.

    2005년 스탠다드차타드은행(SCB)에 의해 인수된 제일은행(2007년 현재 SC제일은행)은 BPM을 도입하여 산재되어 있는 여신처리 시스템의 신속한 중앙집중화와 사내 다양한 레거시 시스템들과의 통합을 성공적으로 구현하였고, 향후 업무의 변경 · 확장 등에 대해서도 단시간 내에 유연하게 대처할 수 있는 미래지향적인 체제를 갖추었다. 이러한 시스템 측면에서의 성공은 내부적으로는 영업인력을 본연의 업무에 충실하게 함으로써 영업력을 극대화하는 효과를 가져왔고, 외부적으로는 프로세스의 사이클 타임을 획기적으로 개선함으로써 고객만족 극대화로 이어졌다.

⋙ 4.1 개요 및 BPM 도입 배경

제일은행은 2002년 현재 전국적으로 390여 개의 영업점과 현지법인 2개 (홍콩, 청도), 해외지사 2개(동경, 런던)를 보유하고 있는 대한민국의 대표적 은행 중의 하나이다.

제일은행은 '세계 수준의 여신 프로세싱(Loan Processing) 솔루션 구축' 이라는 비전을 가지고 2001년 11월부터 2002년 3월까지 약 4개월에 걸쳐 BPM을 개인여신 부문(주택담보 대출, 자동차 대출, 신용 대출)에 적용하였 다. 제일은행 여신처리 시스템은 BPM을 이용하여 지점으로부터 고객과의 상담을 통해 접수된 차입 신청 건을 중앙의 여신처리센터로 보내 심사 (Underwriting)와 대출실행(Execution) 등, 표준화된 프로세스를 센터 내 전문가들이 단시간 내에 처리할 수 있도록 지원한다. 기존의 영업점 중심 대출처리 형태에서는 다음과 같은 문제점들을 안고 있었다.

- 심사를 위해 요구되는 수많은 서류 송부의 비효율성
- 여신처리센터에서 도착한 실물서류의 적절한 분배 문제
- 실업무 시 여러 개의 시스템에 개별적 접근의 비생산성

이러한 문제점들을 BPM 도입으로 해결하여 다음과 같이 프로세스의 효율화 및 혁신을 가능케 하였다.

- 서류 일체를 스캔 여신처리센터로 네트워크를 통해 송부
- 작업량을 기준으로 부하 조정(Load Balancing)
- 사전에 정해진 업무규칙에 따라 적절한 인력에게 자동으로 배분
- 전결권에 따라 적절한 승인권자에게 자동으로 전달
- 업무별 담당자에게 자동전달, 처리

또한 사용자들은 업무수행 시 필요한 모든 정보들(예를 들어, 신청서 이미지, 담보물 정보, 고객신용정보 등)을 BPM에서 지원하는 통합 뷰를 통해 제공받음으로써 각 시스템에 산재해 있는 정보를 수집하는 데 소비하던 시간과 노력이 더 이상 필요하지 않게 되었다.

❖ 4.2 여신 프로세스 혁신

BPM 도입을 통한 여신 프로세스의 큰 변화는 전국의 영업점들은 대출신청을 접수하는 업무에 집중하고, 승인 및 심사와 관련된 업무는 중앙의 여신센터에서 집중 처리하게 되었다는 점이다. 이러한 프로세스의 변화를 통해 영업점들은 본연의 영업 및 마케팅 업무에 집중할 수 있게 되었으며, 여신센터의 집중화를 통해 중앙에서는 비용절감과 보다 신속한 프로세스 처리로 고객만족도를 높일 수 있게 되었다.

영업점과 여신센터별로 업무 프로세스의 혁신의 내용을 구체적으로 제시하면 다음과 같다.

1) 영업점 대출신청 업무

고객의 적격성 판정에 소요되는 사이클 타임을 단축하고 지점의 생산성을 향상시킨다.

- 온라인 서류 작성
- 적격성 판정 체크리스트
- 모든 상품에 대한 온라인 상품정보 제공
- 신청업무 간소화 및 신청서류 송부시간 절감
- 고객 적격성 판정 관련 내부서류 제거

– 신청서류의 이미지 스캔을 통한 송부시간 절감

2) 여신센터 대출승인 업무

대출신청 접수에 소요되는 사이클 타임 단축 및 생산성 향상

– 워크플로를 통한 자동 라우팅

– 이미지 스캐닝으로 신청서 접수

– 대출승인에 소요되는 사이클 타임 단축

– 온라인 신청서류 체크 및 검토

– 고객 검증을 위한 정보조회를 한 화면에서 일괄 지원

– 의사결정 프로세스 자동화

– 대출승인 결과의 자동 메일

3) 여신센터 대출집행 업무

집중화, 표준화, 간소화, 자동화를 통하여 여신처리 생산성 제고

– 주요 후선(Back-office) 프로세스의 자동화

– 종이서류 및 수작업 처리 업무 감소

– 자동화된 계좌 기록

– 비즈니스 프로세스 개선

4) 여신센터 감사 및 관리 업무

실시간 감사 및 진행상황 추적을 통한 문제점 개선

– 워크플로를 통한 실시간 모니터링 체계 구축

– 단계별 이벤트 트래킹 및 보고

- 온라인 신청 및 심사 정보를 통한 온라인 감사체계 구축

- 조직 효율성 및 유연성 강화

- 업무 권한에 따른 실시간 보고서

- 기능을 통한 조직효율 측정 및 문제점 파악

- 프로세스 및 조직 변화에 따른 유연한 업무개편

이와 같은 워크플로를 통한 부문별 혁신의 효과를 요약하면 다음과 같다.

● 업무처리 시간의 단축

  - 서류 운송시간 절감 : 1~2일 → 30분

  - 심사 및 실행을 위한 업무 배포시간 절감 : 2시간 → 0.1시간

  - 문서처리 및 부서간 작업처리의 자동화로 업무처리 시간 단축

  - 여신의 심사 및 집행에 필요한 정보의 통합 제공을 통해 담당자의 업무
    처리 능력 강화 및 처리시간 단축

  - 담당지의 권한에 따른 자동화된 라우팅으로 업무분류 및 대기시간 제거

● 정보 전달비용 절감/종이문서 전달에 소요되는 인건비 절감

  - 이미지 스캔을 통한 서류비용 절감(30% 절감)

  - 심사 문서의 이미지 처리를 통한 종이문서량 절감

  - 문서 분실 또는 오류로 인한 재작업에 의한 인건비 절감

● 업무표준 마련

  - 업무의 진행, 문서양식과 업무 플로에 대한 표준 마련

  - 단위작업에 대한 담당자 및 권한, 보안규칙 설정

● 진행 이력 관리로 프로세스의 문제점 파악/개선을 위한 기본정보 제공

  - 프로세스 변경이 쉬워 주변 여건에 대한 능동적인 대처 가능

- 프로세스와 애플리케이션의 분리로 IT 기술 변화의 즉각적인 수용 가능
- 시스템 확장의 기반/표준 연동기술을 통한 연동 확장성 제고
- EAI를 통한 기존 MainFrame(계정계, 정보계)과의 연동 표준 확립

4.3 BPM 도입에 대한 저항과 극복

업무와 조직관계의 변화를 수반하는 여타의 BPM 도입 프로젝트와 같이, 제일은행에서도 BPM 도입에 대한 저항이 있었다. BPM이라는 신기술에 대한 막연한 두려움과, BPM에 수반되는 프로세스 혁신으로 일자리를 잃게 될지 모른다는 위기의식, 부서간 입장 차이로 인한 갈등이 그 이유였다.

이를 해결하기 위해 최고경영진의 강력한 의지표명과 지속적인 홍보가 이루어졌으며, 부서 대표를 선정하여 의견조정 및 창구의 단일화를 가하는 동시에 책임있는 프로젝트 진행이 가능하도록 하였다.

기술적인 측면에서의 어려움도 존재했다. 기간계 시스템 및 관련 시스템의 빈번한 연동으로 운영 유지보수 업무가 비효율적이었으며, 신상품 개발 시 프로세스 및 관련 로직의 개발이 목표 납기 내에 제대로 이루어지지 않아 비즈니스 현업과 IT 현업 간의 반목 또한 심하였다.

이러한 문제점을 해결하기 위해 EAI 및 표준 기술을 통한 연동 표준을 확립하여 활용하였고, 표준 여신처리 프로세스 템플릿을 개발하여 활용함으로써 신상품 개발 부담을 완화하고, 기존 대비 짧아진 납기로 경쟁은행 대비 시장선점의 효과를 거두었다.

또한 BPM 구축에 있어 중점 관리하고자 목표했던 사항과 핵심 과제들은 다음과 같다.

- 쉬운 인터페이스의 모니터링 기능에 의한 프로세스 진행 관리

- 프로세스 진행 이력에 대한 통계자료를 그래프로 제공

- 진행 중인 프로세스의 변경에 대한 유연성 제공

- 기간계 시스템과의 연동으로 작업 편이성 및 수작업 감소

- 효과적인 업무분석을 통한 사용 가능한 프로세스의 도출

- EAI를 통한 기간계 시스템과의 인터페이스

- 사용자에게 친숙한 인터페이스 제공으로 사용 유도

4.4 BPM 도입 효과

ROI 측면은 월별 실행건수, 인원수의 변동, 월별 대출처리 건수, 단위비용(원), Turnaround time의 다섯 가지 관점에서 측정되었다.

구 분	1st Qtr	2nd Qtr	3rd Qtr	4th Qtr	Remarks
실행건수/월	6,978	9,067	10,794	Not yet	Mortgage/Card/Workout loan,*GSL, Renewal/extension
인원수	121	102	102	Not yet	

*GSL: General Secured Loan

결과를 보면, 실행건수는 구축 완료 시점인 2Q에서 30% 증가, 3Q에서 19% 증가를 보여주었으며, 구축 전과 비교하여 전체적으로 55% 증가하였다. 또한 본 업무 인원수는 16% 감소하였다.

구 분	1st Qtr	2nd Qtr	3rd Qtr	4th Qtr	Remarks
1인당 대출수/월	67	68	79	Not yet	
단위비용(원)	101,256	85,964	74,177	Not yet	
Turnaround Time (Days)	7.16	4.76	4.25	Not yet	FHL*

*FHL: First Home Loan

1인당 대출처리 건수는 도입 전에 비해 18%의 상승을 보여주었고, 단위비용 및 Turnaroud time은 각각 28%, 41%의 괄목할 만한 감소율을 나타내었다.

⠿ 4.5 BPM을 통한 경쟁우위

제일은행이 BPM 시스템을 통해 확보한 경쟁적 우위 요소는 여신처리 업무에 한국 최초로 기간계 시스템, BPM 기술, 웹 기술이 접목된 시스템을 효과적으로 적용함으로써 비용절감, 사이클 타임의 단축, 오류감소 등의 월등한 개선효과를 거두었고, 고객만족을 실현함으로써 동종업계 최고의 서비스 시스템을 확보하게 되었다는 점이다.

제일은행이 첨단 신기술인 BPM 시스템과 기간계 시스템 및 웹 인터페이스를 완벽하게 연동시킴으로써 확보한 경쟁우위 요소를 요약하면 다음과 같다.

- 회사의 기업경쟁력 강화
- 대외적 홍보효과의 극대화
- IT 시스템 구축에 있어서 동종업계의 리더로서의 선도적 역할 수행
- 여신처리 업무 라이프 사이클 단축으로 신규상품 우선 제시가 가능하여

시장선점 등의 경쟁우위 확보

● 영업점, 지역 및 중앙 집중화 센터의 효과적인 업무분업을 통해 영업역량의 강화 및 고객 로열티 향상

● 업무 프로세스 자동화를 통해 작업오류의 감소를 실현함으로써 소비자 만족도 및 대외적 신뢰도 향상

5

노동부의 프로세스와 지식 연계를 통한 행정 혁신

　2005년 대한민국 노동부는 국가경쟁력 확보를 핵심과제로 인식, 5월을 시작으로 3차에 걸쳐 BPR을 실시하고 문제해결을 위한 실질적인 과제들을 도출해 내기 위한 활동을 전개해 나갔다. 그 결과 고객 관점에서의 업무흐름에 따른 지식의 연결고리를 발견하여 일과 지식을 연결함으로써 지식행정의 기반을 마련할 수 있게 되었다. 캐비닛에 쌓여 있는 지식이 아니라, 업무혁신을 위한 도구로서의 지식의 역할을 재정의하고, 더불어 업무 프로세스의 가시화 및 개선을 통하여 업무를 정형화시킬 필요성을 절감한 것이다.

　'업무-지식-학습의 통합 지식행정 구현' 이라는 명제는 노동부의 문제해결을 위한 간략하고 분명한 구심점이 되었다. '업무 따로, 지식 따로' 가 아닌 '업무와 지식의 관리' 를 시스템적으로 정착시키기 위하여 BPM과 KMS를 연계하여 업무ㆍ지식 연계시스템(PKMS, Process Based Knowledge Management System)을 구축한 것이다.

⁘ 5.1 개요

대한민국 정부의 '전자정부 구현의 추진'에 발맞추어, 노동부에서는 이러한 범정부적 시책에 부응하기 위해 2002년 지식관리 시스템을 도입하여 노동행정 업무와 관련된 핵심지식을 관리하고 공유 및 활용할 수 있는 토대를 마련하여 왔다.

그 결과 2006년 말 외형적으로는 성공적인 지식공유 기반을 조성하였으나, 지식관리 및 분류가 미흡하여 개인별 경험 및 노하우 등 업무지식을 공유 및 활용하기가 어려웠으며, 그 활용도도 낮았다. 이런 배경 하에서 2005년 BPR을 통해 조직 전반에 대한 지식경영 활성화 방안과 업무 프로세스와 지식관리 시스템의 연계 방안을 수립하고 그 구현을 추진하게 된다. 2005년 8월부터 12월까지 1차 PKMS 파일럿 구축과 2006년 6월부터 12월까지 2차 PKMS 구축을 통해 산업안전보건 및 근로감독기준 분야에 34개 업무 프로세스를 정의하고, 업무와 연계된 적용사례, 학습자료, 업무 매뉴얼 등 1만 2천여 건의 업무지식을 등록하여 활용하게 된다.

2006년 2월부터 노동부에 본격 가동된 PKMS 시스템의 특징은, 지식과 업무를 연계하기 위해 업무 프로세스를 도출하고 각 프로세스의 처리 단계별로 지식함을 만들어 정제된 지식의 상호연계를 시도하는 것이었다. 업무 처리 과정에 필요한 지식을 조회·활용할 수 있고, 처리 중에 생성된 지식이 자동으로 저장될 수 있는 체계를 구축하였으며, 설계된 프로세스에 지식을 연계하여 현업 담당자의 경험과 업무 관련 지식을 공유할 수 있는 원스톱 업무환경을 구축하였다. 또한 업무 프로세스 표준화·가시화를 통해 모니터링 및 성과측정이 용이해졌을 뿐만 아니라, 실행효율과 투명성을 확보하고, 프로세스 실행 결과를 기준으로 업무담당자에 대한 공정한 평가 및 보상체계를 수립하였다. 결과적으로 노동행정 업무의 계획-실행-분석-개선 전 과정의 통합 서비스를 제공하는 체계를 갖추게 되었다. 그리고 그 결과로서 2006년 11월 행정자치부 주관 '지식행정 우수기관' 평가에서 국무총리상을 수상하게 된다.

5.2 노동행정 혁신의 배경

대한민국 노동부는 2002년에 지식관리 시스템을 도입, 2005년에는 BPM 프로세스에 지식을 연결하는 최초의 지식기반 업무혁신 시스템인 PKMS 구축하였고, 2006년 10월에는 PKMS를 확대 발전시키기 위한 중·장기 전략을 수립하였다. 중·장기 전략의 수립 결과 8개 개선과제 및 구축목표를 도출하고, 이를 달성하기 위한 5대 정보화 과제를 정의하였다. 그리고 5대 정보화 과제를 수행하기 위해 2006년 6월부터 12월까지 2차 PKMS 개발을 완료하였다.

노동부의 5대 정보화 과제의 내용은 다음과 같다.

- 업무기반 지식관리 시스템 구축 : 표준화된 업무처리 절차의 부재로 인한 시행착오를 해결하기 위해 조직원들간 상호 공유할 수 있는 공통된 업무수행 언어가 필요하였다. 즉 표준 업무분류체계 및 통합 지식분류체계를 수립하여 업무별 특성에 따라 활용 유형별로 분류된 지식을 연결하여 활용할 수 있는 시스템이 필요하였다.
- 정책관리 시스템 구축 : 정책의 구상에서 집행에 이르는 표준 정책 프로세스의 정립과 정책 품질관리 매뉴얼 개발로 책임있는 정책구현을 달성하고자 하였다.

- 업무지원 시스템 구축 : 데이터 통합 및 유지보수 관리가 용이한 전문 BPM 솔루션을 도입하여 원스톱 통합업무를 지원하는 시스템 환경을 구현하고자 하였다.
- 프로세스 변화관리 시스템 구축 : 부내 모든 업무 프로세스 및 매뉴얼을 표준화·디지털화하여 업무 프로세스를 조직의 공통 자산으로 등록하고, 프로세스의 혁신을 촉진하고자 하였다.
- BSC(Balanced Score Card) 기반 성과관리 시스템 구축 : 정부의 인사혁신 방향인 성과와 능력 중심의 인사시스템, 직무와 성과 중심의 보상체계 강화를 위해 성과관리제도를 보완하고, BPM 기반 업무 프로세스 성과지표를 고도화한 통합 성과관리 시스템으로 구축함이 필요하였다.

이러한 노동부의 5대 정보화 과제는 크게 일하는 방식의 개선을 통한 업무 프로세스의 효율화, 조직개편 및 인력의 적재적소 배치를 통한 직원/조직역량 강화, 조식 내 커뮤니케이션의 활성화, 공정히고 합리적인 평가체계 및 보상 강화로 요약할 수 있다. 이러한 과제를 해결함으로써 서비스 지원 방식 등을 획기적으로 개선하여 정부 혁신을 촉진·지원하는 핵심수단으로 자리매김하게 된다.

5.3 PKMS를 통한 업무처리 생산성 및 효율성의 극대화

1) 업무 표준화

- 업무 재설계를 통한 불필요한 업무 제거 및 표준화 : 지방관서, 사업 수행사의 문제점 및 의견을 지속적으로 파악하고 개선하여 총 49건의 업무개선 실적을 올렸으며, BPR 실적을 사업계획에 적극 반영하였다.

구 분		1차 PKMS('05.8~12)	2차 PKMS ('06.6~12)	3차 PKMS ('07.6~12)
PKMS 목적		산업안전분야 파일럿 개발	산업안전 및 근로기준 분야로 확대	PKMS 기능 고도화
BPR 수행 및 반영		• 지도점검 문제점 50건 • 업무개선 36건	• 전산시스템 개선 24건 • 사용성 강화 11건	• 통계기능 강화 11건
PKMS 구축	적용 분야	• BPM 프로세스에 지식을 연결하는 최초의 지식기반 업무혁신 시스템인 PKMS 구현 • 산업안전 업무의 지도점검, 재해조사 업무 등에 PKMS 적용	• 산업안전 업무 중 사업장 점검, 재해조사와 사업장 감독, 보건관리 등 24개 프로세스 확대 • 근로감독 업무 중 신고사건 등 7개 프로세스의 신규개발	• 기존 업무 프로세스 개선 및 변화관리, 업무진행 단계에 대한 통합 모니터링 구현 • 노동위원회 업무는 추가적용이 가능한 업무 확대
	구축 내용	• PKMS 기능 구현 • 5대 분야 BPR	• PKMS 대상업무 확대 • BPR-BPM-PKMS 연계 • 법령, 매뉴얼 지식 정보화	• PKMS 기능 고도화 • 지식 현행화 관리 • 법령 통합관리 구축
PKMS 구축 성과		• 1, 2차 PKMS 구축을 통해 산업안전보건 및 근로감독기준 분야에 34개 업무 프로세스를 정의하고, 업무와 연계된 적용사례, 학습자료, 업무 매뉴얼 등 12천여 건의 업무지식을 등록하여 활용		

2) 업무와 지식 연계를 통한 지식행정

● 신규직원의 업무교육 : 비체계적이던 신규직원의 업무교육에 대해 업무 프로세스의 표준화, 직무수행 시 필요지식 추출, 직무 분석방법론 등을 이용하여 효과적인 직무 학습단위의 교육시스템이 개발되었다.

● 업무단계별 실시간 지식 제공 : 워크숍을 통해 '직무(Job)-책무(Duty)-단위업무(Task)'를 도출하여 단위업무 수행에 요구되는 기초지식, 법령 및 규정, 실무기법, 사례분석의 4개 유형으로 구분하여 직무학습단위를 설계하였다.

● 다양한 업무관리(모니터링) : 업무 프로세스의 진행상황을 각 업무단위별로 구분되는 그림으로 표시하여 진행상황 파악의 용이해졌다.

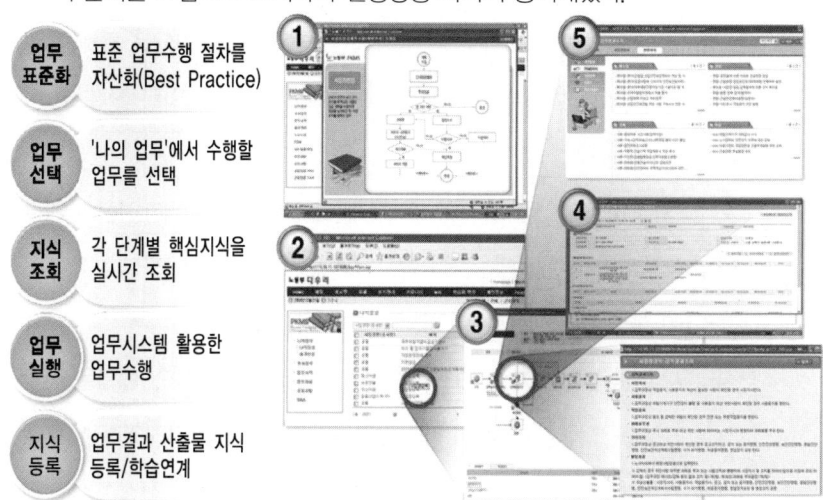

[그림 8-7] 업무와 지식 연계를 통한 지식행정 구현

3) 타블렛 PC를 통한 재해사례 확인 및 현장 행정조치

● 현장에서의 지식 접근으로 감독관과 고객이 상호 만족 : 노동부 근로감독관들은 현장점검 중에도 휴대용 장비인 타블렛 PC를 활용하여 필요한 지식을 바로 확인할 수 있게 되었다.

5.4 BPM을 통한 기술적 혁신

노동부는 PKMS을 적용함으로써 노동행정 업무에서 계획-실행-분석-개선의 전 과정 통합 서비스를 제공할 수 있는 환경을 마련하였다.

먼저 프로세스 자동화 측면을 살펴보면 다음과 같다.

- 개별적으로 도입되어 활용된 업무 시스템들을 BPM을 중심으로 완벽하게 통합함으로써 업무에 즉시 활용할 수 있는 통합지식 제공 환경을 구축하였다. 지식관리 시스템, 인트라넷 등의 다양한 시스템들이 BPM을 통해 통합되어, 현재 처리 중인 업무를 위해 필요한 애플리케이션들이 묶음식으로 사용자들에게 제공되었다.

- 프로세스와 애플리케이션 로직의 분리를 통해 필요한 애플리케이션의 개발을 단순화함으로써 개발 생산성이 향상되고 유지보수가 용이해졌다. 더불어 애플리케이션 로직의 단순화 및 컴포넌트화가 가능하게 되었다.

- 조직의 지식 및 정보에 대한 단일 접근 경로의 제공 및 온라인 협업을 위한 디지털 작업공간의 제공으로 업무의 편의성과 생산성을 제고하였다. 업무의 처리에 필요한 복수 개의 애플리케이션들을 단일 화면에서 일관성 있게 제공하고, 파일 첨부 및 의견의 교환을 가능케 하는 협업환경이 제공된 것이다.

다음으로 프로세스 표준화 및 변화관리 측면을 살펴보면 다음과 같다.

- PI(Process Innovation)나 BPR 컨설팅 결과를 현행 프로세스에 반영하는 과학적인 절차와 지속적인 업무 프로세스 혁신의 기반환경을 조성하게 되었다.

- 표준분류체계를 중심으로 모든 업무 프로세스를 계층화하고 업무수행의 참조모델로 활용하였다. 프로세스의 논리적인 흐름과 특성을 사전에 수립한 모델링 지침에 의거하여 모델링하였다. 또한 프로세스를 중심으로 담당자들의 역할과 책임을 정의하고 성과지표, 관련 문서 및 정보를 정의함으로써 각각의 관점에서 프로세스를 참조 활용·분석할 수 있게 되었다.

그 외의 여러 가지 성과를 요약하면 다음과 같다.

- 지청별·프로세스별 단위업무의 병목현상 측정 및 업무부하 분석
- 모니터링 도구 및 관리자 화면을 통한 프로세스 추적 및 이력 관리
- 프로세스 진행 상황 및 이력 파악을 통한 온라인 감사

5.5 예상된 문제와 극복방안

PKMS의 적용과정에서도 일반적인 BPM 프로젝트와 유사한 문제점들이 예상대로 노출되었다. 극복했던 여러 장애요소와 그 해결방법은 [그림 8-8] 과 같이 크게 두 가지로 나눌 수 있다.

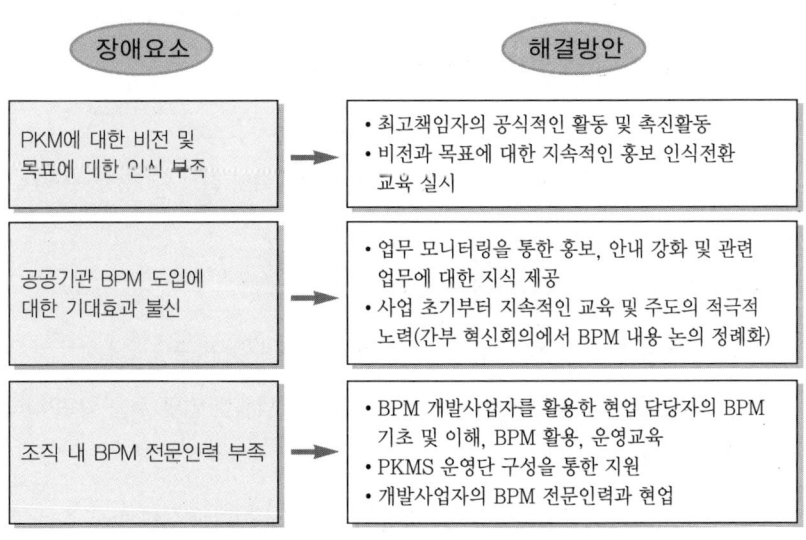

[그림 8-8] PKMS 적용에 따른 장애요소 및 해결방안

5.6 PKMS 도입 효과

노동부가 PKMS을 도입함으로써 획득한 관련 프로세스간 공통의 비즈니스적인 성과를 약술하면 다음과 같다.

1) 생산성 향상과 비용절감

- 전체 산업안전보건과 근로기준 분야의 총 인건비 절감 : 약 57억 원/년
- 산업안전보건 분야의 지도 · 감독 업무개선으로 인한 비용절감 : 약 35억 원/년
    - 건별 평균 처리일수 감소 : 9일 (29.8일 → 20.8일)
    - 생산성 향상으로 인한 필요 감독관 수 절감 : 173명 감소
- 근로기준 분야의 신고사건 업무개선으로 인한 비용절감 : 약 22억 원/년
    - 건별 평균 처리일수 감소 : 8.3일 (49.7일 → 41.4일)
    - 생산성 향상으로 인한 필요 감독관 수 절감 : 109명 감소
- 타블렛 PC 도입 등 현장업무 개선을 통한 고객만족도 향상 : 47.3% → 59%

2) PKMS 도입을 통한 정성적 효과

- 노하우 공유 및 자산화로 담당자가 변경되어도 업무지연 공백 최소화
- 본부, 지방관서의 업무 프로세스 표준화를 통해 체계적 업무 수행 및 모니터링을 통한 투명성 확보
- 프로세스별 맞춤형 지식(법령 정보 등) 제공으로 조직의 경쟁력 향상
- 업무에 맞는 지식의 효율적 제공으로 업무생산성 및 업무품질 향상

노바 케미컬의 성공 비결 : 프로세스 관리의 전범(典範)

노바 케미컬은 캐나다의 다국적 화학회사로, 프로세스 관리에 대해 일상적이지만 결코 쉽게 이룰 수 없는 경지를 이룬 회사이다.

노바 케미컬의 프로세스 혁신을 이끈 주역인 CIO 존 휠러는 혁신적 프로세스 관리에 대해 다음과 같이 단순하면서도 명쾌한 해석을 내리고 있는데, 충분히 참고할 만한 가치가 있다.

전체 임직원들이,

- 그들의 프로세스가 어떻게 작동하고 있는지를 이해하고, 프로세스 맵 상에서의 그들의 역할을 알고 있으며,

- 그들의 프로세스 영역 안에서 성공을 위한 관련지표를 이해하고,

- 매일 자신이 담당한 프로세스들을 개선시키는 방법을 생각하면서 작업에 임하면, 우리는 항상 성공할 수밖에 없음을 알고 있다.

Adam Bosworth, "*ISCOCO 4 Talk*", Adam Bosworth's Weblog
(http://adambosworth.net/), 2004

B.K. Choi, Seock K. Yoo, "*An Integrated BPMS Framework for
Automotive Part Development*", Journal of Advanced Manufacturing
Systems, Vol.3, No.1, 2004

Charles B. Handy, "*Understanding Organizations*", Penguin Global,
2005

Dimitris N. Chorafas, "*Enterprise Architecture and New Generation
Information Systems*", St. Lucie Press, 2001

Elliott Ettenberg, "*The Next Economy*", McGraw Hill, 2003

General Electric, "*Key Growth Initiatives*", General Electric Annual
Report, 2003

HBR, "*Harvard Business Review on Measuring Corporate
Performance*", Harvard Business School Press, 1998

Howard Smith and Peter Fingar, "*Business Process Management
(BPM): The Third Wave*", Meghan-Kiffer Press, 2002

Howard Smith and Peter Fingar, "*IT Doesn't Matter? Business
Processes Do*", Meghan-Kiffer Press, 2003

James F. Chang, "*Business Process Management System*", Auerbach
Publications, 2006

Javier Garcia and German Goldszmidt, "*SOA Composite Application*", IBM Blog (http://www.ibm.com/developerworks/kr/library/ws-soa-composite/index.html), 2007

Jim Collins and Jerry I. Porras, "*Build to Last*", Collins , 2002

Joe DiGiovanni, "*Business Rules Framework*", Business Rules Forum, Nov. 2004

John Jeston and Johan Nelis, "*Business Process Management*", Butterworth-Heinemann, 2006

Kevin McCormack, "*Business Process Maturity*", BookSurge Publishing, 2007

Larry Bossidy and Ram Charan, "*Execution : The Discipline of Getting Things Done*", Random House Audible, 2002

Martyn A. Ould, "*Business Process management : A Rigorous Approach*", Meghan-Kiffer Press, 2005

Melissa A. Chilling, "*Strategic Management of Technological Innovation*", McGraw-Hill, 2006

Michael E. Porter and Victor E. Millar, "*How Information Gives You Competitive Advantage*", Harvard Business Review, July-August, 1985

Michael E. Porter, "Competitive Advantage", Free Press, 1980

Michael Hammer, "Reengineering Work : Don't Automate, Obliterate," Harvard Business Review, July-August, 1990.

Michael Treacy and Fred Wiersema, " The Discipline of Market Leaders", Basic Books, 1997

Nicolas Carr, "IT Doesn't Matter," Harvard Business Review, 2003

Paul Harmon, "Business Process Change", Morgan Kaufmann, 2002

Peter Drucker, "Age of Discontinuity", Transaction Publishers, 1992

Peter Drucker, "Innovation and Entrepreneurship", Collins Business, 2006

Richard C. Whiteley, "The Customer Driven Company," Perseus Books Group, 1991.

Robert S. Kaplan and David P. Norton, "The Strategy-Focused Organization: How Balanced Scorecard Companies Thrives in the New Business Environment," Harvard Business School Press, 2000.

Roger Burlton, "Business Process Management: Profiting from Process," Sams Publishing, 2001.

Stephan H. Haeckel, "Adaptive Enterprise", Harvard Business School Press, 1999

Terry Burnham and Jay Phelan, "Mean Genes", Penguin, 2001

The Business Process Management Group, "In Search of BPM

Excellence", Meghan-Kiffer Press, 2005

Thomas J. Peters and Robert H. Waterman, "In Search of
Excellence", Harper & Row, 1982

Varun Grover and Majoj K. Malhotra, "Business Process
Reengineering: A Tutorial on the Concept, Evolution, Method,
Technology and Application," Journal of Operation Management,
Vol.15, 1997

Wolfgang Scholl et al., "The Future of Knowledge Management: An
International Delphi Study," Journal of Knowledge Management,
8. 2004

김광훈, "워크플로우 기술 I II III," TTA 저널, 제85호, 지 86호, 제88호

노동부, "노동부 PKMS 구축 사례 보고," HandySoft Solution Day, 2006

박성칠, "Supply Chain 프로세스 혁신", 시그마인사이트컴, 2007

박종헌, "BPM 2.0 : IT에서 사용자 중심으로," BPM Korea Forum, 2006

IBM, "IBM 한국보고서," 한국경제신문사, 2007

이성열, 염승섭, "기업은 혁신을 통해 성장한다", 한국경제신문, 2006

이순철, "프로세스 경영혁신", 연세경영연구, Vol.34 No.2, 1997

최진호, 이민주, 최희주, "BPM 대상 프로세스 선정 및 적용방안에 대한
연구", LGCNS 엔트루정보기술연구소, Entrue Journal of Information
Technology, 4권, 1호, 2005

INDEX(찾아보기)